KB039206

‘한국인과 아시아인’
그 간극을 넘어

이 도서의 국립중앙도서관 출판시도서목록(CIP)은 e-CIP홈페이지(http://www.nl.go.kr/ecip)와 국가자료공동목록시스템(http://www.nl.go.kr/kolisnet)에서 이용하실 수 있습니다.
(CIP제어번호: CIP2014012149)

2013 좋은 방송을 위한 시민의 비평상 수상집

'한국인과 아시아인' 그 간극을 넘어

방송문화진흥회 엮음

한울

발간사

방송 언론은 우리 사회를 건강하고 행복하게 유지하는 중요한 버팀목입니다. 하지만 뉴미디어의 끊임없는 등장과 같은 급속한 언론 환경의 변화로 오늘날 방송에는 많은 어려움이 따르고 있습니다. 그래서 때로는 방송의 주인인 국민에게 올바른 봉사를 못하는 경우도 있기 마련입니다. 이런 경우 시청자분들의 지적을 통해 좀 더 훌륭한 방송이 되고자 하는 염원은 항상 존재합니다.

바로 이러한 정신과 가치 아래 방송문화진흥회에서는 방송 프로그램에 대한 시청자들의 기탄없는 지적을 받기 위해 매년 <좋은 방송을 위한 시민의 비평상>을 시상하고 있습니다. 시청자들의 올바른 시청자관과 뛰어난 비평 의식은 방송 발전에 엄청난 도움과 혜택이 되기 때문입니다. '좋은 비평이 좋은 방송을 만들게 된다'는 목표 아래 방송문화진흥회가 주관해온 <좋은 방송을 위한 시민의 비평상>이 올해로 16회를 맞게 되었습니다.

사실 일반 시민들이 일상생활을 하면서 방송을 시청하고 그에 대한 비평을 하는 것이 쉬운 일은 아닙니다. 그럼에도 많은 분들이 방송에 대한 관심과 애정을 가지고 이번에도 수준 높은 비평의 글을 보내주셨습니다. 우리 프로그램에 참여해주신 모든 분께 많은 고마움을 표합니다.

시청자들의 방송 비평이 해를 거듭할수록 수준이 높아지는 데 대하여 우리는 행복감을 느낍니다. 이번에도 방송에 대한 깊은 애정으로 무장하여 전문가 못지않은 해박한 지식 아래 분석한 내용들로 가득 차서 놀랄 때가 많았습니다. 특히 프로그램의 기획 의도, 구성, 편집 등 기술적인 부분의 문제점을 지적할 정도로 전문적 수준의 평가와 의견을 제시한 좋은 비평문도 많았습니다. 또 제작 시 완성도가 부족하거나 아쉬운 부분에 대한 대안을 제시하는 경우도 많아 현업에 있는 제작진에게도 각성제처럼 큰 도움이 될 것으로 생각합니다. 해를 거듭할수록 방송 비평이 전문 비평가들과 제작진만의 영역이 아니라, 시청자와 함께하는 영역이라는 점을 새삼 인식하게 됩니다.

이번 제16회 <좋은 방송을 위한 시민의 비평상> 선정작들은 시청자의 입장에서 프로그램을 얼마나 이해하고 평균인의 시각에서 깊이 있는 통찰력으로 글을 완성했는지 여부에 중점을 두고 심사하여 선정된 작품들입니다. 이런 분들의 비평 덕분에 방송 프로그램은 질적으로 계속 발전하며 나가게 됩니다. 한 가지 미안한 마음을 가지는 것은 이번에도 모든 분을 시상대에 모시지 못하게 된 점입니다.

수상하신 분들께 축하의 인사를 드리며, 참여해주신 모든 분들께 감사의 말씀을 올립니다. 특히 해마다 공동 주최를 하면서 물심양면으로 도움을 준 (주) 문화방송 관계자와 바쁜 와중에도 응모작을 꼼꼼히 살펴봐주신 차기환 심사위원장님과 심사위원님들, 수상한 내용을 발간하는 데 도움을 주신 도서출판 한울 관계자분들께도 감사의 말씀을 전합니다.

앞으로도 시청자들께서 방송 프로그램에 끊임없는 관심을 가지고 참여해주셔서 방송문화진흥회가 주관하는 시청자들의 방송 비평이 국내 방송 프로그램의 발전에 커다란 도움이 되었으면 하는 바람입니다. 아울러 방송문화진흥회에서는 더욱 발전하는 <좋은 방송을 위한 시민의 비평상>이 되도록 노력하겠습니다.

감사합니다.

2014년 3월

방송문화진흥회 이사장 김문환

심사평 ··

제16회 <좋은 방송을 위한 시민의 비평상>에 참여해주신 모든 분께 감사드립니다. 올해는 MBC의 <아빠! 어디가?> 같은 아버지와 아들의 캠핑을 소재로 한 관찰 예능과 예능 장르에 다양한 소재를 끌어들인 종합편성 채널 프로그램에 대한 시청자의 관심을 볼 수 있었습니다.

출품작 대다수가 전반적으로 우수하고, 특히 몇몇 우수작은 장기간 철저히 모니터한 결과와 필자 각 개인의 광범위한 지식을 적절히 연결시켜 TV 비평 분야의 모범 사례로 삼기에도 손색이 없는 작품입니다. 해를 더할수록 시청자의 전문성은 깊어지고 프로그램에 대한 심층적인 분석과 지식은 연구 논문과 비교해도 손색이 없을 정도여서 비평문을 심사하는 데 많은 어려움이 있었습니다.

심사는 비평문의 주제와 전개 과정의 참신성, 글의 주제와 맞는 일관적인 전개, 근거의 적합성을 담보한 내용의 타당성, 글의 전개와 완성도를 평가 기준으로 삼았습니다. 많은 비평문이 제작진의 기획 의도나 구성 등 제작 방향과 관련 전문성, 객관성 등을 분석하고, 다양한 인용을 통해 의견을 완성도 있게 잘 개진했습니다.

소재는 대중에게 널리 알려진 최근의 드라마와 리얼 다큐 프로그램, 그리고 종편의 일부 프로그램을 많이 다루었고, 중복된 소재도 있었지만 대체로 목적과 구성 전개에 따라 참신한 비평문이 많았습니다. 소통의 문제, 프로그램 포맷의 문제, 사람들의 삶의 문제, 아버지와 남자들의 이해 등 다양한 주제를 통해 방송 프로그램이 개선해야 할 점, 프로그램별 장단점과 이에 대한 개선 방안은 방송 프로그램의 발전에 많은 도움을 주리라 생각합니다.

비평문 중에는 프로그램의 장점과 줄거리를 설명하고 그 안에서 결론을 내리는 단편적 후기 정도의 글도 있었고, 프로그램의 좋은 점만 설명하고 비평적인 요소가 빠져 출품의 성격에서 벗어난 글도 있었지만 입체적인 관점과 심층적 분석이 돋보인 좋은 비평문도 많았습니다.

비평문 역시 독자들에게 읽히기 위한 글입니다. 독자들에게 읽히기 위해서는 독자들이 글에 쉽게 몰입할 수 있어야 합니다. 처음부터 어려운 용어나 경구 등을 사용해서 도입부를 시작한다거나 지나치게 최근의 경향을 강조하며 일반론으로 시작한다면 독자의 눈길을 잡아두기가 어렵습니다. 접근하기 쉽고 눈에 띌 수 있는 자신만의 시각으로 분석하는 훈련도 필요할 것으로 보입니다.

앞으로 비평문의 소재가 프로그램 전반으로 확대되어 방송 프로그램에 대한 참신하고 건전한 비평이 많아진다면 제작진에게도 많은 도움이 되고 방송 발전에도 큰 힘이 될 것으로 생각합니다.

<좋은 방송을 위한 시민의 비평상>에 출품한 작품 한 편 한 편을 심사하면서 방송 프로그램은 상호 소통이 필요하고, 제작진은 시청자의 소리를 잘 받아들이는 겸허함이 중요하다는 것을 더욱 느끼게 됩니다.

앞으로도 애정 어린 비평문이 많이 나와 방송문화의 건전한 발전에 많은 도움이 되길 기원하면서 수상하신 분들께 이 자리를 빌려 축하의 말씀을 드립니다.

2014년 3월

심사위원 일동

차례

입선

'한국인과 아시아인' 그 간극을 넘어

임은경

저소득층 아이들을 위한 교육 봉사를 하다 보면 종종 다문화 가정의 아이들을 만나게 된다. 지금이야 스스럼없이 어울리며 공부하지만, 처음에는 서로 너무도 낯설었다. 특히 나와는 마냥 먼 이야기로만 알았던 다문화 가정 아이들을, 텔레비전이 아닌 실제로 만나서 부대끼는 것은 처음이어서 거리감은 더욱 컸다. 이제껏 가르쳤던 아이들과 달리 무언가 특별히 대해야 할 것 같은 막연한 의무감도 이 어색함에 한몫했다. 그래서 나도 모르게 다문화 가정 출신 아이들의 맞춤법을 다른 아이들보다 더 세세히 짚어주거나, 간식을 사더라도 매운 떡볶이 대신 피자를 들고 가는 등 편견의 테두리 안에 아이들을 가둔 적이 있었다. 그리고 내가 가장 가슴 아프고 놀랐던 것은, 이런 내 무지한 배려와 태도가 아이들에게는 매우 익숙했다는 점이다. 나뿐 아니라 아이들을 둘러싼 모든 시선은 그것이 배려든 놀림이든 간에, 이미 이 친구들이 한국인이 아니라는 전제를 확고히 하고 있었다. 생각해보면 나도 이들을 대할 때 이진의 교육 봉사보다 동남아시아를 중심으로 했던 국제 자원 현장에 더 가깝게 행동했다.

나는 이러한 태도를 버린 후에야 아이들이 직면한 문제들을 바로 인지할 수 있었다. 즉, 외양이나 생활 습관 등이 얼마나 한국적이냐에 따라 한국인으로 인정하는 폭력적인 시선을 가지고 있음을 인정한 후에는, 아이들을 대하는 태도 또한 자연스레 달라질 수 있었다. 다문화 가정 출신이라는 꼬리표를 달고 그들이 한국 사회에 융화되기란 녹록지 않아 보였다. 아이들이 겪는 고충은 어쩔 수 없이 그들의 출신과 내밀하게 얽힐 수밖에 없었다.

우선 대부분의 아이들은 어머니가 한국어를 잘 구사하지 못해서 제때에 적정한 수준의 한국어를 습득하지 못했다. 자연히 학습을 쫓아가는 데도 큰 어려움을 보인다. 또 대체로 아버지의 나이가 어머니보다 굉장히 많아서 학습적으로 어머니의 부족한 점을 아버지가 제대로 보완해주지 못하는 경우가 많다. 이에 아이들이 하나같이 털어놓은 고충은, 가부장적인 아버지 때문에 소통의 단절을 느낀다는 것이다. 그리고 아직도 다문화 가정에 대한 개념이 부족한 또래에게 놀림을 당하기 일쑤여서 매사 소극적이고 자신감 없는 모습을 보였다. 심지어 한 친구는 자신의 어머니가 이주 여성임을 부정하기도 했다. 꾸준히 설득하고 대화를 시도한 끝에 들은 아이의 본심은 새삼 충격이었다. 또래와는 다른 외모로 줄곧 심각한 외모 콤플렉스에 짓눌려 있었으며, 모든 문제의 근본은 자신의 출신 탓이라 여기고 어머니마저 부정하게 된 것이다. 이러한 문제는 비단 이 친구뿐만 아니라 다수의 다문화 가정 출신 아이들에게서 찾아볼 수 있다. 이렇게 현실의 굳건한 벽을 느끼는 상황에서, 아이들은 어떻게 하면 더 한국인이 될 수 있을까 전전긍긍하는 선을 넘어 아예 자포자기하기도 한다.

그럼에도 각종 매체에서 다문화 가정을 소개할 때는 그 깊이가 너무 한정적이다. 텔레비전을 예로 들면, 여기에서 소개되는 다문화 가정은 크게 두 가지 부류로 나누어볼 수 있다. 먼저 백인 남성과 결혼한 한국 여성이 첫 번째이고, 한국 남성과 결혼한 외국인 여성이 두 번째이다. 사회문제로서의 다문화 가정으로 낙인찍을 때는 절대다수가 후자를 지목한다. 그리고 이를 가장 활발히 소개하는 대표적인 프로그램이 바로 <러브 인 아시아>이다. 이 프로그램은 꾸준한 시청률과 인지도를 유지하는 장수 프로그램이다. 또 텔레비전이라는 매체의 파급력을 고려할 때 다문화 가정의 이미지를 구축하는 핵이라고 해도 과언이 아니다. 하지만 너무 많은 사회문제가 혼재되어 있는 다문화 가정을, 이 프로그램은 적합한 방식으로 소개하고 있는지 의문이 들었다. 과연 <러브 인 아시아>가 우리 사회의 다문화 문제들을 이해하는 데 순기능을 하고 있을까라는 궁금증이 생긴 것이다.

이 프로그램의 가장 큰 문제점은 다문화 가정이 대부분 매매혼으로 이루어져 한국의 가부장적인 남자와 약자인 여자의 결합이라는 점을 결코 드러내지 않는 것이다. 이는 단순히 매매혼을 포장할 뿐만 아니라 그 속에 포함된 수많은 권력 구조를 은폐한다. 남녀평등이나 매매혼 같은 일차적인 문제만이 아니라 왜 서로 매매혼을 택할 수밖에 없었는지에 대한 지구적 배경은 비추지 않는다. 그저 결혼이라는 이름으로 묶여 탄생한 다문화 가정의 단편적인 모습만 담아낼 뿐이다. 또 <러브 인 아시아>가 말하는 아시아의 범위는 주로 매매혼이 이루어지는 후진국에 한정된 것처럼 보인다. 지금까지 출현한 이주 여성 대다수가 한국보다 소득이 현저하게 낮은 극빈국 출신이다. <러브 인 유럽>, <러브 인 아메리카>는 존재하지 않는다. 아시아의 선진국인 한국을 전제해야 <러브 인 아시아>가 구성될 수 있다. 바로 여기서부터 <러브 인 아시아>가 전제하는 단단한 권력관계가 출발하는 것이다.

이러한 은폐는 프로그램의 구성에서 다시 한 번 강조된다. 전체 구성

중 약 5분의 1만이 이주 여성들의 쉽지 않은 한국 생활을 보여준다. 겉으로는 외국인 며느리의 좌충우돌 한국 적응기를 표방하지만, 이들이 처한 문제에는 근본적으로 관여하지 않는다. 이주 여성들이 낯선 타국 땅에서 겪는 어려움은 방송을 위해 단순히 소모적인 에피소드나 소재로 활용될 뿐이다. 이 프로그램은 겉으로는 친절한 후원의 몸짓을 보여주지만 다문화 가정의 이야기에 경청하지 않고 그들을 교정하려 한다. 얼마나 한국적이냐에 따라 이들을 대하는 태도가 달라진다. 이주 여성이 자신의 고향 음식을 만들어 함께 나누어 먹는 장면보다, 서툰 솜씨로 된장찌개를 끓이고 한국 사람 다 되었다는 평가를 받는 장면이 훨씬 더 미덕으로 비치곤 한다. 이는 오히려 한국적인 관습에 편승하지 못한다면 다문화를 인정하지 않는다고 시인하는 꼴이라 할 수 있다. 나와 다른 것에 대한 거부감을 바탕으로 문화와 인종을 구분하고, 결국 내 입맛에 맞춰주는 이들만이 한국인이 될 수 있다는 선택적 다문화주의가 이 프로그램 전반에 짙게 깔려 있다. 따라서 국민 통합 기능을 수행해야 하는 방송이 이러한 거부감과 갈등을 숨기는 도구로 다문화주의를 이용하는 것은, 겉으로는 다문화주의를 지향하지만 사실은 더 큰 단일주의가 확고하게 전제되어 있다고 할 수 있다.

프로그램의 대부분은 이주 여성의 고향 방문 모습을 보여주는 데 할애된다. 짧은 시간이나마 드러날 수 있었던 이주 여성의 어려움을, 고향에 대한 그리움의 해결이라는 천편일률적인 단발성 이벤트로 무마하는 것이다. 이들은 하나같이 제작진의 호의로 고향을 찾고, 가족을 만나 회포를 푼다. 그리고 이 과정에서도 이주 여성의 가족이 처한 현실보다 그들의 감정적인 재회만을 강조하며 문제점을 뭉뚱그린다. 실질적으로 카메라가 꺼지면 양쪽 모두 달라지는 것은 전혀 없다. 고향은 다시 기약 없는 곳이 되고, 한국에 돌아온 이주 여성은 한국 사람에 편승하기 위한 노력을 멈추지 말아야 한다. 이들이 처한 현실은 오로지 방송이 방영되는 순간까지만 찰나의 판타지로 봉합되는 것이다.

그뿐만 아니라 <러브 인 아시아>의 범주에는 조선족과 새터민은 전무하다고 할 만큼 거의 찾아볼 수 없다. 아시아를 대상으로 하면서도 정작 가장 가까운 아시아에 속해 있는 이들은 의도적으로 배제되는 것이다. 이들이 선택받지 못하는 데에는 여러 가지 이유가 있을 것이다. 하지만 가장 큰 이유로, 나는 앞서 여러 번 언급한 선택적 다문화주의를 꼽고 싶다. 한국보다 가난한 나라의 경우 이들을 내려다보는 우월적 시선이 방송에 자리 잡고 있고, 이것을 받아들이는 한에서만 방송은 이들에 대한 다문화주의를 인정한다. 새터민과 조선족이 다문화주의 안으로 들어오지 못하는 것은 그들이 너무나 한국적이기 때문이다. 외국인은 우리와 완전히 다르기 때문에 우리의 후원이 우리 자신을 위협하는 결과를 가져오지 않는다. 하지만 새터민과 조선족은 우리와 다른 동시에 우리 자신이다. 이들에 대한 후원은 우리 스스로에 대한 교정을 전제한다. 이들과의 관계는 잘사는 친절한 한국과 못사는 어리숙한 주변국의 관계가 성립하지 않는다. 어찌 보면 새터민과 조선족은 우리의 치부를 건드릴 수밖에 없는, 오랫동안 소식이 끊긴 형제자매처럼 보인다.

따라서 <러브 인 아시아>가 실질적으로 프로그램의 이름처럼 구현되기 위해서는 자신의 정체성에 대한 근본적인 질문을 던져야 한다. 과연 어떤 방법으로 다문화 가정을 조명하는 것이 진정으로 문화적 다양성에 대한 이해를 도울 수 있을지 말이다. 그러기 위해서는 우선 우리가 말하는 다문화주의 안에 은폐된 단일주의를 인정하는 것이 중요하다. 소위 한국적인 관습과 잣대로 분리하는 것이 아닌, 정말로 차이 나는 존재들과의 공존을 추구해야 한다. 이것이 바로 공영방송이 해야 할 진정한 국민 통합이다.

다시금 강조하건대 이 프로그램이 스스로를 값싼 동정을 이끌어내기 위한 도구로 전락하지 않으려면 감정에 호소하기보다 실질적인 대안을 제시하는 방향으로 나아가야 한다. 그저 보여주기 식으로 일시적인 관심을 끄는 데 그치지 않고, 다문화 가정이 직면한 현실적인 문제에 귀를 기울이는 것부터 시작해야 한다. 그래야 이 프로그램의 정체성이 제대로 수립될 수 있다. <러브 인 아시아>는 프로그램의 이름처럼 우리 사회의 다양한 지구적 차이들이 사랑으로 하나가 되는 프로그램이 되어야 한다.

우수작

예능은 좋은 역사 선생님이 될 수 있을까

MBC <무한도전> 329회, 330회 'TV 특강' 편

조성민

수업 시작종이 울렸다

현대사회에서 역사는 중요한 교양 지식으로 꼽힌다. 따라서 공영방송을 비롯한 여러 방송사들은 전체 사회 구성원에게 올바른 역사 지식을 전달하고, 나아가 역사적 사고력을 배양할 의무를 다하기 위해 노력하고 있다. 교양 프로그램은 물론 예능, 드라마 등의 장르에서도 역사 또는 역사적 요소들을 소재로 다뤄 방송의 교육 기능에 일조한다. 이 중에는 역사를 내용상의 소재로 간단히 차용하는 경우도 있지만, 아예 '역사 교육'을 목적으로 하는 프로그램도 있다. 대표적인 것이 KBS의 <역사스페셜>이다. <역사스페셜>은 한국사의 여러 정보나 쟁점을 소개하며 시청자에게 오랫동안 좋은 '역사 교과서'의 역할을 했다. 교육이 반드시 학교에서만 받는 것은 아니기 때문에, 방송 역시 국민 교육의 일정 부분을 담당한 셈이다.

KBS와 마찬가지로 공영방송인 MBC에서도 '역사 교육'의 일환으로 여러 프로그램을 편성했다. KBS가 대하 사극이나 다큐멘터리를 통해 진중한 방식으로 역사를 다룬다면, MBC는 퓨전 사극과 예능 프로그램 등을 통해 조금 더 가볍고 친숙하게 역사를 바라보는 경향이 강한 듯하다. 그 경향 중 하나를 보여주는 것이 2013년 5월 11일(329회)과 18일(330회)에 방영된 <무한도전> 'TV 특강' 편(이하 <무한도전>)이다. <무한도전>은 한국사 상식이 부족한 젊은 층에게 한국사 지식을 전달하려는 의도로 기획됐다. <무한도전> 진행자들은 유명한 한국사 인터넷 강사들에게 직접 암기 방식을 배운 뒤, 현 세대의 젊은 층을 대표하는 아이돌 연예인들에게 특강 형식으로 이를 전달했다.

방영 직후 많은 시청자들이 젊은 세대의 역사 지식이 충분하지 않은 세태를 지적하며 '제대로 된 역사 교육'을 언급했다. <무한도전>의 영향인지 '역사 교과 필수화'를 주장하는 사람도 전보다 훨씬 늘어난 듯하다. <무한도전>은 분명 많은 사회 구성원에게 '역사 교육'의 필요성이나 효용, 방법론 등을 한 번 더 생각해볼 기회를 제공했다. 역사 교육에 대한 여론의 관심이 높아진 것을 <무한도전>의 공으로 돌리는 사람도 적지 않다. 그러나 높아진 관심이 모두 '옳은 관심'인지, 혹시 '잘못된 관심'은 아닌지 조금 더 생각해볼 필요가 있다.

오늘 수업 시간에는 뭘 배웠니?

<무한도전>이 택한 한국사 교육 방식은 현행 제도권 초등학교·중등학교의 역사 교육과 다른 점이 전혀 없었으며, 단지 '웃기다'는 점이 추가되었을 뿐이다. 교육 방식이나 내용은 다수의 국민들이 12년간 초등·중등 교육

과정을 이수하면서 경험한 '역사 교육'과 똑같았다. 따라서 <무한도전>이 기성 교육을 비판하는 취지가 있었다면, 이것은 자가당착이 될 가능성이 몹시 높다. 젊은 세대가 역사 인식에 취약해진 것은 결국 기성 교육이 효과적인 방식으로 역사를 가르치지 못했기 때문이다. 그런데 그것을 지적하며 나온 기획물 역시 기성 교육과 전혀 다르지 않았다.

기존 역사 교육이 외면당한 가장 큰 이유는 '맥락'의 부재이다. 역사는 시간의 흐름과 불가분의 관계에 있는데, 기성 교육은 시간의 흐름을 무시한 채 파편적 정보들을 일정한 기준 없이 종횡무진으로 가르쳤다. 그래서 많은 교육 현장에서 역사는 '암기 과목'이 되고 외면을 받게 되었다. <무한도전>이 '역사'를 전달하는 방식은 현행 교육 현장의 무조건적 주입식 교육보다 더 심하면 심했지, 낫지는 않았다. 총 2회에 걸친 방송에서 '웃음'이라는 요소만 빼면, 많은 사람이 학창 시절에 무기력하게 앉아 기계적으로 노트 필기를 하던 교실의 모습을 볼 수 있었다. 그 교실에서 역사를 배우고 자란 많은 사람이 또다시 <무한도전>의 교육 대상이 되지 않았는가. 단순 암기로 습득한 정보가 머릿속에서 얼마나 빨리 휘발되는지는 시청자들이 가장 잘 알고 있으리라.

방송 시간 관계상 시청자는 편집본을 보기 때문에 그렇게 느꼈다고 변명할 수도 있다. 그러나 짧은 방송 시간을 탓하기에는 <무한도전>이 역사 교육의 '멘토'로 찾아간, 이른바 '스타 인터넷 강사'들의 교수법에서 그들이 철저히 기존의 역사 교육 방식을 따랐음을 쉽게 짐작할 수 있다. 멘토로 나선 사람들은 대학수학능력시험이나 한국사능력검정시험을 대비하는 학생들에게 가장 인기 있는 강사들이다. 그들은 심도 있는 역사적 사고력의 배양을 목표로 하기보다는, 시험을 대비해 단기간에 많은 정보를 암기해내는 방법을 가르치는 강사들이다. 멘토들이 <무한도전> 진행자들에게 전달한 것 역시 '암기 방법'이지 '역사적 사고'가 아니었다. 다시 말해 <무한도전>은 그저 '조금 더 재미있는 한국사 인터넷 강의'에 지나지 않았다.

우리 선생님이 그랬어요

기존 역사 교육의 또 다른 큰 문제인 감성 일변도의 교육 역시 <무한도전>에서 볼 수 있었다. 329회 방송 말미에는 특강의 강사로 나선 진행자들이 안중근 의사의 어머니인 조마리아 여사의 심경을 묘사한 글과 유관순 열사의 순국 과정을 소개했다. 이 장면은 현장의 출연자는 물론 시청자의 눈물샘까지 자극했다. 또 330회에서 임진왜란을 설명할 때에는 출연자들에게 '이순신'을 연호하게 하여 민족 감정을 고취시키는 장면도 등장했다. 물론 역사적 사실을 알게 되는 과정에서 감동을 받을 수 있고, 때로는 지나치게 감정적으로 받아들일 수도 있다. 그것 역시 역사 교육의 일부이며, 민족주의에 경도된 어떤 이들은 역사 교육의 효용이 거기에 있다고 말하기도 한다.

여기서 말하려는 감성 일변도란 단순한 과잉 감성 호소뿐만 아니라 주관적인 가치판단까지도 마치 객관적인 것처럼 내면화하려는 경향을 모두 포괄한다. <무한도전>이 저지른 여러 실수 중 하나는 '선덕여왕의 위대한 업적 중 영토 확장은 포함되어 있지 않다'는 내용을 방송에 내보낸 것이다. 기본적으로 삼국시대는 영토 경계선이 현대 국가와 같이 정확히 구획되어 있지 않았다. 또 국경선에서 분쟁도 잦았기 때문에 정말로 영토 확장이 일절 없었는지 확인하는 것은 불가능하다. 자막으로 '선덕여왕 대에는 안정과 발전을 도모했다'고 부연하긴 했지만, 이 역시 주관적인 가치판단에 불과하다. 따라서 이러한 내용을 학생들에게 일방적으로 주입해서는 안 된다. '위대함', '안정', '발전' 따위는 역사적 사실을 종합하여 개개인이 판단할 문제이기 때문이다. 역사에 대한 주체적 판단력을 흐리게 하고 의존적으로 만드는 것이 현행 역사 교육의 문제이고, 이것은 감성 호소와 맞물려 역사를 객관적인 시간의 흐름이 아닌 주관적인 플롯의 나열로 만든다. 가치판단은 논리나 실증으로 증명할 수 있는 것이 아니며, 따라서 교육의 명목으로 주입되어서는 안 된다.

329회에서 진행자 유재석과 하하는 멘토에게 배운 대로 '세종대왕은 선천적인 천재이며, 정조는 후천적인 천재'라는 설명을 표와 함께 정리하여 제시한다. 이는 역사적 인물을 바라보는 일각의 의견을 역사적 맥락에서 탈각해 제시한 것이다. 다른 시각이 존재할 수 있다는 사실을 충분히 주지하지 않으면 역사에 대한 모종의 '오해'만을 양산해내는 교수법일 뿐이다. 다시 말해 <무한도전>은 사실상 더 다양한 학습 도구로서의 수업 방식을 제시했을 뿐, 역사를 재해석하거나 역사적 사고를 배양한 것은 결코 아니었다. 현 사회가 필요로 하지만 현 사회 구성원들에게 부족한 것은 '역사를 통해 얻는 지혜'이지 '민족의 영광스러운 역사의 조각들'이 아니다. <무한도전>이 가진 큰 오류의 바탕에는 '역사 인식의 필요성'에 대한 오해가 깔려 있다.

울지 말고 이야기해보라고 했다

많은 한국인들이 역사 또는 역사학을 학문으로 받아들이지 못하고 '자존심'의 문제로 여기는 이유 역시 잘못된 역사 교육에 있다. 역사를 '자존심'으로 받아들이는 것은 상당히 순진하면서도 위험한 사고이다. 실제로 현행 교육 방식을 토대로 성장해 전문적인 학문의 영역에서 활동하는 역사학자들조차도, 일부는 여전히 감성 호소에서 벗어나지 못한 시각에서 역사적 논쟁들을 바라보고 있다. 대표적인 분야가 바로 영토 분쟁이다. 영토 분쟁은 서로 다른 두 역사 공동체의 충돌이기 때문에 두 주체가 갖는 각각의 맥락에서 파악해야 한다. 그러나 논리적 설득이나 논증의 과정이 아닌 감성 호소의 방식으로 문제를 체화한 학자들은, 어쩌면 당연하게도, 전혀 다른 맥락에서 문제를 보는 사람들과의 '공감', 즉 '설득'에 실패하게 된다.

역사적 논쟁들을 '자존심'의 문제로 환원하면 감정에서 한 발짝 떨어져 이성적인 논거들을 가져오기는커녕, 더 강렬한 감정을 가지고 강변하는 악순환을 만든다. '논증'과 '반박'보다 '감성의 공유', 즉 '공감'이 목적이 되는 역사 교육에 익숙해진 탓이다. 자랑스럽거나 아픈 역사에 웃고 우는 '공감'은 그 역사적 맥락 안에 속한 사람들끼리만 할 수 있다. 다른 세계관을 가진 사람도 자신들의 역사에 함께 웃고 울어주기를 바라는 것은 순진함에 의한 몰이해이다. '공감'이 아닌 '논증'과 '반박'을 해야 하는 학자들조차 이런 행태를 보이는 것은 교육의 실패를 의미한다. 논쟁에서 승리할 모든 자료를 가지고 있으면서도 늘 감성 호소로 빠져버려 토론에서 밀려나는 것이 한국 역사학과 역사 교육의 현주소이다.

성적표가 나왔다

그렇다면 현행 역사 교육의 맹점을 파고들려고 했던 <무한도전>은 실패한 교육을 답습할 것이 아니라 대안 교육의 매체로 기능할 필요가 있다. 물론 <무한도전>이 기획 의도 면에서는 참신했고 대중의 관심을 모으는 데에도 크게 성공했기 때문에 그 나름의 의미는 있다. 그러나 <무한도전>이 잘못된 관심을 모은 것은 아닌가 하는 우려가 크게 드는 것은 도대체 무엇을 비판하려고 하는지, 또는 무언가를 비판하고 있기는 한지가 모호하기 때문이다. <무한도전>에 관심을 보인 많은 대중은 자신이 받은 실패한 역사 교육의 문제를 상기하기보다는, 단순하고 막연한 '역사 교육의 필요'에만 집중하는 양상을 보였다. <무한도전>은 결국 일시적인 감정 유발에만 성공했을 뿐, 더욱 심도 있는 논의나 새로운 대안의 제시로 이어지지 못했다.

혹자는 여가를 웃으며 보내기 위한 예능 프로그램에서 그 이상의 교육 효과를 기대하는 것은 무리가 아니냐고 반문할 수도 있다. 예능에서 웃자고 하는 소리에 다큐멘터리처럼 죽자고 달려든다는 비아냥거림도 들린다. 그러나 MBC가 공영방송으로 운영되고 있고 '특강'이라는 '교육'의 이름을 달고 있는 한, 잘못된 방식과 내용이 그대로 전파를 타서는 안 된다. 재미도, 감동도 없는 프로그램보다야 <무한도전>이 훨씬 가치 있다고 말할 수는 있겠으나, 재미와 감동이 있다고 하여 오류까지 용인해서는 안 될 것이다. 330회 전반부에서 <무한도전> 진행자들은 329회 방송에서 '안중근 의사가 도시락 폭탄을 던져 의거했다'는 잘못된 정보를 전달해 혼선을 빚은 부분을 반성하는 모습을 보였다. 그 순간부터는 재미나 감동보다도 '정확한 정보를 올바른 방식으로 전달하겠다'는 진정성이 필요했으며, 그것이 바로 <무한도전>의 미덕인 '리얼리티'를 담보하는 것이다.

숙제를 내주었다

MBC는 과거에 예능 프로그램에서 매우 성공적으로 '역사 교육'을 실행한 바 있다. 바로 2006년에 방영된 <느낌표 – 위대한 유산 74434>(이하 <74434>)가 대표적인 성공 사례이다. 물론 민족 감정을 지나치게 강조하는 측면이 <74434>에서도 아주 없지는 않았다. 그러나 <74434>는 역사학의 주요 현안 중 하나인 문화재 반환 문제를 경쾌하지만 결코 가볍지 않은 방식으로 다루어 '역사는 현재와 어떻게 연관되는가'를 효과적으로 풀어냈다. 문화재가 국외로 반출된 과정부터 문화재들의 실태를 살피고, 문화재 반환을 촉구하는 공익광고를 제작하는 등 일련의 활동은 어디에 어떤 문화재가 몇 개 있는지 따위를 암기하도록 강요하지 않고도 역사의 중요성을 일깨우고 올바른 역사 인식을 함양하게 했다. 이것이야말로 진정 '재미와 감동을 모두 잡은' 프로그램이라고 할 수 있다.

<무한도전>은 'TV 특강'을 제외하고도 종종 역사적 쟁점과 관련된 것들을 주된 소재로 했다. 한일 간 독도 영유권 분쟁이 불거졌던 2011년 9월에는 독도를 상징하는 여러 단서를 모아 폭탄을 제거한다는 내용의 '스피드 특집'을 방영했다. 심지어 마지막 장면에는 '독도 홍보'로 유명한 가수 김장훈이 등장해 상징물들의 제시가 결코 우연이 아니었음을 노골적으로 드러내기도 했다. 이러한 은유적 서사가 차라리 일방적이고 무조건적인, 파편적 정보와 감정의 주입보다는 교육적 가치가 더 클 듯하다. <무한도전>이 예능 프로그램 그 이상의 존재라는 데에는 대다수 사람들이 공감할 것이다. 단발성 기획이 아닌 조금 더 진정성 있는 자세로 '역사 교육', 그리고 '역사'를 다루어줄 <무한도전>을 기대해본다.

우수작

중년 남성의 변태 성장기

KBS <아빠는 변태중>

천주희

어떤 중년 남성이 옷을 벗는다. 넥타이를 풀고, 와이셔츠를 벗고, 바지를 내린다. 부엌에서 밥을 먹던 아내와 딸은 알몸이 된 그의 모습을 보고 비명을 지른다. 그는 왜 옷을 벗은 걸까? 이 장면은 <아빠는 변태중>(KBS 드라마 스페셜 단막 2013)의 첫 장면이다. 주인공 변태중의 몸은 나이 들고 배 나오고, 심지어 머리털까지 개털이라고 스스로 고백하는 볼품없는 몸이다. 그의 이런 볼품없는 몸은 명예퇴직으로 옷을 벗고, 누드모델로 옷을 벗기까지 아무도 주목하지 않는 지난한 삶의 여정을 보여주는 변태(變態) 중인 몸이기도 하다. 만일 이런 몸이 당신 앞에 출현한다면, 당신은 그 몸을 어떻게 맞닥뜨릴 것인가?

몸, 몸, 몸: 잘나가는 몸, 벌거벗은 몸, 이상한 몸

주인공 변태중(성지루 분)은 건설 회사에서 차장을 지냈다. 입사에서 차장까지 고속 승진을 한 엘리트였고, 나이지리아 공사도 따낼 정도로 능력 있는 소위 '한때 잘나가던 몸'이다. 그러던 어느 날 그는 퇴직 통보를 받고 실직자가 된다. 실직자가 된 그는 낮에는 취업 정보 센터에 일자리를 알아보러 다니고 밤에는 대리운전을 하며 보낸다. 마침 이 사정을 지켜본 후배 재관은 변태중에게 누드모델을 제안한다. 그러나 누드모델을 하러 간 곳에서 하필이면 세입자 지연(한그루 분)을 만나 그 일도 무산되고 만다.

변태중은 실직 후에도 매일 아침 회사 유니폼을 입은 채로 출근한다. 회사 유니폼은 가족에게 자신이 사회적 지위를 박탈당한 몸이라는 것을 숨기는 장치이고, 자존심을 지키고 싶은 마지막 보루이기도 하다. 후배가 처음 누드모델을 제안했을 때 거절하며 "(회사는) 잠시 쉬는 중"이라고 변명한 것도 그가 원하는 몸은 '잘나가는 몸'이기 때문이다. 그러나 그는 지금 '벌거벗은 몸'이다. 매달 갚아야 할 집 담보 대출금과 지불해야 할 딸의 학원비 앞에 그는 자신이 벗어야 할 처지임을 직면한다. 잘나가는 몸과 벌거벗은 몸은 이렇게 갈등하고, 불화하며 불안정한 상태로 공존한다.

한편 실직한 변태중의 몸은 가족에게 '이상한 몸'으로 보인다. 제아무리 회사원인 척 연기를 해도 이미 실업자가 된 그의 몸짓은 어딘가 어색하다. 딸 신혜(배누리 분)는 아빠가 젊은 남자들의 복근을 훔쳐보는 것을 보고 다이어트(몸매 관리)를 한다고 생각한다. 그런데 예전과 달리 지연에게 잘해주는 것을 본 후, 아빠의 다이어트가 어쩌면 지연의 마음을 얻기 위한 것일 수 있다고 여긴다. 반면 아내 미란(방은희 분)에게 남편은 다 늦은 나이에 자신에게 잘 보이려고 몸매 관리하는 사람으로 보인다. 미란은 딸이 아빠가 이상하다고 말을 해도 마치 남편이 야동을 보다가 걸린 것쯤으로 받아들인다. 미란은 이런 남편에게 호응하려고 빨간 속옷을 사고, 남편이 좋아하는 삼겹살까지 준비한다.

변태중의 몸은 하나의 몸으로 설명할 수 없는 몸이다. 그의 몸은 사회적 위치에 따라, 관계에 따라 다양하게 해석되고 구성된다. 사회적인 존재로서 변태중의 몸은 잘나가던 차장과 벌거벗은 실직자 사이에 놓여 있다. 그리고 관계나 역할에 따라 그의 몸은 바람을 피우려는 아빠와 자신에게 잘 보이려는 남편으로 보인다. 이처럼 변태중의 몸은 자신이 놓인 맥락에 따라 회사원, 실직자, 아빠, 남편, 누드모델 등 다양한 형태로 끊임없이 구성되고, 아슬아슬하게 그 경계를 넘나든다.

“저 사람들이 잘 차려입은 채로 그려졌다면, 고통이 보였을까요?”

지연은 변태중에게 실직과 누드모델 일을 비밀로 해주는 조건으로 고장 난 수도와 창문을 고쳐달라고 한다. 지연의 집을 찾은 변태중은 수도꼭지를 고치다가 터져 나온 물에 몸이 젖게 되는데, 그때 지연은 변태중의 허리에 난 수술 자국을 발견한다. 지연이 수술 자국을 쉽게 알아볼 수 있었던 것은 자신의 아버지 또한 같은 곳을 수술했기 때문이다. 변태중은 자신의 상처를 알아본 지연에게 “고생했겠네”라는 말로 응한다. 변태중의 응답은 아버지의 아픔을 가족으로서 감당해야 했을 지연에 대한 위로이자 동시에 변태중이 자신의 상처 때문에 가족을 고생시키고 싶지 않아 하는 마음을 담고 있다. 이런 이유로 변태중은 그동안 가족에게 자신의 상처를 말하지 못했다. 허리에 난 그의 상처는 회사를 위해, 노조원이었던 동료들과 싸우다가 생긴 것이다. 동료들을 배신하면서까지 헌신하고 싶었던 회사가 남긴 상처다. 이런 그에게 지연은 자신의 상처를 알아봐준 사람이자, 변태중이 자신의 고통을 다시 말할 수 있도록 드러내준 사람이다.

상처와 고통은 스스로 말할 수 없다. 오직 누군가에 의해서 목격되고 재서술될 뿐이다. 누군가 그 상처에 섬세한 시선을 던지고 그 기원을 물을 때 상처는 비로소 자기 언어를 갖게 된다. 그리고 그 상처가 말해질 때 그것에 응답하는 일이 바로 상처를 목격한 사람의 책임인 셈이다. 변태중의 상처를 목격한 지연에게 응답의 방식은 훗날 그림으로 나타난다.

지연에게 누드 크로키란 몸에 새겨진 여러 상처와 몸의 무늬를 재현하는 일이다. 누드 크로키를 바라보는 변태중에게 지연이 "저 사람들이 잘 차려입은 채로 그려졌다면, 고통이 보였을까요?"라고 말을 건넨 것도 변태중의 상처와 고통을 그의 몸에서 발견했기 때문이다. 지연에게 변태중의 상처는 삶의 흔적이고, 몸은 고통이 머무는 장소이다. 후일 변태중이 다시 미대에서 누드 크로키 모델로 섰을 때, 지연이 변태중의 (허리) 상처에 주목한 것도 상처의 집으로 몸을 마주했기 때문이다. 그녀가 보기에 그의 고통의 자리는 울퉁불퉁한 몸에 핀 삶의 흔적이었다. 지연이 그림을 통해 그의 몸을 재현했을 때, 그의 고통은 비로소 말해질 수 있었다. 고통이 말해진다는 것은 그동안 말해질 수 없었던 것에 대한 인정이다. 지연이 변태중의 상처를 인정하는 것은 곧 그의 삶에 대한 인정이기도 하다. 인정(認定)이란 이처럼 주의 깊게 주목함으로써 만들어지는 것이다. 그리고 지연의 인정을 통해 변태중의 '벌거벗은 몸'은 상처가 있는 몸, 흔적이 있는 몸, 사연이 있는 몸, 역사가 있는 몸으로 오롯이 출현한다.

변태에서 변태(變態)로

누가 인간으로 간주되는가, 누구의 삶이 삶으로 간주되는가, 끝으로 무엇이 애도할 만한 삶으로 중요한가. - 주디스 버틀러

주디스 버틀러(Judith Butler)는 『불확실한 삶(Precarious life)』에서 애도란 자신이 겪은 상실에 의해 자신이 영원히 바뀔 수도 있음을 받아들일 때 일어난다고 말했다. 변태중은 자신이 실직한 후 일자리를 찾아다니지만, 정작 자신이 상실한 것은 직장이 아니라 자기 자신일 수 있음을 알지 못한다. 상실이란 이처럼 자신이 잃어버린 것을 잘 알지 못하는 것이다. 하지만 오히려 잘 알지 못하는 상실의 경험은 자신이 바뀔 수 있음을 받아들이는 애도로 들어가는 문이 되기도 한다. 변태중은 골목길을 걷다가 우연히 세탁소 유리문에 비친 자신을 마주한다. 그는 자신에게 묻는다. "뭐가 두려운 거야?" 그러나 돌아오는 답은 "모르겠어……"이다. 그는 자신이 느끼는 두려움이 어디서 온 것인지 알지 못한다. 하지만 가만히 앉아 있다고 인생이 바뀌지 않을 것은 안다. 그는 알몸인 채로 유리문을 다시 쳐다보며 웃는다. 웃는 자신을 보고 또 웃는다. 웃고 웃는다. 그리고 처음으로 자신의 '벌거벗은 몸'을 직면하게 된다. 그는 등 뒤에 놓인 버려진 밥솥을 본다. 자신처럼 이미 기능을 상실했지만, 그것을 주워 집으로 돌아온다.

변태중은 자신이 포기하고 돌아섰던 강의실에 다시 찾아가 누드모델로 선다. 미란이 만류하지만, 태중은 무대에 오른다. 그는 눈물을 흘리면서 여러 자세를 취한다. 울음과 웃음이 그의 몸짓에서 교차한다. 누드모델이 가족에게 부끄러운 일임을 알지만, 자신이 "처음으로 잘해보고 싶은" 일이다. 그에게 누드모델은 배제된 몸으로써 자신의 벌거벗음을 남들에게 드러내는 고된 작업이었지만, 지금은 그 벌거벗음을 다시 입음으로써 자신을 보여주는 일이다. 다시 말하면 자신의 몸에 새겨진 상처와 사연들을 고스란히 끌어안고 애도하는 과정인 셈이다.

누구나 마음속에 동굴 하나씩을 갖고 있다. 우리는 가끔 그곳에 숨어들어

침묵한다. 때론 상처 주고 싶지 않아서, 걱정시키고 싶지 않아서, 내가 바꿀 수 있는 게 없어서……. 그 동굴을 벗고 빠져나올 때, 나의 곁에 서줄 이 누구인가(신혜의 독백).

며칠이 흘렀다. 신혜는 문예창작과 시험을 봤고, 신혜의 독백이 보여주듯이 태중과 미란과 신혜는 각자의 동굴에서 다시 나올 날을 준비한다. 지연은 신혜에게 크로키 전시회 초대장을 건넨다. 전시회장을 찾은 태중은 그곳에서 한 장의 그림을 물끄러미 바라본다. 그 그림은 허리에 난 자신의 상처를 그린 지연의 그림이다. 그의 몸은 아무도 알아주지 않는 몸이자, 사회에서 배제된 '벌거벗은 몸'이었지만 그림 속 그는 하나의 예술 작품으로, 낯선 몸으로 그 앞에 다시 나타난다. 그의 몸이 낯설게 느껴지는 것은 이미 한 꺼풀 변태한 존재로 그 앞에 서 있기 때문이다. 그 뒤에서 미란이 말을 걸어온다. 미란은 자신처럼 밥솥을 고치려다 다친 남편의 손목을 보고 슬그머니 옷깃을 내려준다. 그리고 신혜는 초대장에 그려진 아빠의 상처를 살며시 어루만진다.

개인의 상처는 비밀과도 같아서 잘 드러나지 않고, 볼 수도 없다. 그렇지만 상처가 관계 속에서 공유되고 인정을 받으면, 그 상처는 개인의 문제가 아닌 공동체의 아픔으로 수용된다. 지연이 변태중의 상처를 목격하고, 나름의 방식으로 응답했기에 그의 상처는 예술 작품이 될 수 있었다. 그리고 이 작품이 호소력이 있는 것은 바로 배제된 몸, 벌거벗은 몸에 난 상처를 우리가 어떻게 수용하고 애도할 것인지 보여주기 때문이다. 하지만 그런 몸은 사회에서 잘 읽히지 않는 몸이고 드러나지 않는 몸이다. 그것을 알아보지 못하는 사람에게 '벗은 몸'은 한낱 변태의 몸짓일 뿐이다. 변태중이 알몸으로 밤에 골목길을 뛰어다니는 것을 보고 쌀집 아저씨가 동네에 변태가 나타났다고 생각하고, 그 말을 전해들은 미란도 신혜에게 밤길 조심하라고 당부했던 것은 어쩌면 당연한 일이다. 그러나 타인의 삶과 상처를 인정한다면 변태적인 몸은 하나의 예술 작품으로 승화시킬 수 있는 잠재력을 지닌 몸이 된다.

우수작

KBS <현장르포 동행>은 과연 '동행'하는가?

구보라

1.

2013년 가을 KBS에서 종영한 <현장르포 동행>(이하 <동행>)은 양극화 시대에 소외되고 가난한 이들을 텔레비전에 등장시켜 많은 호평을 받았다. 그러나 7년의 방송 동안 유사한 방식으로 소외된 이들과 그들이 처한 어려운 상황들을 그려내다 보니, 등장하는 인물만 바뀔 뿐 전달하는 메시지는 동일하다는 한계가 드러나곤 했다. 더불어 프로그램의 시청자들도 <동행>을 보는 일이 편치는 않았다. 단순한 불편함이 아닌 시각적 불편함과 문제를 해결해가는 서사 방식의 불편함 때문이다.

> <현장르포 동행>은 '열심히 살고자 하지만 가난한 이웃들'의 삶을 통해, 가난한 사람을 보듬어줄 수 있는 우리의 사회안전망에 대한 고민과 더불어 그들의 생생하고, 치열한 삶과 동행함으로써 절망 속에서도 꺾이지 않는 삶의 희망을 같이 찾아나가고자 한다.

양극화 시대 …… '우리 이웃'의 현실을 르포르타주 리얼리티 형식으로 조명해봅니다.[1)]

프로그램의 기획 의도에서 알 수 있듯이 <동행>은 출연자들을 우리의 '이웃'이라고 끊임없이 강조한다. 그렇다면 <동행>은 우리의 '이웃'을 어떤 모습으로 재현했던가? '그들의 생생하고 치열한 삶'에 프로그램이 진정으로 '동행'했다면, 그들이 왜 이처럼 어려운 상황에 내몰렸는지에 대한 사회적 맥락이 프로그램에 드러나야 한다. 하지만 <동행>의 내러티브 구성은 이와는 거리가 있는 것 같다. 카메라 앵글, 이미지에 더해지는 내레이션까지 <동행>의 모든 내러티브 구성은 시청자의 눈물을 자극하기 위해 사용되는 것은 아닐까? 그럼으로써 그들을 함께 '동행'할 대상으로 그려내기보다는 동정과 연민의 대상으로 내버려두지는 않았을까?

이와 같은 의문 속에서 이 글은 2012년 11월 29일에 방영된 '김 장수 아빠의 희망 리어카'와 2013년 10월 5일에 방영된 '아빠의 가출'의 이미지상의 문제점을 예로 들어 <동행>의 내러티브 방식을 살펴볼 것이다. 이를 통해 <동행>의 기여와 한계를 짚고, 이후 다시 텔레비전 속에 들어올 휴먼 다큐멘터리의 바람직한 모습을 그려보려고 한다.

2.

모든 영상 콘텐츠에서 가장 먼저 수용자에게 인지되는 것은 이미지일 것이다. <동행>의 이미지 사용에서 가장 확연하게 눈에 띄는 것은 줌인(zoom-in)이다. 2013년 10월 5일에 방송된 '아빠의 가출'의 장면을 예로

1) KBS <현장르포 동행> 홈페이지(http://www.kbs.co.kr/1tv/sisa/donghang/).

들어보자. 해당 에피소드의 중심인물인 양옥 씨가 전이된 암 때문에 허리 디스크까지 심해지면서 수술을 앞둔 전날, 아이들을 위해 반찬을 만드는 장면이 나온다. 그녀는 아이들을 위해서라도 자신은 죽으면 안 된다고 말하며 눈물을 흘린다. 카메라는 처음엔 버스트 숏에서 출발했지만 이내 갑자기 눈물 흘리는 눈과 코만 나오는 익스트림 클로즈업 숏으로 그녀를 비춘다.

이렇듯 <동행>에 자주 등장하는 촬영 기법은 처음엔 풀숏이나 미디엄 숏으로 인물을 담다가 갑자기 클로즈업 또는 익스트림 클로즈업으로 이동하는 줌인이다. 대상과 가까이 있지 않아도 줌인 기능으로 대상의 얼굴을 클로즈업해서 잡을 수 있고 화면상으로는 점점 더 대상에게 다가간다. 그러나 카메라가 이동하지 않고 렌즈를 당겨서 대상에 근접할수록 멀어지는 것은 사연의 주인공과 카메라를 찍는 제작진 사이의 거리이다. 만일 제작진이 그들을 재현하는 데 윤리적 고민이 있었다면 주인공이 남에게 드러내기 싫은, 눈물 흘리는 모습을 과감한 속도로 줌인할 수는 없었을 것이다. 줌인은 프로그램이 진행되는 40분 내내 빈번하게 등장한다. 제작진이 주인공을 동행하는 대상으로 생각했다면 얼굴을 카메라에 담는 과정에서, 대상화되어 보이는 줌인을 이렇게 많이 사용하지는 않았을 거라고 생각한다. 그렇기에 이러한 클로즈업 방식으로 인물을, 특히 울고 있는 인물을 재현하는 것에 의문을 제기할 수밖에 없다.

이와 관련하여 폴란드 출신의 영화감독 크시슈토프 키에슬로프스키(Krzysztof Kieslowski)의 일화가 떠오른다.[2] 그는 현실의 내밀함을 응시하는 것에 대한 외설성을 언급했다. 그는 다큐멘터리에서의 진짜 눈물보다 거짓

2) 슬라보예 지젝, 『진짜 눈물의 공포』, 오영숙 외 옮김(울력, 2004).

눈물인 글리세린에서 영화의 윤리를 발견했는데, 자신에게 '눈물을 찍을 권리가 있는지' 의문을 제기하며 진짜 눈물이 두렵다고 말했다. 이렇듯 다큐멘터리를 찍을 때 '눈물' 흘리는 대상을 찍는 것은 많은 고민이 필요하다. <동행>에서 카메라가 극단적으로 얼굴을 클로즈업해서 눈물을 보고 싶어 하는 것은 일종의 외설이다. 편집을 통해서 줌인한 뒤의 클로즈업된 화면을 바로 보여줘도 되는데, 줌인하는 그 몇 초의 순간도 우리에게 노골적으로 드러낸다. 줌인하는 모습에 대한 조금의 윤리적 고민도 없고, 편집하는 순간에도 이를 고민하지 않았음이 여실히 드러난다.

그런데 이처럼 주인공의 내밀한 영역에 침투하던 카메라가 정작 심각한 상황에서는 줌인하지 않는다. 즉, '동행'하지 않는다. 주인공이 얼마나 힘든 상황을 견디고 있는지를 멀찍이 보는 것이다. 물론 멀리서 보여주는 실루엣은 객관성을 담보하기도 한다. 그러나 이는 일반적인 롱숏의 의미인 단순히 바라보거나 관조하게 하는 것과는 다르다. <동행>의 롱숏은 '구경거리'로서의 롱숏이다. 출연자들이 힘든 상황일 때 카메라는 그들에게 다가가지 않고, 오히려 그들을 구경거리로 만든다.

클로즈업, 줌인을 하는 상황과 롱숏을 유지하는 상황의 차이는 공적인 상황과 사적인 상황에 기인한다고 볼 수 있다. 이는 <동행>에 출연하는 사회적 소수자를 이중으로 분리한다. 사회적 상황인 공적 상황에서는 개입을 하지 않는 태도를 취하며 다가가지 않는다. 반면 사적으로, 즉 주인공이 집 안에서 눈물을 흘릴 때는 카메라가 거침없이 다가간다. 오히려 반대가 되어야 하지 않을까. 집 안에서는 언제나 함께하며 이야기를 들어주는 태도를 취하다가 밖에 나가면 당신의 문제는 알아서 해결하라는 식인, <동행>의 카메라가 보이는 이중적인 모습이 문제라고 생각한다.

또 이미지와 결합하는 내레이션을 사용하여 시청자들에게 감정을 이입하려고 한다. 이는 눈물을 흘리는 장면에서 슬픈 음악이나 슬픈 내레이션을 결합하는 것에서 더 나아가, 심지어 영상과는 무관한 내레이션을 결합시키기도 한다. 예를 들면 단순히 이불을 털고 있는 장면 위로 내레이션이 겹치면서, 화면에는 계속 이불을 털면서 웃고 있는 출연자들의 모습이 풀숏으로 나온다. 이러한 이미지와 내레이션은 아무 상관이 없다. 이불을 터는 막연한 상황에 그들의 힘들었던 삶을 서술하는 내레이션을 더한 이유는 이를 통해 안타깝고도 서글픈 특정한 감정을 연결하려는 시도라고 볼 수 있다. 즉, 과거 상황을 설명하면서 감동을 자아내고 싶지만 그 장면들을 재현할 수 없기에, 단순히 평범한 일상인 이불을 터는 장면에 동정과 연민을 자극하는 내레이션을 결합시키는 것이다. 물론 이는 감정을 유도하기 위해 TV에서 많이 쓰는 방식이다. 하지만 <동행>은 가난한 사람들을 대상으로 이런 방식을 무분별하게 쓰고 있다.

이미지와 내레이션뿐만 아니라 내러티브 방식에서도 문제점이 보인다. <동행>의 구성은 '기-승-전'으로 향하면서 출연자들이 가진 문제점과 갈등이 점진적으로 커지다가 '결'에서 갑자기 출연자들의 웃는 얼굴과 희망을 강조하는 내레이션으로 내러티브가 종결된다. 기승전결의 완결된 서사 구조 해피엔딩이다. 결말의 웃는 이미지와 그에 덧붙이는 가족에 대한 사랑, 이 속에서 싹트는 희망을 강조하는 내레이션이 결말에 과장되게 제시된다. 물론 휴먼 다큐멘터리에서 희망을 강조하는 식의 클로징은 패턴화되어 있는 것이 사실이다. 그러나 유독 <동행>에서는 매번 똑같은 방식으로 끝을 맺는다.

<동행>은 기승전결의 완결된 서사 구조에 해피엔딩까지 더해지면서 출연자들이 가진 문제가 마치 해결될 수 있고, 해결되었다는 식으로 이미지와 내러티브를 만들어낸다. 그러면서 프로그램 안에서 드러낼 수 있는

사회적 콘텍스트와의 관계를 차단한다. 사실상 문제들은 해결되지 않았는데 해결된 척 끝내는 것이다. 이러한 메커니즘은 '빈곤'이 사회적 문제이며, 출연한 사람들의 문제가 모두 '빈곤' 때문에 파생된 것이라는 사실을 간과하게 만든다. '다큐멘터리'라면 문제를 앞으로 내놓아야 하는데 문제를 뒤로 숨기는 것이다. <동행>의 이미지와 내러티브를 구성하는 메커니즘은 단순히 어려운 이들을 지켜보면서 시청자의 코끝이 찡해지는 것만을 유도한다.

후기 장면도 문제가 있다. 보통 6주 전쯤 방영된 사연의 출연자들이, 방송이 나간 후 시청자들의 후원을 받고 얼마나, 어떻게 생활이 나아졌는지를 짧게 보여준다. 방송을 보고 주택공사에서 임대주택을 마련해줘서 집 문제가 해결되었다는 식의 내레이션이 주된 내용이다. 하지만 TV에 출연하지 않았다면 임대주택의 지원을 받지 못했을 거라는 사실은 강조되지 않는다. 복지가 제대로 실현되지 않아서 소외받는 계층이 늘어난다는 점 역시 나오지 않는다. <동행>은 근본적인 문제는 전혀 제기하지 않고, 시청자와 지자체의 '일회성 도움'으로 출연자들의 생존을 위협하던 절대적 가난이 해결되었다고 말한다. 그리고 모든 문제를 봉합시킨다. 빈곤에도 절대적 빈곤과 상대적 빈곤이 있는데 <동행>에서는 절대적 빈곤을 보여주고, 마치 모든 '빈곤' 문제가 해결된 것처럼 말한다.

3.

2012년 5월 24일에는 <현장르포 극장전>이 방영되었다. "약해지는 꿈 때문에 힘겨워하는 10대 아이들에게 희망을 안겨주기 위해 진행된 200회 특집 <2012 현장르포 동행 극장전>. 시청자의 큰 사랑을 받았던 10대 아이들의 이야기 두 편을 선정해 KBS 라디오 공개홀에서 상영하는 자리다.

서울시의 여러 고등학교 학생들이 참가했고, 시청자 게시판 참가 신청을 통해서도 방청객을 선정했다"라고 한다.

극장에서 <동행>을 감상한 시청자들의 인터뷰 중에는 "어린 친구들이 열심히 사는 모습을 보면 자극이 되는 것 같아요. 그래서 저는 찾아보게 돼요", "지금 제 환경에 불만도 많고 공부도 열심히 안 했었는데 (영상에) 나온 언니, 오빠들 보니까 저도 앞으로 열심히 꿈을 향해 노력해야겠어요"라는 내용이 나온다. 이처럼 <동행>을 본 사람들은 출연자들의 모습에서 '자극'을 받고, 그래서 '찾아보기'까지 한다. 그리고 출연자들의 힘든 상황과 자신의 상황을 비교하며 자신의 위치에 만족한다. 인터뷰를 한 사람들뿐만 아니라 <동행>을 보는(애청하는) 사람들 대부분이 아마 그렇게 생각할 것이다. 시청할 때엔 눈물을 흘리며 진심으로 동정한다고 하지만 마음속으로는 이런 생각을 하는 것이다. 이는 제작진이나 시청자들과는 다른 존재로 출연자들을 타자화하고 동정과 연민의 대상으로 만들었기 때문이다. 그런데 <동행>은 이러한 지점이 드러난 인터뷰 내용을 방영했다. 인터뷰 내용에 조금이라도 문제를 느꼈다면 아마 방송에 내보내지 않았을 것이다.

결국 그들의 삶에 '동행'하겠다는 기획 의도와 달리, (앞의 인터뷰 내용처럼) 프로그램을 시청하는 사람들로 하여금 <동행>에 나오는 주인공과 자신의 처지를 비교해서 만족하며 더 열심히 살아야겠다고 다짐하는 계기로 삼는 것, 그것이 바로 이 프로그램이 만드는 효과이다. 이를 통해 <동행>은 '가난한 사람'들에게는 가난하고 힘들더라도 사회에 불만을 가지지 말고 열심히 살아야 함을 강조하고, 가난하지 않은 '서민'에게는 자기 위치에 만족하며(빈곤층과 자신의 위치를 비교하며) 열심히 살아야 한다는 메시지를 전달한다. 이 모든 점을 "가족에 대한 사랑", "희망은 존재한다"라는 휴머니즘으로 잘 포장했을 뿐이다. 따라서 <동행>은 방송을 한 7년 동안, 프로그램에 출연했던 사람들과 한 번도 '동행'한 적이 없다고 생각한다. 앞으로 <동행>처럼 빈곤층을 다루는 휴먼 다큐멘터리 포맷의 방송 프로그램을 만든다면, 이런 방식에서 벗어나야 한다. 최소한 다큐멘터리로서의 사회적 책임을 가지고, 사람들을 재현하는 데 고민해야 한다. 그래야만 진실로 '동행'할 수 있을 것이다.

우수작

가족을 지켜라

MBC <아빠! 어디가?>

강다현

스타만큼이나 스타의 가족이 화제가 되는 요즘이다. 과거에는 연예인의 가족이 단발성으로 방송에 등장했지만, 요즘에는 지상파 방송사와 종합편성 채널 어디서나 연예인과 그의 가족이 고정으로 출연하는 예능 프로그램이 1개씩은 있다. KBS <맘마미아>, <슈퍼맨이 돌아왔다>, SBS <스타주니어쇼 붕어빵>, <자기야 백년손님>, TV조선 <오냐오냐>, 채널A <웰컴 투 시월드>, MBC <아빠! 어디가?>, JTBC <고부 스캔들>, <유자식 상팔자> 등 매우 다양하다. 출연 대상도 스타의 부모부터 장인, 장모, 시부모, 배우자, 자녀까지 확장되어 마치 대가족의 부활을 보는 것 같다.

이 중 가장 화제가 된 프로그램은 MBC의 <아빠! 어디가?>(이하 <아어가>)이다. <아어가>는 연예인 아빠 다섯 명과 그의 2세가 매주 낯선 시골 마을에서 1박 2일을 보내는 모습을 담은 예능 프로그램이다. 올해 초 첫 방송을 시작한 이후 주말 황금 시간대 시청률 1위를 굳건히 지키고 있다. <아어가>에 출연하는 다섯 아이들은 아빠보다 더 많은 인기를 얻었다. 출연 연예인이 이름 대신 '○○ 아빠'라고 불리고, 주말 내내 각종 매스컴에는 '윤후 먹방'과 같은 프로그램 속 아이들의 모습이 회자된다. 이들 아빠와 자녀는 광고계 스타로도 활약하고 있다.

<아어가>가 그간의 모든 리얼 버라이어티를 뛰어넘는 인기를 끄는 것은 단순히 아이들이 귀엽다는 이유만은 아니다. 무언가의 탄생과 인기는 반드시 그 사회의 현실과 기대를 반영한다. 수많은 '가족 리얼 버라이어티'(이하 가족 예능) 중에서 <아어가>가 독보적으로 선두에 선 것은 이 프로그램 속 가족의 모습이 우리 사회의 가족 현실을 상기시키고, 가족에 대한 시청자들의 기대를 충족시키기 때문이 아닐까.

현실 속 가족의 빈자리를 채워주는 TV 속 가족

'저비용 고효율'이라는 신자유주의적 논리에 따라 1990년대 말부터 많은 가장들이 정리 해고를 당했다. 가족의 생계를 책임지는 가장의 역할이 하루아침에 무너지니 자연스레 가족 간 소통도 줄어들었다. 전통적으로 가족공동체를 중시하는 한국 사회에서 가족이 해체 위기에 처했으니 사람들의 상실감은 클 수밖에 없었다. 이런 상황에서 등장한 리얼 버라이어티는 고정 출연진이 아주 긴밀한 관계에 있는 모습을 보여주었다. 시청자들은 <무한도전> 멤버들이 개인적인 일을 서로 챙기고 때로는 서로의 사생활을 폭로하는 것에서 가족의 모습을 보았다. 끈끈한 동료애와 형제애로 뭉친 그들의 가족 같은 모습에 완전히 몰입하고 호응했다. 고정 출연진이 있는 리얼 버라이어티는 가족을 상상적으로 재구성하여 해체된 또는 흔들리는 현실의 가족을 잊게 해주었다.

하지만 상상적 가족공동체를 통해 느끼는 정서의 진정성은 실제 가족의 그것보다 확연히 낮을 수밖에 없다. 시청자들은 더 리얼한, 진짜 가족의 소통을 원했다. 이에 등장한 것이 가족 예능이다. 시청자들은 그중에서도 <아어가>를 보면 '힐링'이 된다고 말한다. <아어가> 속 가족의 중심에는 현실의 가속상에서 보기 힘든 소통이 있기 때문이다. 이 소통은 다양하게 제시되는 상황을 통해 여타 가족 예능과 차별적으로 그려진다. JTBC <유자식 상팔자> 같은 가족 토크쇼는 스튜디오라는 제한된 공간에서 가만히 앉은 자세로 제작진이 던진 주제에 대해 이야기를 나누는 것이 전부다. 자연스럽고 생동감 있는 가족의 일상을 시각적으로 담지 못한다. 반대로 KBS <슈퍼맨이 돌아왔다>는 스타의 집에 카메라를 설치하고 아빠와 자녀의 엄마 없는 일상을 촬영한다. 하지만 집 안과 그 근처 생활 반경만을 범위로 두기 때문에 내용의 대부분이 가족에게 친숙한 공간과 상황 위주로만 이루어진다. 이와 달리 <아어가> 제작진은 다양한 상황에 놓인 가족의 모습을 보여준다. 가족이 실제 자기 집에서 여행을 준비하는 모습, 여행 중 둘만의 숙소에서 어떠한 방해도 받지 않고 편히 쉬거나 얘기하는 모습, 평소 함께하기 힘든 특별한 체험 활동(빙어 낚시, 묘목 심기, 갯벌 체험 등)을 하는 모습 등이다. 가족이 집에서 편하게 쉴 때와 처음 해보는 체험 활동을 할 때의 모습은 확연히 다르다. <아어가>는 가족을 비슷한 장소나 상황에 두지 않음으로써 다채로운 소통을 끌어낸다. 다양한 상황에서 아빠와 아이는 많은 이야기를 나누고 서로 몰랐던 것을 알 수 있는 기회를 얻는다. 이를 지켜보는 시청자들은 흐뭇하다. 현실의 가족은 특별한 활동을 하거나 가까운 곳으로 여행 한번 가기조차 힘들기 때문이다. 가족이 둘러앉아 이야기를 나누며 함께 식사를 하는 모습도 과거의 풍경이 되어가고 있다. 부모는 일하느라 바쁘고 자녀들은 가족이 모두 모인 자리에서도 스마트폰에만 매달려 있다. 시청자들은 현실 속 가족의 소통 부재와 그로 인한 상실감을 <아어가> 속 실제 가족의 소통으로 채운다. 시청자에게 <아어가>는 마음을 다독여주는 '힐링' 묘약인 듯하다.

자연스러운 가족의 성장 이야기

<아어가>는 논란이 될 여지가 있는, 아빠들과 아이들의 언행을 숨기지 않는다. 이는 다른 가족 예능과 확연히 차이가 나는 부분이다. SBS <스타주니어쇼 붕어빵>과 JTBC <유자식 상팔자>에서는 아이와 부모가 서로 목소리를 높이며 언쟁하려고 하면, 두 명의 MC가 이를 장난스럽게 제지하며 상황을 종료시킨다. 방영 한 달을 막 넘긴 KBS <슈퍼맨이 돌아왔다>는 아직까지 아빠와 아이의 갈등보다는 아이에 대한 아빠의 무조건적 헌신을 보여주는 데 집중한다. <아어가>의 아이들이 평균 8세로 상대에게 자신의 의견을 피력하며 소통할 수 있는 반면 <슈퍼맨이 돌아왔다>의 아이들은 평균 5.1세로 아직 상대와 갈등을 일으킬 만큼의 소통엔 무리가 있기 때문이기도 하다.

<아어가>에는 누군가가 느끼기엔 심하다 싶을 정도로 아이에게 엄격한 아빠도 있고, 아이에게 꼼짝 못하고 늘 어리광을 받아주는 아빠도 있다. 낡은 집에 묵게 되었을 때 그 자리에서 눈물을 펑펑 쏟으며 카메라 프레임 밖으로 뛰쳐나간 아이도 있고, 지친 아빠에게 계속 안아달라고 떼쓰는 아이도 있다. 같은 상황을 마주한 아이들의 모습은 서로 극명하게 다르고 아이들을 대하는 아빠들의 태도도 각양각색이다. 시청자 개개인의 주관이 다르기 때문에 이런 장면들을 여과 없이 내보내면 아이의 성격 또는 아빠의 교육 방식에 대한 논란으로 이이질 여지가 분명히 있다. 실제로 누리꾼들이

왈가왈부한 일도 몇 번 있다. 하지만 제작진은 그 장면들에 별다른 견해를 덧붙이지 않았다. 어떤 아이가 바람직하며, 아이를 어떻게 키우는 것이 좋은지, 그렇게 판단하는 기준은 무엇인지를 시청자가 스스로 찾도록 한 것이다.

여행이 거듭되며 아빠와 자녀들은 모두 정신적으로 성장했고 자연스럽게 행동의 변화를 보였다. 가장 큰 변화를 보인 아빠는 단연 성동일이다. 첫 방송에서 "우리 아들은 가끔 내가 너무 무서워서 경기를 일으키기도 해요. 아내가 걱정을 많이 해요"라고 말하던 무뚝뚝하고 엄한 아빠가 스무 번의 여행을 거치면서 아들과 많이 가까워졌다. 1화에서 성동일은 자식의 어리광, 특히 눈물을 조금도 허용하지 않았다. "뚝 하고!"라며 호통만 쳤다. 그러나 18화에서 갑자기 눈물을 쏟는 아들을 대하는 성동일의 태도는 1화 때와는 딴판이었다. 예전의 성동일이라면 그 자리에서 바로 눈물을 그치라고 했겠지만 그는 아들을 꼭 안아주며 "괜찮아, 괜찮아"라고 말했다. 그러고는 그날 밤 아들과 잠자리에 누워 "낮에 왜 울었어? 아빠한테 말해줄 수 있어?"라며 조심스레 말을 꺼냈다. 엄청난 변화였다. 이 장면에서 시청자들은 둘만의 시간을 가지면서 아들의 이야기를 기다리고 경청할 수 있게 된 아빠의 모습을 보았다. 아이들 역시 꾸준히 변화했다. 엄마 치맛자락을 잡고 눈물을 뚝뚝 흘리며 아빠를 무서워하던 준이는 아빠에게 먼저 시시콜콜한 이야기를 털어놓기 시작했다. 아빠에게 장난도 치고 어떨 땐 제법 능글맞게 아빠의 말을 받아쳤다. 민국이는 아이들 중 가장 많이 성장했다는 말을 듣는다. 첫 여행과 두 번째 여행에서 마음에 들지 않는 집에 머물게 된 민국이는 집이 싫다며 그 자리에서 눈물을 펑펑 쏟았다. 민국이 아빠는 평소 민국이가 울거나 떼를 쓰면 늘 원하는 대로 해주었다고 했다. 그러나 <아어가> 제작진은 그렇게 해주지 않았다. 그 후로 민국이는 비슷한 상황을 두 번이나 더 마주하게 되지만 “마음으로는 울고 있지”라고 말하며 눈물을 꾹 참는다. 내키지 않는 상황에서도 덤덤하게 마음을 다스릴 수 있게 된 것이다.

아빠와 아이의 성장, 그리고 그를 바탕으로 한 관계 개선은 시청자에게 큰 감동을 주었다. 또 시청자들은 이를 보며 아이의 다양한 모습을 이해하고 아빠의 역할에 대한 각자의 주관을 확립해나가고 있다. 이런 긍정적인 효과는 제작진이 시청자들이 불편하게 여길 수 있는 아빠와 아이의 언행을 방송 초반부터 숨기지 않았기 때문이다. 물론 아빠나 아이의 그런 모습에 언짢은 시선도 있었다. 하지만 그 모습들이 방송에 나오지 않았다면 시청자들은 그들의 변화와 성장을 느끼지 못했을 것이다. 제작진은 단기간의 극적인 관계 개선이라는 인위적 연출을 지양하고 자연스러운 가족의 모습을 긴 호흡으로 진솔하게 담았다. 이로써 기획 의도 속 질문에 대한 답을 시청자들이 직접 찾게 했고, 시청자들은 그 답을 마음으로 느꼈다.

수박 겉핥기식 힐링

앞서 말했듯 <아어가>는 우리 현실의 위태위태한 가족의 자리를 채워주고 그로 인한 상처를 ‘힐링’해주기 때문에 인기를 얻고 있다. 제작진은 프로그램 기획 의도 속에 소통이 부족한 가족의 현실, 가족 안에서 자리를 잃어버린 아빠의 모습을 언급했다. 이러한 현실의 가족상에 상처받은 이들을 치유하는 것이 <아어가>의 목표이다. 제작진은 그 목표에 맞게 진짜 가족의 성장이 담긴 길고 자연스러운 서사를 만들었다. 이는 실제로 많은 시청자들을 위로해주었고 비판받아야 할 점이 아니다. 문제는 위로와 치유가 거기에서 멈췄다는 데 있다.

<아어가>는 실제 가족의 출연이라는 장치 하나만으로 100% 리얼한 방송이라는 인식을 준다. 하지만 시청자들이 간과하는 점이 있다. 프로그램 속 가족의 모습은 진짜지만 <아어가> 자체는 제작진의 목표에 맞게 딱 그만큼만 구성되고 상상된 것이라는 사실이다. 제작진은 애초에 이 시대 가족 문제의 본질을 건드리려는 시도를 하지 않았다. 사람들의 쓸쓸함, 상실감을 위로해주는 훈훈한 힐링까지만 목표로 삼았다. 힐링은 어떤 문제로 힘들고 지친 마음을 치유하지만 그 마음의 원인, 문제의 본질은 해결하지 않는다. 그 때문에 <아어가>가 시청자들에게 주는 힐링은 프로그램을 보는 동안 현실의 씁쓸함을 채워주는 '대리 만족'에 그칠 뿐이다. 물론 문제의 본질 해소에는 문제 상황에 직면한 사람의 노력이 결정적이다. 하지만 공영방송의 소임이 무엇인가. 사람들이 그 노력을 할 수 있도록 음지에 숨은 사회문제를 양지로 끄집어내는 것이다. 현재의 가족은 과거에 비해 그 역할과 가치를 상당 부분 잃었다. 가족끼리의 소통도 쉽게 이루어지지 않는다. <아어가>가 이 문제를 공론화해준다면 좋을 텐데 그러지 않아 무척 아쉽다. <아어가> 속 가족의 소통은 진솔하지만 현실과 동떨어진 TV 속 세상에만 존재한다.

리얼과 예능 사이

현재 <아어가>는 기존의 인기를 유지하는 데 많은 신경을 쏟고 있다. 흡사 시장과 유사한 속성을 갖게 된 방송계이기에 이해는 되지만 걱정되는 부분이 많다. <아어가> 출연진의 절반은 7세에서 10세까지의 아이들이다. 카메라를 의식하지 않고 감정을 그대로 표현한다. 여기서 나오는 순수함과 엉뚱함이 <아어가>의 가장 큰 웃음 포인트이다. 아이들의 언행은 그 자체만으로도 자연스러운 웃음과 재미를 유발하기 때문이다. 하지만 제작진은 아이들의 모습에 특정 이미지를 씌운다. 보통의 리얼 버라이어티가 출연진의 실제 성격을 기반으로 캐릭터를 만드는 것과 유사하다. <무한도전>에서 노홍철이 사기꾼으로, <런닝맨>의 김종국이 절대자로 불리는 것이 그 사례다. 출연진의 고유 캐릭터는 서로 동맹, 앙숙 등의 관계를 구성해 프로그램의 서사에 더 큰 긴장감과 재미를 준다. <아어가> 제작진은 아빠들보다 아이들의 모습에 더 확고한 이미지를 설정한다. 준이는 보통 아이들과 달리 조용하고 점잖아 언제부턴가 '성 선비'라 불리게 되었다. 준이가 차분하게 무언가 하는 모습이 나오면 '역시 성 선비'라는 자막이 심심찮게 등장한다. 준수는 귀여운 얼굴 뒤의 반전 승부욕이 드러나며 제작진에게서 '상남자'라는 캐릭터를 받았다. 준수가 용기 있는 행동을 할 때면 '상남자'라는 자막이 나온다. 윤후는 먹는 장면이 부각되면서 '소시지 같은 자태', '하루 6끼 식신' 등의 '먹보' 이미지로 묘사된 적이 많다.

이러한 제작진의 연출이 아이의 실제 성격을 바탕으로 했더라도 이는 최대한 지양해야 한다. 대중이 아이들을 방송에서 그려지는 특정 모습으로 각인하게 되면 아이들은 자신도 모르는 사이 사람들의 오해나 편견을 사게 된다. '윤후 안티 카페' 사건은 이를 여실히 보여주었다. <아어가>의 아이들은 연예인이 아니기에 대중에게 노출되는 것만으로도 이미 걱정어린 시선을 받는다. 아이들은 친구들이나 주변 지인들, 심지어 처음 보는 사람에게도 <아어가>에 대한 이야기를 들을 것이다. 그럼으로써 사람들이 자신을 어떻게 생각하는지 알게 된다. 이는 아이들이 카메라를 의식하고 방송의 논리에 자신을 맞추는 것으로 이어질 수 있다. 실제로 아빠들 몇몇은 <아어가> 방송 후 아이가 평소에 하지 않던 행동을 모르는 사람들 앞에서 한다고 말했다. 예능이라는 장르적 특성에 따라 프로그램의 재미를 돋우는 것도 중요하다. 하지만 아이들의 캐릭터화는 순수함을 훼손시키며 프로그램의 위상을 반감시킬 수 있는 위험한 장치다.

<아어가>가 기억해야 할 것: 가족을 지켜라

제작진은 프로그램을 둘러싼 우려에 출연진을 전원 교체하는 시즌제를 도입하겠다고 발표했다. 하지만 이는 아이들이 방송에 노출되는 기간의 최대치를 정하는 것일 뿐, 문제의 본질을 해결하는 방안은 아니다. 각종 매체에 따르면 현재 제작진은 시즌 2를 준비하며 "프로그램에 딱 맞는 아이를 찾는 데 난항을 겪고 있다"라고 한다. 예능에 거의 출연하지 않는 유명 스타에게 섭외 요청을 했으나 거절당했다는 소식도 들린다. 제작진은 지금 스타의 활용과 예능 캐릭터의 진화를 통한 화제 모으기에 집중하고 있는 듯하다. 지금의 <아어가>에는 유명한 스타가 없다. 예능 대세도 없다. 하지만 다섯 아빠와 아이들의 소통은 모두 자연스럽고 사랑스럽다. 어떤 가족인들 그렇지 않을까.

방송의 인기가 높아질수록 시장 논리가 더 깊게 침투하는 것은 당연한 현상이다. 하지만 이 때문에 <아어가>의 초심이 흔들리지는 않았으면 한다. '그래도 예능인데' 억지로 착한 예능, 공익 예능이 되라고 강요하는 것은 아니다. 하지만 <아어가>는 우리 사회에서 아주 중요한 의미를 지닌 가족을 소재로 하고, 연예인이 아닌 어린이를 출연진으로 세웠다. 오로지 재미만을 추구해도 문제가 되지 않을 가벼운 기획이 아니다. 연출할 때 세심하게 고려해야 할 점이 많다. 가장 좋은 연출은 예능적 장치라는 조미료를 가미하지 않는 것이 아닐까 싶다. 덧붙여 <아어가>는 우리 사회의 가족 현실과 가족에 대한 기대를 들여다볼 수 있는 텍스트이다.

마음의 힐링에 그칠 것이 아니라 오히려 현재의 가족상을 문제로 드러내주었으면 한다. 이로써 사람들이 가족에 대한 기대를 현실로 옮길 수 있도록 도와준다면 더 의미 있는 방송이 될 거라 생각한다. <아어가>가 가족 예능의 선두에서 이 역할을 해주길 기대해본다. TV 속 가족도, 현실 속 가족도 모두 지켜달라.

광장의 개인에서 골방의 개인으로

<라디오스타>의 역전극이 보여주는 미디어의 앞날

정지원

한때 토크쇼의 대세는 강호동이 게스트를 '팍팍!' 파헤치는 <무릎팍 도사>(이하 <무릎팍>)였다. <무릎팍>은 게스트의 속 깊은 이야기를 듣고 훈훈하게 미담을 주고받으며 마무리하는 기성 토크쇼의 전형적인 이야기 구조를 보여주었다. 특징적인 것이 있다면 강호동의 캐릭터에 맞게 이야기들이 직설적으로 오갔고, 이에 따라 스타의 좀 더 깊은 속살을 엿보는 자극성이 컸다는 것 정도였다. 반면 <무릎팍>의 다음 코너였던 <라디오스타>(이하 <라스>)는 맥주를 사면 얹어주는 땅콩이나, 세제를 사면 끼워주는 스푼처럼 <무릎팍>에 얹혀오는 덤 같은 느낌이었다. <무릎팍>의 방송 분량이 길어지면 10분도 채 되기 전에 방송이 끝나기도 했고, MC들 스스로 "라스는 무릎팍 도사의 아류"라고 자조하기도 했다. 하지만 2013년 8월, <무릎팍>은 막을 내렸지만 <라스>는 평균 이상의 시청률을 기록하며 프라임 타임을 꿰찼다. 프로그램 내부의 구성은 변하지 않았다. 도대체 무슨 일이 벌어진 걸까?

광장의 도덕에서 골방의 잡담으로

이 글에서는 어떤 변화와 원인을 추적할 때 주체와 환경을 나눠보는 방법론을 선택하려고 한다. 만년 꼴찌가 갑자기 역전극을 해냈다면 사람들은 눈이 휘둥그레질 것이다. 꼴찌 주자가 연습을 열심히 해서 잘 뛰게 되었는지, 다른 주자들한테만 불리한 환경의 변화가 일어나서 자기도 모르게 역전극이 일어났는지 따져보겠다는 것이다. 먼저 <무릎팍>과 <라스>가 내적으로 어떤 특성이 있는지 살펴보자.

<무릎팍>과 <라스>는 최근 분화하기 시작한 예능 프로그램의 두 가지 전형을 각각 대표한다. 먼저 <무릎팍>은 규범적이고 모범적인 전통적 서사 구조를 보여준다. 진행자와 게스트는 처음에 가볍고 코믹한 이야기를 주고받으며 친분 관계를 형성한다. 이것은 도입부로 서사 구조의 두 주인공이 자신을 소개하고 각자의 캐릭터를 부각시키는 국면이다. 다음은 갈등 단계로 진행자 강호동은 시청자들이 보기에도 아찔할 정도로 직설적인 질문을 던져 게스트를 당황하게 만든다. 게스트는 어렵게 방어하지만, 그 과정에서 그간 노출된 적이 없던 자신의 내밀한 부분을 드러내면서 시청자 집단의 강한 연민과 공감을 이끌어낸다. 마지막은 갈등의 해소와 게스트의 승리다. 갈등이 충분히 노출되면 진행자 강호동은 어느새 꼬리를 내린다. 강한 공감과 연민의 대상이 된 게스트를 괴롭히던 강호동은 조용히 물러나며 게스트의 인간미를 부각시키고, 이야기의 중심에는 시청자들의 든든한 지원을 얻은 게스트가 들어선다.

이런 서사는 모범적이다. 착한 사람이 승리한다는 전형적인 권선징악의

서사를 닮았다. 숱한 고난을 겪었지만 결국 이겨내고 여기까지 왔다는 성장과 극복의 서사 역시 여기에 덧입힌다. 게스트들이 걸어온 인생의 결에 따라 조금씩 다른 이야깃거리가 구성되지만, 이야기의 흐름은 대체로 이런 과정을 따른다. 선하고 정의로운 것이 승리하며, 고생 끝에 결국 낙이 온다는 것이다. 이처럼 보편 담론에 편승하는 구성은 전통적이며 모범적이다. 부모 세대부터 자식 세대까지 온 가족이 넓은 거실에 둘러앉아 고개를 끄덕이며 보기에 적절한 덕목들이, 이야기가 흘러가는 시간을 빼곡하게 채운다. 여기에 호스트 강호동의 독특하고 강렬한 캐릭터를 덧입혀 인기를 끈 프로그램이 바로 <무릎팍>이었다.

반면 <라스>는 정반대의 성격을 보여준다. 이 프로그램은 엉뚱하고 짓궂다. 착하거나 모범적이지 않다. 일관된 기승전결을 따라가다 마지막에 훈훈한 감동으로 마무리하는 흔한 서사 구조에서 몇 걸음 비켜나 있다. 오히려 가까운 친구가 옆에 붙어 조잘대며 다른 친구를 '뒷담화'하는 느낌이다. 다른 프로그램이라면 게스트가 자신이 고생한 사연, 자부심을 느끼는 삶의 순간을 이야기하면 서정적인 배경음악을 깔고 진행자들이 촉촉한 눈빛으로 게스트를 응시할 것이다. 하지만 <라스>는 조금이라도 그런 진지한 느낌이 흐를라치면 누군가가 어김없이 독설을 하거나 엉뚱한 훼방을 놓으며 분위기를 순식간에 코믹으로 전환시킨다. 이는 대중문화에서 보는 일반적인 서사와 다르다. 하지만 결론이 어떻게 나든 상관없이 일단 지금 놀고 보겠다는 이런 식의 구성은 낯설지 않다. <라스>의 영상을 제거하고 소리만 듣는다면, 그것이 예전 세대에게 익숙한 심야 라디오의 잡담식 두런거림과 아주 흡사하다는 점을 깨닫게 된다.

요컨대 <무릎팍>이 대중적 덕목을 강조하는 광장의 프로그램이라면 <라스>는 혼자서 듣고 놀기 좋은 골방의 프로그램이다. <무릎팍>이 여러 세대의 사람들이 적당히 체면치레하면서 보기 좋은 TV 프로그램이라면, <라스>는 다른 사람하고 같이 듣기에는 왠지 거북스러운 나 혼자만의 내밀한 라디오 같은 프로그램이다. <무릎팍>과 비슷하게 갈등과 감동 중심의 서사 구조와 보편적 덕목을 이야기의 핵심으로 삼았던 <김승우의 승승장구>, <고쇼> 등도 2013년으로 넘어오면서 모두 막을 내렸다. 반면 <라스>만큼이나 밀실 잡담식 구성을 보여주는 KBS의 <해피투게더>나 tvN의 장수 예능 <현장토크쇼 택시>, <화성인 바이러스> 등은 여전히 인기를 누리고 있다. 최근 많은 주목을 받고 있는 JTBC의 <마녀사냥>과 <썰전> 역시 <라스>를 원류로 하는 밀실 잡담식 프로그램이라고 할 수 있다. <무릎팍>류의 프로그램이 지고, <라스>류의 프로그램이 뜨는 현상이 두드러지는 이유는 무엇일까. 이제 밀실 서사를 둘러싼 사회구조를 살펴보자.

삶의 위축과 미디어의 개인화

사람들의 의식이 변하는 데는 일정한 사회적·경제적 상황의 변화가 선행하기 마련이다. 우리가 주목해야 할 점은 첫째, 다인 가구가 줄고 1인 가구가 폭발적으로 늘어났다는 것, 둘째, TV에서 멀어진 만큼 스마트폰과 태블릿 피시를 들고 다니는 사람이 늘었다는 것 두 가지다. 하지만 스마트폰 사용자와 1인 가구가 늘어난 것이 <라스>와 무슨 연관성이 있을까. 이 연결 고리를 읽어내는 것이 앞으로 미디어 시장이 어떻게 변화할지 전망하는 데 매우 중요하다.

마셜 매클루언(Marshall McLuhan)은 미디어가 곧 메시지라고 했다. 어떤 미디어를 쓰는지가 곧 어떤 콘텐츠를 이용하는지를 결정한다는 말이다.

TV에서 스마트폰으로 미디어 플랫폼이 이동하는 과정은 광장의 개인이 골방의 개인으로 옮겨가는 과정이었다. 여러 사람이 봐야 하기에 넓은 거실에 놓이는 TV가 고령층의 전유물로 물러나는 동안 광장은 조금씩 해체되기 시작했다. 그 대신 스마트폰의 확대로 광장이 해체된 공간에 개인의 취향에 최적화된 골방들이 만들어졌다. 스마트폰을 비롯한 휴대 가능한 소형 미디어 플랫폼의 등장으로 라디오 이후 사라졌던 개인 매체의 시대가 돌아온 것이다. 골방에 들어선 개인들은 자신들이 사용하는 미디어 도구와 일치된다. 골방의 개인들은 그들의 미디어만큼이나 개인적이고, 격식 없는 수평적 소통을 선호한다. 이렇게 미디어의 특성이 대중의 개인화 경향과 결합하면서 선호하는 콘텐츠의 특성을 바꿔놓았다.

이제 다 같이 보고 즐길 수 있는 '쇼'의 시대, 모두를 만족시켜야 하기에 올바르고 그럴듯해야 하는 이야기의 시대는 저물고 있다. 나만의 스크린을 보며 키들키들 웃으며 미디어를 소비할 수 있다. 개인 취향이 무엇보다 우선하는 시대가 온 것이다. 이런 시대에 권위적인 보편 담론이나 엄숙주의는 '꼰대적'이라는 낙인을 받고 대중에게 외면당한다. 직장, 학교, 사회가 강요하는 각종 규범에 이미 지겹게 시달리고 있는데 나 혼자 있는 골방에서까지 올바름을 추구할 이유가 무엇인가. 경직성이 웃음거리이며 웃음은 이에 대한 징벌이라 말했던 앙리 루이 베르그송(Henri Louis Bergson)의 정의가 전면화하는 시기가 온 것이다. 개인화된 미디어의 시대, 이것은 여러 가지 놀이 요소로 새롭게 무장한 라디오의 귀환과도 같으며, 보편적 덕목은 찾아볼 수 없는 밀실 잡담 수준의 들춰내기 토크인 <라스>가 <무릎팍>을 밀어내고 메인 스트림에 등극하게 된 과정과 궤적을 같이한다.

골방에 갇힌 우울한 개인들이 원하는 것

좀 더 근본적인 차원에서 시대가 원하는 미디어 콘텐츠를 검토해보자. 현대 자본주의 사회는 개인의 능력에 따라 모든 것이 가능하다고 말하는 과잉 긍정의 사회다. 기계적일 만큼 합리적이고 자유로운 이 사회는, 그렇게 모든 것이 가능한 개인이 낸 성과를 기준으로 인간의 가치를 측정한다. 사람들은 저마다 높은 성과를 내기 위해 열심히 노력하는데, 그 성과라는 것도 결국은 상대평가이기 때문에 이 경쟁의 레이스에는 끝이 없다. 외로움은 기계가 달래주고, 어딘가 공허할 땐 눈물을 쏙 빼준다는 신파나 스펙터클 공세에 정신을 맡긴다. 아침에 알람이 울리는 때부터 매끼 밥을 먹는 순간을 거쳐 저녁의 여가 시간까지, 그들의 내면은 언제나 100m 달리기를 하는 선수처럼 바쁘다.

하지만 모든 게 가능하다 믿으며 자신을 다그쳐온 개인들은 필연적으로 실패에 이르게 된다. 안정적이면서도 화려한 삶을 향해 나 있는 문은 서너 사람만 들여보낸 뒤 문을 닫아버리기 때문이다. 모든 것이 가능하다는 '할 수 있음' 세계의 거짓말은 여기에서 드러난다. 사실 그 문을 통과할 수 있는 사람은 원래부터 좋은 조건을 가지고 있는 극소수일 뿐이다. 나르시시즘에 빠져 자신만을 위해 질주한 개인이 '할 수 없음'의 장벽에 부딪히는 순간, 우울이 시작된다. '할 수 있음'이라는 믿음과 현실의 '할 수 없음'이 충돌하며 한 인간의 자아가 완전히 탈진하는 것이다. 내면의 전쟁터에서 부상당한 군인,[1] 이것이 바로 현대사회 개인들의 자화상이다.

탈진한 개인들이 생존을 위해 퇴각하는 최후의 공간이 바로 골방이다.

---

1) 한병철, 『피로사회』(문학과지성사, 2012), 28쪽.

광장에서 생활하는 동안 들이닥치는 전방위적인 리스크에 시달리던 개인들은 골방에 깃들여서야 안전함을 느낀다. 그리고 그 짧은 여가 시간에 이르러서야 자신만의 욕망과 요구를 실현하며 정체감을 회복하는 것이다. 이곳이 바로 미디어가 움직이는 지점이다. <진격의 거인>에서 거인의 뇌간에 자리 잡고 거인의 정신을 장악하는 전사들처럼, 미디어는 곧 공허한 개인들의 손발이 되고 영혼이 되어 골방에 갇힌 개인을 확장시킨다.

규칙적이다 못해 기계에 가까운 생활, 이해관계가 지배하는 껍데기적인 관계, 제멋대로 아랫사람을 괴롭히는 수많은 갑들, 이런 조건 속에서 평일의 일과를 겨우 마치고 돌아온 사람들에게 필요한 콘텐츠는 무엇일까. 결핍을 읽어야 답이 보인다. 오래전 따뜻한 아랫목에 누워 혼자 틀어놓고 키들대던 라디오 같은 프로그램, 자취방에 놀러온 친구들같이 재잘대서 텅 빈 골방의 냉기를 가시게 해주는 쑥덕임 같은 프로그램, 권위적이고 규범적인 것을 적당히 조롱하면서 그날의 심리적 긴장을 완화시켜주는 프로그램이 필요하다. 이렇듯 미디어에 대한 요구는 당대의 사회적·경제적 환경과 밀접하게 연결되기 마련이다. <라스>류의 프로그램들이 부상하는 것은 이 시대 대중이 원하는 것이 무엇인지를 보여준다.

새로운 콘텐츠들의 도전

앞서 언급한 사회적·경제적 변화에 따라 나타난 미디어계의 지각변동은 콘텐츠와 플랫폼 양면에서 일어났다. 골방의 개인들은 자아의 전능감을 확대하고 응어리진 스트레스를 해소시켜줄 수 있는 미디어 도구들을 갖추는 데 주저하지 않았다. 이제 수많은 개인화된 미디어들의 토양에서 어떤 콘텐츠가 자랄 것인가에 초점을 맞추고 대응해야 한다. 지상파와 케이블

PP, 종편 등 여러 방송 제작자들의 주된 고민도 이 부분일 것이다. 하지만 상대적으로 작은 매체들이 발 빠르게 움직인 데 비해, 지상파 방송사들은 늘 그렇듯 느리다.

최근 이슈가 된 방송 프로그램은 대부분 tvN 같은 케이블 PP나 JTBC 같은 종편 방송에서 나왔다. 특히 화제가 된 <응답하라> 시리즈[2]는 이 프로그램의 제작자들이 얼마나 빠르게 새로운 플랫폼에 적응하고 이에 적합한 콘텐츠 전략을 짰는지 보여준다. 이 프로그램은 앞서 짚어본 한국 사회 청년층의 우울과 불안에 시간적인 도피처를 제공한다. 경제적·문화적으로 풍요로웠던 1994년이라는 시기가 바로 그 공간이다. 또 2049세대에게 보편적 생활 도구가 된 포털, SNS 등에 다음 회 방영 일주일 전부터 조금씩 비하인드 스토리를 흘려 프로그램을 이슈화시키고 기대감을 높인다. 20여 회에 이르는 드라마 분량 중 아무 때나 진입해도 이야기의 흐름에 녹아드는 것이 부담스럽지 않게 매회를 시트콤처럼 에피소드화한 것도 장점이다. 인터넷상의 화제성에 이끌려 중간에 진입한 사람들이 부담해야 할 진입 비용을 낮춰 흡수력을 높인 것이다. 또 최근 아이돌 그룹이 디자인되는 방식처럼, 대중이 좋아할 만한 개성이 다양한 캐릭터들을 배치해서 마치 캐릭터 백화점을 쇼핑하는 듯한 만족감을 제공한다. 이것은 콘텐츠가 이 시대 사람들의 내면적 요구와 플랫폼 변화에 따른 생활 패턴 변화에 어떻게 적응해야 하는지를 보여주는 하나의 모범 사례이다.

물론 이런 전략은 대체로 2049로 표현되는 청장년 세대를 겨냥한 전략이라고 할 수 있다. 가구 시청률로 측정되기에 사실상 고령층 시청률이라고 할 수 있는 기존의 시청률 측정 체계에서는 다소 위험한 도전일 수도 있다.

---

2) tvN <응답하라 1997>(2012), <응답하라 1994>(2013).

하지만 플랫폼 변화에 적응하는 데 몇 걸음 뒤진 지상파 방송의 중요 과제는 무엇보다 시청층의 고연령화를 완화하는 것이다. 고연령화된 콘텐츠는 점차 전 세대의 외면을 받을 수밖에 없기 때문이다. TV는 기본적으로 욕망의 매체다. 따라서 나이 든 사람들도 어느 정도는 젊고 활력적인 세대의 이야기를 원하기 마련이다. 지상파 방송이 여전히 기존의 시청률 측정 방식에 얽매여 프로그램을 평가한다면, 지상파 방송은 점차 보편 채널이 아닌 고령층 대상의 전문 채널로 활동 범위가 줄어들 것이다. 위기는 이제 코앞으로 다가왔다.

골방의 개인들에게 무엇을 줄 것인가. 라디오처럼 개인화된 플랫폼에 밀착해 하루를 보내며 수많은 콘텐츠를 소비하는 사람이 필요로 하는 것은 무엇일까. <라스>는 하나의 전형을 보여준다. 경직성에 대한 조롱, 골방의 허전함을 메꿔주는 친구 같은 두런거림, 스펙터클보다는 재미있는 스토리가 그 핵심을 이룬다. "다음에도 만나요, 제발!"이라는 <라스>의 코믹한 클로징 멘트처럼, 다음 세대에도 지상파가 시청자들을 만나기 위해서는 좀 더 젊고 민첩해져야 한다. 공적인 보편성이라는 책무를 짊어진 지상파의 어깨가 무겁다.

가작

드라마의 판타지 사용법

드라마 <나인>과 <너의 목소리가 들려>를 중심으로

김윤영

꽤 오래전부터 드라마에서 종종 쓰이던 판타지적 설정들이 최근에는 더욱 다양한 모습으로 드라마에 등장하고 있다. 이는 드라마뿐만이 아니다. 판타지는 각종 방송 프로그램과 뮤직비디오, 영화와 웹툰에 이르기까지 많은 곳에서 인기를 얻으며 소환되고 있다. 판타지는 그 자체가 초현실성과 창조성을 띠고 있기에 이야기 창작에 비교적 제한이 없고 때로 효율성을 가지기도 한다. 그렇다면 이 마르지 않는 샘과 같은 판타지는 우리가 필요할 때마다 불러내서 마음대로 쓰고 버릴 수 있는 것일까. 그것이 현실의 물질들처럼 자리와 부피를 차지하지 않기 때문에 기꺼이 뒤처리와 재활용 여부를 고려하지 않고 마구 생산해도 되는, 만능의 무한한 자원일까. TV, 그중에서도 가장 적극적으로 판타지를 소환하는 방송 프로그램은 역시 드라마다. 판타지를 사용하고 있는 드라마들은 이 같은 질문들을 던져본 적이 있을까. 그 대답을 직접 들을 순 없지만 고민의 흔적들은 찾을 수 있을지 모른다.

그 흔적을 찾아내기 위해서는 판타지를 어떻게 사용했는지 들춰봐야 한다. 그중에서도 2013년에 방영돼 호평을 들은 두 드라마 <나인>과 <너의 목소리가 들려>를 중심으로 드라마 속의 판타지 설정을 탐구하고 고민해 보려고 한다.

내가 시간을 거스르면 시간도 현재의 나를 거스른다

먼저 <나인>의 시작은 이러하다. 박선우는 히말라야에서 죽은 형의 유품에서 향을 발견한다. 별 생각 없이 향을 피운 채로 잠깐 눈을 붙인 사이, 선우는 20년 전으로 돌아갔다 오는 기이한 경험을 하게 된다. 선우는 이 향의 존재를 통해 자신의 가족에게 일어난 잘못된 현실을 바로잡을 힌트를 얻게 되고 필사적으로 남은 향들을 찾아내 9개의 향으로 9번의 시간 여행을 시작한다.

이 시간 여행에는 몇 가지 규칙이 따른다. 시간 여행은 향이 타는 동안에만 다녀올 수 있고, 그곳은 현재의 향이 타고 있는 공간의 과거 장소이다. 과거의 시간과 현재의 시간은 동일하고 나란하게 흘러간다. 가장 중요한 사실은 선우가 과거에 행한 일이 20년의 시간 동안 꾸준히 작용하고 축적되어, 선우가 다시 돌아왔을 때의 세상은 이미 그 결과 값이 반영된 현실이다. <나인>의 가장 큰 변수는 바로 이 결과 값이다. 다시 돌아온 현재에서 보여주는 결과들은 과거로 돌아간 선우의 행동에 대한 일련의 작용들이긴 하지만 그의 의도와 예상 범위에 속하는 것은 아니다. 오히려 그들 중 일부는 향을 피우기 전까지는 없었던 새로운 고통과 비극이 되어 선우를 절망에 빠뜨린다. 향을 갖게 된 것에 대한 기쁨과 희망은 점차 불안과 두려움으로 바뀌고 선우는 자신의 선택 때문에 벌어진 일들 앞에서 당황하며, 받아들이기 힘든 진실에 부딪힌다.

<나인>의 타임 슬립 세계를 구성하는 일종의 규칙들은 동시에 변칙들이다. 이 같은 제약과 설정은 끊임없이 사건을 만들고 긴장감을 유발시킨다. 드라마에 적절한 재미를 불어넣는 유용하게 다듬어진 도구인 셈이다. 하지만 도구 역할에만 그치지 않고, 박선우라는 한 인간을 흔들고 내몰면서 그의 존재성을 시험하고 내보이게 만든다. 가공의 세계와 규칙들이 애초에 그에게만 시간을 거스를 수 있는 특권을 쥐어줬던 것처럼 그가 만든 지옥 역시 마땅히 그만의 것이다. 특별한 기회를 거머쥐고 당도한 세계는 누구와도 공유할 수 없는 문제와 선택지들로 이루어져 있다. 그의 절망과 고민은 외롭기만 하다. 그러나 그가 삶을 포기하지 않는 이상 그는 그만의 문제들을 풀어나가야 할 것이다. 무거운 현실과 진실 앞에 절망한 그가 살아가는 방법은 다음 선택을 준비하는 것이다. 그는 불안과 두려움을 떠안고 다시 향에 불을 붙인다. 마지막 향마저 다 타고 없어질 때까지. 그래서 드라마는 계속된다. 그리고 거기서 우리는 절실하게 필요로 했던 삶의 힌트를 얻게 될지도 모른다. 현실에서 TV를 시청하고 있는 그 누구와도 치환될 수 없을 것 같았던, 시간을 거스르는 한 남자에게서 말이다.

특별한 남자에게서 발견하는 보편적 삶의 가치

작가가 만든 판타지적 시공간과 성질은 현실에 존재하지 않는다는 측면에서 특수성이 있지만 그 특수성은 기묘하게도 현실 세계의 한 가지 사실과 닮았다. 그것은 우리 모두의 개인적 삶이 '일반'으로는 수렴될 수 없는 각기 다른 특수성을 가지고 있다는 것이다. '청년 실업' 또는 '취업난'과 같은 몇 개의 키워드가 정말로 현재 청년들이 겪고 있는 어려움을 대표할 수 있을까. 그러나 그러한 키워드가 미디어에서 처음으로 호명된 순간부터 그 부름은 쉴 새 없이 반복된다. 그사이 청년들의 고통은 어쩌면 외로워지기까지 했는지도 모른다. 드라마에서 오랫동안 상투적이고 관습적으로 그려진 가난은 현실의 가난을 배타하기도 한다. 이렇듯 현대인들의 고통이 하나의 범주로 묶여 각종 매체와 프로그램을 통해 계속해서 반복적으로 노출될수록 개개인의 고통은 오히려 소외되거나 외로워진다. 이것을 어떻게 극복해야 할지, 예시를 찾아볼 수 없는 우리 각자의 갈림길에서는 또 어떤 선택을 해야 할지 현대사회의 수많은 '나'는 고민하고 방황한다. 미디어와 프로그램들이 홍수처럼 넘쳐나는 이 시대에 도리어 방향을 찾지 못하고 고립되는 것이다. 그렇다고 해서 무수히 많은 개인의 현실과 고통들을 모두 형상화해서 방송에 투영한다는 것은 사실상 불가능하다. 최대한의 현실 복제, 현실 재현이 그 고통의 해답이 되어줄 지도 미지수다. 개개인의 고통이 모두 각기 다른 모양새로 외로움을 호소하며 난처한 상황에 처해 있지만 한 가지 사실은 분명하다. 우리가 삶을 포기하지 않는 이상, 어쩌면 삶을 포기하지 않기 위해서라도 각자에게 다르게 내밀어진 문제지 앞에서 우리는 어떤 결단들을 내려야만 한다는 것이다. 물론 그 결심이 불러올 결과는 아무도 모른다. 중요한 것은 내가 무언가를 '선택'한다는 사실 그 자체이다. 선택하고 결정하는 행위는 다음의 시간으로 나아가겠다는 의지다. 그리고 그것은 살아가는 것이다. 그 고통과 절망의 형태가 어떻게 다르든지 간에 '선택'을 이어나가며 내일로 딛는 '삶'의 가치만큼은 보편적이다.

그리고 그것은 어느 날, 현실에 없는 시공간을 누비고 다니던 한 남자에게서 찾을 수 있게 되었다. 9개의 향을 소환한 <나인>은 판타지적 세계를 불러오면서 그 세계를 떠받치는 구조물들을 나름의 설계대로 건축했다. 그 재료들은 비교적 튼튼했고 결과물도 꽤 견고했다. <나인>의 판타지를 지탱하는 힘은 일단 그 세계를 내밀하게 구성한 데서 비롯되었다. 하지만 그 판타지가 빚어내는 가치는 그 세계에 속한 '인간'에 대해 고심함으로써 완성되었다. <나인>이 구축한 판타지 세계와 그 속의 인간은 유기적인 관계를 맺고 긴밀하게 움직인다. 그가 세계에 작용하고, 그 세계는 다시 그에게 작용한다. 그런데 박선우를 축으로 보여주는 인간의 선택과 태도, 그 가치는 <나인>에서 판타지 세계를 제거한 지금의 현실에서도 여전히 유효하며 유의미하다. 이 사실은 꽤나 중요해 보인다. 판타지를 어떻게 사용해야 하는가에 대한 질문에 <나인>이 건네는 일종의 대답일 수도 있기 때문이다.

소년, 소녀를 찾다

박선우에 비하면 <너의 목소리가 들려>의 박수하는 아직 어린 소년이다. 수하는 10년 전 민준국이 아버지를 교통사고로 위장해 살해하는 모습을 목격한 충격으로 상대방의 눈을 보면 그 사람의 생각을 읽을 수 있게 되었다. 어렸을 때부터 타인의 내면적 목소리를 듣게 된 이 소년에게 남들과는 다른 아픔 역시 차곡차곡 쌓여나간다. 그 대처법을 아무도 가르쳐주지 못하는 능력을 안고 10년 가까이 살아온 19세 소년의 현재 목표는, 10년 전 자신의 가족을 위해 진실을 말해준 한 소녀를 찾는 것이다.

수하는 <나인>의 박선우에 비해 아직 다 성장하지 못한 19세 고등학생 소년이다. 물론 그가 어리기 때문에 부족하다는 뜻은 아니다. 오히려 그는 자신의 능력 때문에 남들과 공유할 수 없는 상처를 끊임없이 떠안으면서도 진실을 말해준 소녀를 찾는 것을 포기하지 않는 어른스러운 선택을 고집해 왔다. 그런 남자이기도 하지만 소년이기에 그는 더욱 성장한다. 수하를 둘러싼 주변의 인물들은 그가 성장할 수 있도록 돕는다. 그중 가장 큰 조력자는 수하가 찾던 그 소녀이자 국선 변호사가 된 장혜성이다. 그녀는 무결점의 완벽한 인물은 아니다. 침착하기보다는 감정적이고 '착하다'는 수식보다는 '당차다'는 표현이 어울리는 여자다. 하지만 그녀가 쉽게 찾아볼 수 없는 특별한 여자이면서 이 드라마의 주제와도 잘 어울리는 성숙한 어른인 까닭은 그녀가 한 선택들과 삶의 태도에서 비롯된다. 혜성은 10년 전 법정에서 진실을 털어놓기 전에 두려움에 떨면서 포기의 유혹과 다퉜다. 진실을 밝히고선 후회하기도 했다. 그러나 결국 그녀가 법정에서 진실을 이야기하는 순간, 그녀는 박수하가 10년 가까이 찾아 헤매야 하는 한 사람이 되었고 서도연과는 다른 사람이 되었다. 우리는 두려움 끝에 약속을 깨고 진실을 외면할 수밖에 없었던 작고 여린 또 다른 소녀 역시 이해한다. 이해는 하지만 우리가 지지하는 소녀가 결국 장혜성인 것은 바로 우리 모두가 '인간'이기 때문이다.

우리가 어떤 인간인지를 결정하는 것, '선택'

<너의 목소리가 들려>에서 중요하게 다루고 있는 한 가지는 바로 '진실'이다. 그 무대는 진실을 위해 싸우지만 진실이 승리하지 못할 수도 있고 이기는 게 곧 진실이 될 수도 있는 법정이다. 수하를 제외한 주연·조연들의 직업은 변호사, 검사, 판사이며 그들은 진실을 규명하려 애쓰고 최대한 올바른 판결이 내려지도록 최선을 다한다. 하지만 진실을 증명할 수 있는 사실들을 수집하는 데는 한계가 따르고 가끔은 서로가 믿는 진실이 다를 수도 있다. 원고와 피고를 모두 믿으려 할 때 진실은 충돌하고 법은 법이 가지는 모순 때문에 진실을 지켜주지 못하기도 한다. 그리고 그 모든 문제들

역시 우리가 인간이기 때문에 발생한다. 우리가 믿는 것은 무엇이며 우리가 보고 듣고 알게 된 것은 무엇인가. 그리고 그 후에 우리가 선택하는 것은 무엇인가. <너의 목소리가 들려>에서 '진실'과 함께 중요한 것은 <나인>에서와 마찬가지로 '선택'이다. 우리 모두 인간이지만 때로 사람들은 하나의 진실을 두고서도 서로 다른 태도를 취하고 다른 선택을 한다. 도덕과 윤리, 진실과 정의로 향하는 인간의 본능적인 인식과는 별개로 각자의 삶을 나기 위해 태도와 선택을 달리하는 것이다. 하지만 우리가 어떤 태도를 취하고 선택을 하는가에 따라 우리 모두는 인간이지만, 어떤 인간인지는 다르게 증명된다.

<너의 목소리가 들려>에는 주인공뿐만 아니라 진실을 향해 서 있는 여러 사람들이 등장한다. 진실을 거짓으로부터 지켜내는 데 실패한 것에 자책감을 떠안고 있는 사람(신상덕 변호사), 진실을 알게 됐지만 거짓을 택하는 사람(서대국 판사), 어렸을 때엔 진실을 알면서 털어놓지 못했고 어른이 된 이후 또다시 부정하고 싶은 진실에 마주친 사람(서도연 검사) 등이다. 그들 각자가 보여주는 태도는 다르지만 드라마가 형성하는 하나의 주제 앞에 모두 영향을 받거나 영향을 준다. 그중에서도 서도연은 처음엔 장혜성과 대척점에 서 있던 조연이었지만 극 후반 즈음엔 소녀에서 어른으로 성장해가는 또 한 명의 주인공이 된다. 그녀는 받아들이기 힘든 진실을 처음엔 외면하려 했지만 다시 고민했고, 그래서 혼란과 절망감을 느껴 그 끝에 새로운 선택을 했다. 그리고 그 선택이 그녀를 성장시킨다.

소년의 초능력과 성장한 어른들의 능력이 만나는 접점

<너의 목소리가 들려>의 주제 의식을 파헤치는 동안 비교적 소외된

부분이 이 드라마의 판타지적 설정인 수하의 초능력이다. 수하가 가진 능력이 이 드라마가 일관된 주제를 끝까지 효과적으로 밀어붙이는 데 조금도 기여하지 않았다면 거짓말이다. 수하는 자신의 능력을 이용해 혜성이 법정에서 진실을 위해 싸울 때 일조하고 '황달중 사건'처럼 드라마의 주제와 밀접한 중요 사건에서 법(을 다루는 사람들)이 법의 모순과 싸울 수 있게 도와준다. 일상생활에서는 타인의 목소리를 읽어내 다른 사람들은 쉽게 생각하지 못한 해결 방법을 찾아내기도 하고, 그 능력으로 크고 작은 생활의 편리를 취하기도 한다. 그러나 마치 그 대가라도 되는 것처럼 사랑하는 사람들을 포함한 타인의 내면적 목소리로부터 무수한 상처를 받거나 감당해야 했고, 너무 많이 알기 때문에 스스로 위험에 빠지기도 했다. 그렇다고 이러한 벌이 그의 특별한 능력을 없는 셈 치는 건 아닐 것이다. 그런데도 수하의 능력을, 현실을 배반하는 괘씸한 초능력이라기보다 남들보다 뛰어난 하나의 장기쯤으로 받아들일 수 있는 데에는 이 드라마가 그 초능력을 다루는 자세 때문이다. 그의 능력이 중요한 사건을 해결하는 데 일조할지는 몰라도 결정적인 계기가 되지는 않는다. <나인>의 판타지적 설정이 그랬듯이 <너의 목소리가 들려>에서도 수하의 초능력은 드라마에서 흥미와 긴장감을 유발하면서 사건을 만드는 효과적인 장치로 작용한다. 하지만 이 드라마에서 현실과 밀접하게 맞닿아 있거나 시청자들의 가치관에 쉽게 영향을 줄 수 있는 문제들을 해결할 때 결정적인 역할을 하는 것은 수하의 초능력이 아니다. 상대적으로 평범한 사람으로서의 '선택'이다. 이때 수하의 능력은 오히려 한 발 물러서 있다는 느낌이 든다. 판타지를 빌려왔지만 그 힘의 과용이 없고 그 힘을 가진 소년에게 결여돼 있던 부분을 오히려 현실적인 능력만을 가진 사람들이 채운다. 이 드라마에 등장하는 수하를 둘러싼 어른들은 수하의 성장을 도우면서 어른이지만 미성숙했던 그들 자신도 성장시킨다. 드라마 엔딩에서 혜성은 자신이 변호를 맡은 청각장애인에게 이제 막 배운 수화로 이렇게 말한다. “나는 당신의 이야기를 모두 들어줄 겁니다. 당신의 입장에서 당신의 이야기를 듣겠습니다.” 서로를 통해 더욱 성장한 주인공들은 드라마의 막바지에 이르러 좀 더 많은 사람들의 목소리를 듣게 되었다. 이 ‘판타지’는 현실로도 소환 가능한 판타지이다.

판타지가 사라져도 우리는 살아가야 한다

<나인>과 <너의 목소리가 들려>는 판타지적 설정의 사용법에 좋은 예이다. 어느 날 갑자기 드라마로 소환된 각각의 판타지들은 원리, 원칙을 깨는 것(시간을 거스르는 것)이고 보편적이지 않기 때문에 불평등할 수 있는 특별한 능력(초능력)의 부여처럼 보이기도 했다. 그러나 스스로의 몸집보다는 인간을 중시하고, 빚어내는 가치는 현실 세계로 향하면서 판타지는 시청자와 반갑게 호응할 수 있었다. 반면 새롭고 흥미로운 소재로 판타지적 설정을 가져와 깊은 성찰 없이 그 힘의 위력과 재미에만 치중하는 작품들도 있다. 판타지를 작품 속으로 불러오면서 고민과 성찰 없이 판타지가 현실을 외면하거나 현실의 가치를 전복시키는 것을 방관한다면, 만드는 이들의 책임이나 그 판타지의 존재성 모두 의심해야 할 것이다. 앞의 두 드라마가 보여주는 판타지적 설정의 가치는 마치 우리의 몸을 붕 띄워 현실에서 벗어난 것처럼 만드는 게 아니다. 우리의 자세를 한 번쯤 바꿔 현실이라는 땅에 새롭게 발을 딛거나 더 나은 자세로 디디게 하는 데 있다. 이는 판타지를 사용하는 데 좋은 힌트이자 방향이 되어줄 듯하다. 리모컨의 전원 버튼을 누르는 순간 TV 화면은 사라지지만 우리는 계속 살아가야 한다는 사실을 잊지 말아야 한다.

가작

그리고 <무한도전>은 신화가 되었다

이상호

<무한도전>의 비밀

지난 8월 MBC 공식 블로그 'M톡'에 게시된 안우정 부사장의 「<무한도전>의 비밀」이라는 글은 <무한도전> 팬(이하 무도팬)들의 이목을 집중시켰다. 몇 해 전 김태호 피디가 <무한도전>에서 하차할 수도 있었다는 이야기를 담고 있었기 때문이다. 사회가 빨리 변하는 만큼 예능 프로그램 역시 탄생과 소멸의 과정이 점차 빨라지고 있다. 이런 추세에 피디가 하나의 프로그램을 8년 동안이나 맡고 있는 것이 굉장히 이례적이라는 것이다. MBC에게나 무도팬들에게나 김태호 피디는 그만큼 소중하다는 이야기가 이 글의 요지인 듯싶다.

안우정 부사장의 글에는 다른 시각에서 <무한도전>의 특징을 이야기하는 부분이 있다. 바로 <무한도전>은 '포맷이 없다'는 것이다. 해외에서 <무한도전>의 포맷을 구입하고 싶어 하지만 제작 매뉴얼을 만들 수 없어

판매가 힘들다는 점도 덧붙였다. 한국의 예능계에서 <무한도전>이 차지하는 위상은 이 '포맷 없음'에서 많은 힘을 받았다. <무한도전>에서 매번 새로운 것을 시도해서 다른 프로그램에서 할 게 없다는 볼멘소리도 나오는 실정이다. 모두가 인지하고 있는 이 이유 때문인지 매회 멤버들이 노력하는 모습을 보면 대단하다는 생각도 들고, 한편으로는 안쓰럽다는 생각도 든다.

하지만 명확한 포맷을 형성하지 않는다고 해서 흐름이 없는 것은 아니다. <무한도전>은 계속해서 시청자들에게 새로운 모습을 보여주지만 그 수면 아래에서는 프로그램의 성격을 명확히 하려는 노력도 보인다. 그것은 바로 텔레비전이 보편적으로 가지고 있다고 생각되는 소통 범위를 확장하려는 노력이다. 텔레비전이라는 물리적 실체를 넘어서는 이 노력을 통해 시청자들은 <무한도전>을 더 가깝게 느낄 수 있었다. 이미 <무한도전>은 케이블 재방송을 통해 소통에서 양적인 성취를 맛봤다. 과거 영국이 '태양이 지지 않는 제국'이었다면 한때 <무한도전>은 주당 100시간에 육박하는 케이블 재방송 편성으로 '끝나지 않는 프로그램'의 위치에 오르기도 했다. 하지만 이 글에서 주목하는 것은 소통의 질적인 변화, 다르게 이야기하면 소통 방법의 다각화다. <무한도전> 멤버들이 텔레비전 밖에서 시청자들을 만나고, 시청자들은 텔레비전 안으로 들어왔다. 소통의 질적 변화 과정에서 프로그램과 팬들은 격렬한 화학작용을 일으켰다. 그리고 <무한도전>은 신화가 되었다.

8년 동안 진화한 소통 과정

지난 몇 년 동안 우리 사회에 SNS 돌풍이 불었다. 스마트폰과 같은 기기를 탄생시킨 과학기술의 발전은 사람과 사람을 연결시킬 수 있는 가능성을 폭발시켰다. 사람들은 마치 이러한 기회를 기다리기라도 했다는 듯이 트위터나 페이스북 같은 서비스를 받아들였고 서로를 연결시키기 시작했다. 사실 텔레비전과 시청자의 관계도 소통을 전제로 한 연결로 볼 수 있다. 방송사는 전파를 통해 프로그램을 송신하고 불특정 다수의 시청자는 텔레비전을 통해 그것을 시청한다. 프로그램의 메시지가 시청자에게 제대로 전달되었는지는 나중 문제라고 하더라도 시청자의 응답을 어떻게 되받을 수 있을지가 큰 고민거리가 되었다. 이 고민을 가장 적극적으로 풀어나간 것이 바로 <무한도전>이다.

2005년 당시 <무모한 도전>에서의 소통 방식은 다른 예능 프로그램들과 차별점이 없었다. 소와 줄다리기를 하거나 탈수기와 빨래를 짜는 대결을 하는 식의 에피소드가 프로그램의 내용이었다. 당시 시청자들은 <무한도전>을 보고 자의적으로 해석한 내용을 프로그램의 홈페이지나 인터넷 커뮤니티에 게시하는 형식으로 프로그램과 소통했다. 이러한 커뮤니케이션은 비교적 시간이 오래 걸리고 수천, 수만의 글이 한꺼번에 퍼져나가 프로그램에 직접적으로 영향을 준다고 볼 수도 없었다. 다만 다수의 모호한 의견들 중에 두드러지는 공통분모를 제작진이 대략적으로 파악하는 수준이었다. 여기에서 한 발자국 나아간 소통 방법은 프로그램명을 <무한도전>으로 바꾸고 지금과 같이 '형식 없음'을 표방하면서 등장했다. 멤버들이 스튜디오를 벗어나 시청자에게 향하기 시작했다. 여러 미션을 수행하며 시민들과 대화를 나누고 그들 삶의 모습에 주목하기 시작한 것이다. 프로그램 밖에서 멤버들이 시민들과 만나는 모습은 텔레비전에 등장하고, 시청자들은 소통의 현장을 다시 확인한다.

최근 가장 주목할 만한 소통 방식은 무대 공연을 통한 팬들과의 만남이다. <무한도전>은 2007년 하반기 '강변북로 가요제'를 시작으로 각종 무대 공연 형식으로 팬들과 만났다. '강변북로 가요제'부터 '자유로 가요제'까지 무대 공연 형식을 보여준 에피소드는 총 17개, 49회 차에 이른다. 그리고 2007년부터 지금까지 무대 공연의 도입 빈도는 더 많아지고 있다. 최근에 개최된 '자유로 가요제'에서는 사전 기자 간담회가 열렸고, 현장에는 3만 5,000여 명의 무도팬들이 자발적으로 모였다. 이는 제작진과 무도팬 모두 텔레비전을 매개로 하지 않는 만남을 가벼이 생각하지 않았다는 증거다.

<무한도전>의 뜨거움과 차가움

텔레비전과 무대 공연의 만남은 이색적이다. 마셜 매클루언은 미디어(매체)를 뜨거운 미디어와 차가운 미디어로 나눈다. 이 상대적 구분의 기준은 정보의 밀집도와 공감각적 참여의 정도다. 정보의 밀집도가 높고 공감각적 참여가 낮을수록 뜨겁고, 그 반대는 차갑다는 구분이다. 마셜 매클루언이 <무한도전>의 무대 공연을 봤다면 차가운 미디어와 뜨거운 미디어의 만남으로 규정했을 것이다.

먼저 생산과 소비 과정의 차이를 보자. <무한도전>처럼 생방송으로 진행되지 않는 텔레비전 프로그램의 경우 실제 방송 시간보다 제작에 소요되는 시간이 더 길다. 시청자들에게 프로그램이 전달되기 전에 연출자의 의도에 맞도록 녹화 영상과 음향이 선택되고 배열된다. 따라서 시청자들은 제작 현장의 일부밖에 볼 수 없다. 하지만 대부분의 무대 공연 형식은 실제 제작 시간과 관객이 그것을 관람하는 시간이 동일하다. 즉, 관객은 실제 제작 현장을 거의 대부분 목격할 수 있다. 마셜 매클루언은 텔레비전의 특징 중 하나로 모자이크식 구성을 소개했다. 컷과 컷 사이에는 설명이 필요한 빈 공간이 존재한다. 유재석이 화면에서 점프 한 번으로 공간을 이동하는 것에 거부감을 갖지 않는 것은 시청자들이 빈 공간을 무의식적으로 인식하고 채우기 때문이다. 이런 과정을 통해 시청자들은 공감각적 참여를 하게 된다. 빈 공간을 채우기 위해 상상을 동원하고 상상을 통한 참여 과정에서 오감을 동원한다는 말이다. 시청자는 상상 속에서 <무한도전> 멤버들과 함께한다. 시청자들이 텔레비전을 보며 <무한도전> 멤버들의 감정에 공감하는 것은 이러한 원리 때문이다. 반대로 대부분의 무대 공연은 무대 위 행위가 연속적으로 일어나고, 작품의 스토리와 행위자의 행동 하나하나에 집중하게 만들어 상상의 여지가 적다. 이것은 무대 공연이 관객에게 전하는 정보의 양이 많기 때문이기도 하다. 관객은 무대 곳곳에서 벌어지는 행위를 스스로 찾아 주목해야 한다. 우리가 보통 텔레비전을 볼 때는 소파 쪽으로 기대고, 무대 공연을 볼 때는 무대 쪽으로 몸을 기울이는 것도 이런 원리로 설명할 수 있다.

그리고 수용자가 볼 수 있는 범위에도 차이가 나타난다. 이미 언급했듯이 텔레비전에는 편집을 통해 연출자의 의도가 반영된다. 따라서 프로그램 편집 과정에서 시청자들이 봐주기를 원하는 장면을 의도적으로 선별한다. 더구나 카메라를 통한 프레이밍은 프레임 밖에 위치한 정보를 모두 제거한다. 반면 무대 공연은 무대를 통해 제공되는 정보를 관객이 능동적으로 받아들여야 한다. 이 때문에 무대 공연을 보는 관객의 눈은 항상 바쁘다. 여기에서도 텔레비전과 무대 공연의 정보량이 확연히 차이 나는 것을 알 수 있다.

우리는 <무한도전>이 공연 형식을 차용한 것을 차가운 텔레비전과 뜨거운 무대 공연의 만남으로 바라볼 필요가 있다. 그런데 무도팬들을 향한 <무한도전>의 냉온탕 오가기는 과연 어떤 의미가 있을까? 그것은 그리 간단해 보이지 않는다.

<무한도전> 신화의 과정

'자유로 가요제'의 방송분 중에서 유독 기억에 남는 부분이 있다. 진행을 위해 유재석이 무대 위로 오른다. "시청자 여러분, 안녕하십니까? 무한!"이라는 유재석의 외침에 3만 5,000명의 관객은 기꺼이 화답한다. "도전!" 그때 실시간 소통은 이미 시작되었다. 수요일인데도 무도팬들은 현장에 참여하기 위해 전국 각지에서 자발적으로 모였다. 이들은 무대 공연을 보기 위해 현장에 있었던 것이 아니라 <무한도전>과 소통하기 위해서 그곳에 있었다. 마치 종교 집회를 방불케 하는 현장에서 나눈 인사는 신화화된 <무한도전>의 실체적 증거라 생각한다.

여기에서 신화의 의미는 '신화론'을 주창했던 롤랑 바르트(Roland Barthes)의 개념에서 빌려온 것이다. 롤랑 바르트는 신화화를 위해 두 가지가 필요하다고 했다. 바로 형식과 개념인데, 쉽게 풀자면 수용자가 직접 확인할 수 있는 대상이 형식이고, 수용자를 포함한 사회가 공유하는 생각을 개념이라 할 수 있다. 신화화의 이해를 위한 적합한 예로 다음을 들 수 있다.

대부분 사람들이 올림픽과 함께 머리에 떠올리는 것은 인류의 평화, 번영 같은 추상적인 개념들일 것이다. 올림픽 행사 중 가장 중요한 개막식에서 이러한 관념을 확고히 하기 위한 장치가 등장한다. 1988년 우리나라에서 올림픽이 열렸다. 올림픽의 시작을 알리는 의식인 성화 점화 과정을 보며 우리는 인류 평화의 빛이 여기 서울에 있다는 것을 느낀다. 성화에 앉아 있던 비둘기는 그 의미를 더한다. 평화의 상징인 비둘기는 올림픽 성화 점화 과정에서 88서울올림픽의 숭고한 정신을 재확인시키는 역할을 한다. 그런데 여기에서 비둘기는 형식을 담당하고, 대부분 사람들이 떠올리는 인류의 평화, 번영의 올림픽은 개념의 역할을 한다. 간단히 정리하면 어떤 대상을 인지하는 과정에서 사회가 공유하는 생각과 만나 새로운 의미를 만들어내는 과정이라고 할 수 있다.

텔레비전 프로그램의 소통이라는 측면에서 <무한도전>의 무대 공연은 신화화의 과정에 있다고 할 수 있다. 이 과정에서 형식은 무대 공연의 이미지다. 무대 공연의 이미지는 무대 공연이 가지고 있던 소통의 특징을 상당 부분 이어받는다. 장르의 구분 없이 무대 공연이 가지고 있는 특징은 행위자, 관객, 그리고 그 둘을 이어주는 무대의 존재다. 따라서 무대 공연에는 '지금, 바로 여기, 그리고 함께'라는 의미가 포함된다. 시청자들이 공유하는 개념은 텔레비전의 일방적인 메시지 전달이라는 속성과 동시에 <무한도전>은 시청자와 가까워지기 위해 노력한다는 인식이다. 텔레비전 프로그램을 소비하기 위해서는 텔레비전이라는 물리적 실체가 필수이다. 이 때문에 시청자는 프로그램과 거리감을 느끼게 되고, 이 거리감이 일방적 메시지 전달의 가능성을 계속해서 제기한다. 하지만 <무한도전>은 시민들을 직접 만나며 그 현장을 방송을 통해 재확인하는 노력을 반복했다. 시청자가 방송된 <무한도전>에서 무대 공연의 이미지를 인식하고, 그것이 텔레비전의 속성과 <무한도전>에 대한 인식이 함께 버무려져 신화화의 과정이 이루어진다. 결국 시청자, 특히 무도팬의 머릿속에 떠오르는 것은 '텔레비전이라는 구조적 한계를 벗어나 소통할 수 있는 <무한도전>'이다.

반드시 시청자에게 다가가야만 한다

<무한도전>의 무대 공연 이미지 차용은 소통에서 신화화의 큰 축을 이룬다. 무대를 매개로 시민들과 동시적으로 소통하고 다시 텔레비전 프로그램을 통해 소통한다. '자유로 가요제'에서 탄생한 곡들의 음원을 무도팬

들이 소비하고 <무한도전>은 그로 인한 수익금을 다시 사회에 환원한다. 소통의 연쇄다. 견고한 소통의 고리는 예능 프로그램 <무한도전>과 시청자를 묶는다.

지난해 6개월간 결방이 있었음에도 <무한도전>이 계속해서 시청자들의 사랑을 받을 수 있었던 데에는 이런 소통의 노력이 있었다. 하지만 소통을 위해 시민들과 직접 만나고 그들을 프로그램에 담는 노력이 항상 성공하는 것은 아니다. 지난여름 방송된 '무한도전 응원단'은 시청자들에게 많은 비난을 받았다. 분명히 무도 응원단도 다른 가요제 에피소드와 같이 무대를 매개로 현장에서 시민들과 열렬히 소통했다. 하지만 결과는 판이하게 달랐다. 방송 직후 방송사 홈페이지와 각종 온라인 커뮤니티의 지배적 분위기는 연세대와 고려대의 축제에 <무한도전>이 참여하는 것에 대한 거부감이었다. 우리 사회에 소위 SKY라 불리는 대학들의 이미지는 대다수 시민들을 포괄하지 못한다. 따라서 비록 축제 현장에서 <무한도전> 멤버들이 관객들과 열렬한 소통을 하더라도 텔레비전을 통해 그것을 바라보는 시청자들은 그 관객들에게서 자신의 모습을 발견하지 못한다. 여기에서 소통은 장애물을 만난다. 현장에서의 소통 정도와 상관없이 텔레비전을 보는 시청자가 텔레비전 속의 관객과 자신을 동일시하지 못한다면 프로그램의 소통은 실패할 것이다.

<무한도전>이 '자유로 가요제'를 통해 확인할 수 있는 신화화를 계속해서 유지하려면 새로운 소통의 방법을 찾아야 한다. 이것이 지금까지 <무한도전>의 방향이었고, 이 때문에 <무한도전>은 포맷이 없었다. 매년 '<무한도전> 달력'을 팔고 '<무한도전> 사진전'을 여는 것도 소통을 위한 노력의 결과다. 지금까지 <무한도전>은 구조적 거리를 줄이며 '만나면 좋은 친구'가 되는 데 성공했다. 그리고 이것이 김태호 피디가 <무한도전>

을 8년 동안 교체 없이 맡아야 했고, <무한도전>을 포맷화할 수 없었던 이유이다. 어떻게 사회, 시민과 소통하려는 노력, 그 과정에서 쌓인 공통 코드를 복사할 수 있겠는가. 오히려 <무한도전>이 다시 탄생한다면 그 결과물은 지금과 다를 것이다. <무한도전>은 끊임없는 소통을 통해 그때, 그 사회의 모습을 담는 과정이기 때문이다.

가작

소통의 드라마, 사회를 성장시키다

김예원

무엇이 <굿 닥터>를 다르게 만들었는가

<굿 닥터>를 소재와 형식 측면에서 보면 원톱 드라마, 성장 드라마, 의학 드라마라고 할 수 있다. '박시온'을 주인공으로 내세웠고, 그의 성장기를 다루며, 병원을 배경으로 하기 때문이다. 그러나 <여왕의 교실>처럼 주인공의 비중이 절대적인 다른 원톱 드라마와 달리 <굿 닥터>에는 다른 의사나 환자들이 '박시온'만큼이나 두드러진다. 주인공에게 할애된 분량이 절대적이지 않은 만큼 그의 성장도 완벽하지 않다. <제빵왕 김탁구> 같은 전형적인 성장 드라마에서는 주인공과 끊임없이 대립하는 악역이 존재하고, 결말에서 그 악역을 물리친 주인공은 모든 장애물이 사라진 상태에 도달한다. 하지만 <굿 닥터>에서는 끈질긴 악역도, 장애의 소멸도 찾아볼 수 없다. <하얀거탑> 이후로 의학 드라마의 필수 요건이 된 긴박한 수술 장면도 없고, 의사들의 대사는 의학적 지식보다 도덕적 당위로 채워진

경우가 많다. 따라서 <굿 닥터>는 원톱·성장·의학 드라마지만 같은 장르 내의 다른 작품들과 차별화된다.

그 차이는 '무엇을 다루는가'가 아닌 '어떻게 다루는가'에서 발생한다. <굿 닥터>는 원톱 주인공을 세웠지만 주변 인물과의 소통을 강조했고, 성장을 이루었지만 전형적인 형태가 아니며, 의학에서 기술적 능력 이상의 가치를 발견했다. 소통을 통한 성장의 결과로 어떠한 가치를 획득했는지 그리는 드라마가 <굿 닥터>이다. <굿 닥터>가 이처럼 소통과 성장을 강조하는 이유는 이 드라마의 최대 특징인 주인공의 장애 설정에서 찾을 수 있다. 결국 구현하려는 주제 의식 또한 장애인의 문제를 향해 있다. 장애라는 흔치 않은 설정에서 출발해 장르의 전형성을 벗어나는 소통, 성장의 스토리를 그리면서 <굿 닥터>는 스스로를 다른 드라마와 영리하게 차별화했으며, 의미 있는 메시지를 던지는 데 성공했다.

차단과 소통, 그 사이의 매개

박재범 작가는 인터뷰에서 "<굿 닥터>는 거의 커뮤니케이션에 대한 이야기다"라고 말하며 <굿 닥터>에서 소통의 중요성을 강조했다. <굿 닥터>에는 수많은 소통 양상이 그려지는데, 그 구조는 거의 고정되어 있다. 우선 하나의 사건에는 소통이 차단된 두 인물이 있다. 이들은 자신의 할 말만 하는 독백 상태이거나, 정서적인 이유로 소통을 거부하는 침묵 상태에 있다. 하지만 둘 중 한 사람은 또 다른 인물과 진심으로 소통한다. 이 새로운 인물은 한쪽의 마음을 다른 쪽에 전달하거나 충고·위로하는 방식으로 차단된 두 인물 사이에서 매개 역할을 한다. 결국 그 둘은 독백과 침묵에서 벗어나 소통에 도달하고, 갈등이 해결된다. 드라마 속 사례에 적용하자면, 천재 성악 소년 규현은 어머니의 지나친 교육열에 지쳐 어머니와 대립하고 끝내 자살 소동을 벌인다(소통 차단). 시온은 진심 어린 위로로 그의 자살을 막고, 그의 진짜 꿈을 듣게 된다(매개와의 소통). 시온을 통해 아들의 진심을 알게 된 규현의 어머니는 아들과 화해한다(갈등 해결). 사례 속 규현과 그의 어머니처럼 소통이 차단된 두 인물은 일종의 소통 장애를 겪지만 시온 같은 매개는 그 장애에서 벗어나 있기 때문에 두 인물보다 우위에 있다. 매개는 작품의 중요 주제인 소통을 실현한다는 점에서도 의미를 가진다.

시온은 이외에도 매개의 역할을 많이 수행한다. 그는 자폐 병력 때문에 늘 바보 취급을 받지만, 그에게는 어린아이 같은 순수함이 있다. 그는 동물에게 말을 걸고, 어린이의 언어를 이해하며, 계산 없이 솔직하게 사람을 대한다. "군자는 말을 잘하는 사람의 말에만 귀를 기울이지 않고 말이 서툰 사람의 말도 귀담아 듣는다"라는 공자의 말에서 알 수 있듯이, 이것은 커뮤니케이터로서 엄청난 자질이다. 따라서 <굿 닥터> 속 소통의 많은 부분은 그를 매개로 해서 이루어진다. 시온의 소통 능력이 가장 두드러지는 것은 늑대 소녀를 연상케 하는 환자 은옥의 사례이다. 그녀는 개 우리에서 자라 세상과의 소통이 차단되어 있다. 하지만 주치의 시온과는 마음으로 소통하는 친구가 된다. 시온의 소개로 은옥은 병동 친구들과 어울리고, 그에게서 말을 배우며 세상에 나아간다. 시온은 의사로서 환자와 세상, 환자와 보호자 사이를 매개하는 데 그치지 않고 남자로서 타인의 애정 관계에도 개입하고, 동료로서 소아외과 병동 내의 갈등에도 개입한다. 채경과 도한이 소원해진 관계를 회복하고, 진욱과 인영이 연인이 된 데는 시온이 양쪽의 마음을 솔직하게 전달한 공이 크다. 나태함 때문에 소아외과 구성원들과 갈등을 일으키던 고 과장과 친구가 되어 그에게 열정을 불러일으키고,

구성원들과의 갈등을 해결하게 만든 것도 시온이다.

시온의 진정성 있는 태도는 그를 좋은 커뮤니케이터로 만들어 매개 역할을 맡게 했지만, 자기 자신의 문제에서만큼은 예외이다. 그가 직접 관여된 소통 상황에서 문제가 발생하면, 주변 인물들이 매개로 기능하며 그를 돕는다. 윤서와의 애정 관계는 인해가 도움을 주고, 부모님과의 갈등은 윤서와 도한이 매개가 되어 해결된다. 이처럼 이 드라마는 소통을 통해 갈등이 해결되는 구조를 취하고 있다. 차단이라는 부정적이고 미숙한 상태에서 소통, 연결, 화합이라는 긍정적이고 성숙한 상태로의 변화는 곧 성장을 의미한다. 따라서 인물 간의 소통은 그들의 성장으로 귀결된다.

장애인의 보이지 않는 성장기

시온에게 사랑은 새로운 것, 모르는 것이고 가족은 과거의 것, 잊어야 하는 것이다. 성질은 정반대지만, 둘 다 그에게는 일종의 두려움을 불러일으킨다. 두려움의 근원에는 그의 장애가 있다. 자폐증을 앓는다는 이유로 아버지의 혐오스러운 시선과 폭력을 견뎌야 했고, 충분히 성장한 뒤에도 사람들의 시선 때문에 사랑을 할 수 없었다. 따라서 사랑과 가족을 찾는 것이 시온에게는 장애의 극복이자 성장이며, 그것은 소통을 통해 이루어진다.

사랑의 성취에 앞서 시온은 채경, 진욱과의 대화를 통해 사랑에는 정해진 것도, 자격도 없음을 깨닫는다. 그러던 중 앞에서 언급한 '채경과 도한', '진욱과 인영'의 관계에서 매개 역할을 수행해 그들의 사랑 성취에 도움을 준다. 이는 자기 자신도 의식하지 못하는 사이에 일어난 일로, 그가 소통을 통해 사랑을 배워가고 있음을 드러낸다. 이후 인해의 도움을 받아 윤서에게 자신의 마음을 고백한다. 연애에 능숙한 어른이 아닌 중학생 인해가 이들 사랑의 매개가 된다는 점은 그 순수성을 보여준다. 가족과의 화해에서는 윤서, 도한이 유사 가족으로 기능했다. 늘 시온을 챙겨주는 윤서는 곧 모성의 상징이기 때문에 그녀가 어머니와 시온의 매개라는 점은 자연스럽게 느껴진다. 한편 무뚝뚝하지만 자신만의 방법으로 시온을 챙기는 도한은 부성에 해당한다. 따라서 그 또한 아버지와 시온의 관계 회복에 일조할 수 있었다. 시온은 이들의 도움을 받아 가족에게 받은 상처를 이겨내고 부모님과 화해한다.

장애인 시온의 성장기는 두 가지 의미가 있다. 첫째, 시온이 성장했다는 사실 자체가 많은 경우 무시당하는 장애인의 성장 가능성을 입증한다. '장애인임에도' 큰 업적을 세운 사람들에 대한 언론의 관심은 장애인의 성장 가능성에 대한 우리의 불신을 반영한다. 시온이 일차적으로 이겨낸 대상은 장애에서 비롯된 사랑과 가족에 대한 두려움이지만, 이차적인 성취는 바로 이러한 사회적 믿음을 깨고 장애인도 소통을 통해 성장할 수 있음을 증명했다는 데 있다.

둘째, 사회의 폭력적인 시선에서 벗어나 보이지 않는 성장을 이루었다. 일반적인 성장 드라마라면 시온의 독특한 자세와 말투가 고쳐진다는 것으로 장애의 극복을 표현할 것이다. 외양의 변화를 장애의 극복으로 여기는 기존의 방식은 장애인이 다른 사람과 다르게 보이기 때문에 비정상이라는 생각을 반영한다. 하지만 <굿 닥터>가 제시한 새로운 성장은 보이는 것이 아니라 보이지 않는 것에 집중한다. 여전히 시온은 다르게 보이지만, 장애 때문에 겪어야 했던 두려움에서 벗어난다. 사랑과 가족에 대한 두려움은 장애인이라는 이유로 사회가 그에게 던지는 폭력적인 시선에 기인한다. 따라서 그의 성장은 비장애인 중심의 사고방식에서 벗어나 있으며, 사회적인 굴레를 벗었다는 점에서 기존의 장애 극복 스토리에서 한 걸음 더 나아갔다.

마음의 문과 함께 열린 성장의 가능성

<굿 닥터>가 전형적인 원톱 드라마가 아닌 만큼, 시온 외의 사람들도 성장을 보인다. 극이 진행될수록 점점 많은 사람들이 시온이 좋은 의사이자 동료임을 인정하게 된다. 이는 시온이 변화한 것이 아니라, 장애인이라는 편견에 사로잡혀 시온을 바라봤던 사람들이 시야를 넓혀가는 과정이다. 따라서 시온을 제외한 인물들은 시온을 인정하고, 그의 진가를 발견하는 것이 그들의 성장이라고 할 수 있다.

가장 먼저 주변인들은 의사로서 시온을 인정하게 된다. 뛰어난 지식 측면에서는 처음 본 순간부터 인정할 수밖에 없었지만, 도한과 윤서는 시온이 감정과 신념이 있는 의사가 될 수 없다고 생각했다. 하지만 은옥과 규현의 사례에서 시온이 보여준 소통 능력은 일반적인 기준으로 그를 판단해서는 안 된다는 깨달음을 주었다. 표현하는 방법이 다를 뿐, 환자를 생각하는 마음은 그들과 같았기 때문이다. 시온이 좋은 의사라는 공감대가 생기면서, 천덕꾸러기로 여겨지던 그는 동료로 인정받게 된다. 시온을 몰아내려던 고 과장마저 그와의 소통을 통해 따뜻함을 느끼고 태도를 바꾼다. 마지막 회에서 시온의 소아외과 잔류를 결정하는 순간, 그들은 한마디씩 덧붙이며 자신의 첫 판단이 틀렸고, 시온이 '알고 보니' 좋은 사람이었음을 인정할 만큼 성장한다.

개인의 성장은 소아외과, 성원대학교 병원이라는 집단의 성장으로 이어진다. 다른 의사들이 장애에 대한 편견에서 벗어나 시온을 인정하고, 그를 통해 고 과장도 열정을 되찾으면서 소아외과는 비로소 하나로 뭉치게 된다. 성원대학교 병원의 영리 병원 전환을 주도했던 부원장의 아들을 수술하는 장면은 그들의 협동심이 가장 극적으로 발휘되는 순간이다. 성공적인 수술 결과와 시온, 도한이 보여준 의사의 인간적인 면모는 부원장의 마음을 돌리기에 충분했다. 결국 구성원의 성장과 협동을 통해 모든 아이들에게 치료받을 기회를 줘야 한다는 의술의 가치를 지켜냈다.

시온과 주변 인물이 보여준 성장의 공통점은 동등한 관계를 정립했다는 것이다. 우선 시온이 사랑을 성취하는 데 가장 큰 걸림돌은 그의 장애였다. 윤서는 항상 문제를 일으키는 시온을 챙기는 입장이었고, 시온은 자신의 특별함이 윤서에게 피해가 될 거라 생각했다. 따라서 둘의 관계는 일방적이고 시혜적이라고 할 수 있다. 하지만 장 폴 사르트르(Jean Paul Sartre)의 주장에 따르면, 사랑은 타자와 내가 주체성을 유지한 상태에서 맺는 관계이다. 이들의 관계가 사랑에 가까워지는 것은 시온이 윤서를 위로하는 의젓한 모습을 보이고, 시온이 윤서의 주변 사람들 앞에서 자신의 장애를 드러내면서부터이다. 장애인과 그를 돕는 비장애인이라는 불균형에서 벗어나고, 장애를 감추지 않고 받아들이면서 동등한 주체가 된 시온과 윤서는 진정한 사랑을 성취한다. 가족과의 화해는 시온의 아버지가 시온이 더 이상 모자란 어린아이가 아님을 인정하고, 반대로 시온은 아버지가 전처럼 절대적이고 강력한 존재가 아님을 깨달으면서 완성되었다. 부자간에 힘의 평형이 이루어진 것이다. 병원 동료들이 시온을 같은 의사이자 동료로 인정하는 것도 물론 동등성을 확보하는 과정이다. 장애인인 시온과 주변의 비장애인들이 동등한 주체가 됨으로써 성장했다는 사실은 장애에 대한 우리 사회의 인식을 점검하게 한다.

<굿 닥터>가 사회에 말을 거는 방법

지금까지의 논의를 바탕으로 <굿 닥터>의 스토리를 요약하면 '소통을 통해 장애인과 비장애인 간에 동등한 관계가 정립되고, 개인과 집단이 성장한다'로 말할 수 있다. 이러한 스토리는 장애인을 돌봄이 필요한 귀찮은 존재, 비장애인과 동등하게 경쟁하고 사랑할 수 없는 존재로 보지 말고, 장애인을 있는 그대로 받아들일 때 우리 각자와 넓게는 우리 사회가 성숙할 수 있다는 교훈을 준다. 소통을 강조한 것도 이 주제 의식과 관련이 있다. 다르다는 이유만으로 장애인을 배척하는 대한민국 사회는 소통 차단 상태나 다름없다. <굿 닥터> 속 인물들처럼 동등한 주체로 사랑을 얻고 집단의 이익을 꾀하기 위해서는 장애인에 대한 뿌리 깊은 편견을 깨고 상호 이해로 나아가야 한다. 이 과정에서 소통이 필수적이다.

<굿 닥터>는 이러한 메시지를 전달하기 위해 장애를 특별한 방식으로 이용했다. 기존의 드라마나 영화에서 장애는 인물의 모자람을 부각하여 웃음을 유발하거나, 극단적인 갈등을 자아내는 요소에 불과했다. 하지만 <굿 닥터>에서 장애는 역전을 일으키는 요인이다. 장애인이자 의사라는 주인공의 설정부터가 그렇다. 일반적으로 의사는 엘리트 계층인 반면 장애인은 사회적 약자로 여겨진다. 따라서 장애인으로만 보였던 시온이 의사 가운을 입는 순간 지위의 역전이 일어난다. 시청자는 평소 동정의 대상이었던 장애인을 '선생님'이라 부르며 진료를 받아야 하는 환자 입장에 이입하게 된다. 그래서 방영 초기에는 시온의 매력과 <굿 닥터>의 현실성을 의심하는 기사들이 쏟아졌다. 하지만 갈수록 상승하는 시청률은 역전적인 설정이 결국 시청자를 설득했음을 보여준다. 자폐증이 당혹감과 감동을 차례로 가져다주는 요소로 기능한 것이다.

이처럼 뒤집힌 설정에서 출발한 드라마는 전개 과정에서도 역전을 일으킨다. 시온의 장애는 그가 배척당하는 동시에 인정받게 되는 요인이다. 자폐 병력 때문에 그는 일반인과 다른 말투와 자세를 갖게 되었지만, 그것

때문에 천재적인 암기력을 얻었고, 환아와의 소통에서 다른 의사들을 압도할 수 있었다. 앞에서 밝힌 커뮤니케이터로서 그의 자질은 일상의 열등함을 소통 상황의 우월함으로 역전시킨다. 이것은 그가 주변 인물에게 인정받는 계기가 되고, 병원 내에서 그의 위치 변화로 이어진다.

작가의 완급 조절 능력도 <굿 닥터>가 시청자에게 메시지를 전달하는 데 기여했다. 박재범 작가는 갈등을 첨예화해 극단으로 몰고 가지 않았다. 그보다는 시온의 장애를 둘러싼 병원 내의 논쟁처럼 이미 존재하는 갈등을 있는 그대로 보여주는 방식을 택했다. 이 덕분에 시청자들은 파격적인 설정과 역전적인 전개를 무리 없이 받아들일 수 있었다. 박진감보다는 편안함을 추구하는 작법은 작가의 따뜻한 시선과 잘 어우러져 소통과 성장의 과정을 성공적으로 그려냈다. 시청자는 이 과정을 따라감으로써 <굿 닥터>라는 텍스트와 소통하고, 성장하며, 등장인물들이 성취한 사랑과 의학의 가치에 덧붙여 장애인과 비장애인의 조화라는 새로운 가치를 얻을 수 있었다.

가작

내가 누구인지 말할 수 있는 자는 누구인가

JTBC <히든싱어>

신명규

진짜와 가짜는 무엇이 다른가

진짜가 갖는 권위는 아이러니하게도 대개 가짜의 존재를 기반으로 한다. 가짜 없는 진짜는 '진짜'라는 말 자체가 무의미할뿐더러, 그 권위에 대한 의문마저 들게 한다. 그래서 모든 진짜는 필연적으로, 그리고 어쩌면 의도적으로 수많은 가짜들에 둘러싸여 있다. 예술 작품은 물론 대량생산이 가능한 (소위 '명품'이라고 불리는) 상품 역시 그러한 가짜들을 배경으로 진짜 특유의 후광을 자랑한다.

누구나 한 번쯤은 보았을 법한, 뉴스 자료 화면에 나오는 소위 '짝퉁' 명품들을 떠올려보라. 싸구려 비닐 포장지에 싸인 채 바닥으로 우수수 떨어지는 가방이며 지갑들. 기자가 카메라를 향해서 들어 보이는 상표는 진짜 명품과 조금도 다를 바 없지만, 하나하나 뜯어보면 금속제 지퍼는 어딘가 허술하고, 칼로 쭉 찢어서 보여주는 속살은 싸구려 본드가 덕지덕지 발라져 있다. 혀를 차며 시청자들은 생각한다. 저 따위 걸 누가 진짜라고 생각하겠어?

과연 그럴까. 만약 '짝퉁' 가방이 백화점 명품관 쇼윈도 속에서 은은한 조명을 받고 있다면, 반대로 진짜 명품이 길거리 리어카 위에서 팔리고 있다면 우리는 그것이 진짜 또는 가짜라는 판단을 자료 화면을 볼 때처럼 분명하게 할 수 있을까.

2007년 1월 12일 아침, 워싱턴 DC의 한 지하철역에서 행해진 실험에 의하면 그렇지 않다. 실험 이틀 전에도 전석 매진의 공연을 했던 세계적인 바이올리니스트 조슈아 벨(Joshua Bell)은 이날 아침 350만 달러짜리 바이올린으로 지하철역을 오가는 많은 사람들에게 약 45분간 연주를 들려주었다. 하지만 낡은 청바지와 허름한 티셔츠를 입은 그의 앞에 잠깐이라도 멈춰 서서 연주를 들은 사람은 단 여섯 명이었고, 그나마 대부분 어린아이였다. 세 살짜리 어린아이 하나는 한사코 그의 연주를 들으려고 했지만, 닦달하는 엄마의 손에 이끌려 몇 번이나 뒤를 돌아보며 자리를 떴다.

<히든싱어>는 바로 이 지점에서 시청자들에게 도전한다. 여러 명의 '모창 능력자'들과 뒤섞여서 노래를 부르는 진짜 가수를 찾아내야 하는 것이 프로그램의 과제다. 이는 마치 수많은 '짝퉁' 속에서 단 하나의 진짜를 찾아낼 수 있겠는가, 또는 지하철역에서 350만 달러의 가치를 지닌 명기(名器)로 연주하는 뛰어난 바이올리니스트를 찾아낼 수 있겠느냐는 질문과도 유사하게 들린다. 더욱 중요한 사실은 이러한 과제가 그동안 우리가 품어왔던 '진짜'와 '가짜'에 대한 편견에 본질적인 성찰의 기회를 던지고 있다는 점이다.

왜 'GEUSS'가 부끄러운가

가짜를 가리키는 어휘에는 대체로 조소(嘲笑)의 분위기가 묻어 있다. '사이비(似而非)'가 그렇고 '짝퉁'이 그렇다. 진짜는 아닌데 진짜처럼 보이려고 애쓴다는 투이다. 물론 그렇다고 진짜라고 착각하는 사람이 여럿 있는 것도 아니다. 누구나 가짜인 줄 아는 그런 가짜는 대체로 서글프다. 마치 영화 <건축학개론>에서 'GEUSS'라고 쓰인 가짜 티셔츠를 입고 뒷좌석에서 잠든 남자 주인공의 모습을 보는 것처럼.

돌이켜보면 지난날 방송에서 비춰진 모창의 모습이나 그것을 보는 시청자들의 태도도 그리 다를 것이 없었다. 진짜 가수의 이름 한 글자를, 그것도 모음만 살짝 바꿔서 예명으로 삼은 몇몇 모창 가수들은 대개 노래 실력보다는 원곡 가수의 외모와 흡사하게 보이기 위해 노력했고, 지나치리만큼 과장된 동작을 보이며 웃음을 유발했다. 모창 가수가 아닌 연예인이 다른 가수를 모창할 때에도 크게 다르지 않았다. 그러므로 그 과정에서의 느낌은 원곡 가수가 부른 노래를 들었을 때 느끼는 정서와는 거리가 멀었다. 패러디(parody)라면 몰라도 오마주(hommage)는 아니어서, 그들이 부른 노래에서 그저 흉내 낸다는 것 이상의 그 무엇인가를 찾기는 어려웠다. 바로 그것이 <히든싱어> 이전까지 접한 '흉내 내기'로서의 모창이고, 시청자들은 그 화면을 보며 잠깐 크게 웃을지언정 의미를 부여하지는 않았다. 어쩌면 방송사와 시청자 모두는 짐짓 잠든 척하며 겉옷으로 글자를 가려보다가 불쑥 말도 안 되는 핑계를 대며 차에서 내린 영화 속 주인공처럼 굴었던 건지도 모른다. 진짜 브랜드를 입는 선배에게는 당해낼 수 없다는 생각처럼, 모두가 그렇게 원곡 가수의 아우라(aura)에 압도당해 있었다. 그런데 어느 날 갑자기 나타난 <히든싱어>가 아무렇지도 않다는 듯 우리 모두에게

물었다. 왜 진짜만 떳떳하고 'GEUSS'는 부끄러운가?

대답하기에 앞서 먼저 짚고 넘어가자면 <히든싱어>의 포맷은 간단하다. 번호로만 표기된 방 안에서 원곡 가수와 다섯 명의 모창 능력자가 한 소절씩 번갈아가며 노래를 부른다. 원곡 가수를 잘 아는 연예인 패널들과 일반 방청객 100명으로 구성된 판정단은 1, 2, 3라운드를 거치며 '가장 원곡 가수 같지 않은 사람'에게 투표를 하고, 최다 득표자가 라운드마다 한 명씩 탈락한다. 세 명이 겨루는 마지막 4라운드에서는 '가장 원곡 가수 같은 사람'에게 투표를 하고, 최다 득표자가 우승하는 방식이다.

모창에 대한 기존의 상식이나 통념에 기반을 두고 생각한다면, 말이 되지 않는 게임이다. 그동안 우리가 방송에서 보던 모창은 '과장된 흉내'의 차원이었지, 결코 원곡 가수의 노래 실력이나 특유의 아우라에는 감히 미치지 못하는 것이었기 때문이다. 말하자면 'GEUSS'는 원단이나 바느질부터가 진짜와는 달랐다. 그러므로 글자가 다르지 않아도 누가 모르겠느냐, 가격 문제가 아니라 품질 자체가 떨어지는 옷을 입으니 부끄럽지 않겠느냐는 답변이 가능했다.

하지만 <히든싱어>는 그 구태의연한 대답에 고개를 저으며 선언한다. 당신이 생각하는 그 품질이나 아우라는 어쩌면 착각일지도 모른다고, 착각이 아니라면 잘 듣고 판단해보라고.

<히든싱어>의 '히든싱어'는 과연 누구인가

『기술복제시대의 예술작품』에서 발터 베냐민(Walter Benjamin)은 아우라의 붕괴 또는 위축을 언급한 바 있다. 아우라, 즉 예술 작품의 유일무이하고도 일회적인 현존성에서 비롯되는 고유한 후광은, 그것이 기술적으로 복제

가능하게 되면서 상당 부분 사라진다는 것이다. 그럼에도 그는 수용자의 주관적 경험에서 비롯된 아우라가 여전히 '분위기로서의 아우라'로 남아 있을 수 있다고 말했다. 오늘날 흔히 언급될뿐더러 앞서 <히든싱어>와 관련되어 제시된 아우라 역시 바로 이처럼 '고유하고 특징적인 일종의 분위기'를 뜻한다. 그런데 어떤 면에서 보면 이러한 '분위기 아우라'는 발터 베냐민의 아우라 위축론과는 달리 오늘날까지 진짜와 가짜를 구분하고 진짜를 숭배하게 만드는 기준으로서의 기능을 더욱 강화한 면이 있다.

예를 들어 과거에 가수란 매우 특수하고 선택받은 직업이어서, 아무나 무대에 서서 노래를 부르고 얼굴을 알릴 수 없었다. 그러나 인터넷을 비롯한 양방향 매체의 발달과 최근 각종 오디션 프로그램의 인기는 일반인과 가수의 경계를 몹시 모호하게 만들었으며, 그러한 경계는 이제 거의 해체된 것처럼 보인다. 그럼에도 오히려 대중에게 사랑받는 노래를 부른 원곡 가수는 이전보다 더한 인기를 누리고 각광을 받는다. 얼핏 모순된 것으로 보이는 이러한 상황은, 앞서 언급한 분위기 아우라의 존재와 위력을 증명한다. CD나 온라인 음원 등의 기술적 복제를 통해 일회성과 유일무이성이 훼손되며 이전과 같은 아우라는 사라졌지만, 대중이 그러한 음원을 다양한 방식으로 소유하고 경험하며 느끼는 원곡 가수의 분위기 아우라는 도리어 강해진 셈이다.

그뿐만 아니라 원곡을 나름의 방식으로 복제하여 재생산하는 새로운 가수의 존재는 기술 복제를 넘어서서, 아우라 그 자체의 복제에 따른 '분위기 아우라'의 확산 가능성을 제시하기도 한다. 예컨대 <슈퍼스타K 4> 우승자 로이 킴이 이문세의 「휘파람」이나 김광석의 「먼지가 되어」를 불렀을 때의 현상이 그러하다. 로이 킴은 분명 이문세나 김광석을 그대로 흉내 내어 노래를 부르지 않았지만 원곡이 전달하려던 정서나 원곡 가수 특유의 분위기에는 맞추었다. 요컨대 원곡 가수의 분위기 아우라에서 벗어나려는 시도는 없었고, 그럼으로써 원곡은 다시 한 번 세대를 초월한 관심을 끌어모을 수 있었다.

그렇다면 원곡(가수)의 '분위기 아우라'란 과연 확실한 실체를 가진 것인가. <히든싱어>의 출연자들이 외모가 아닌 노래와 목소리의 유사성으로만 평가받는다는 점을 기억한다면, 이 시점에서 바로 그 '유사'의 기준이 무엇인지를 되새겨볼 필요가 있다. <히든싱어>에 출연한 원곡 가수들은 종종 비슷한 위기 상황을 겪는다. 1, 2, 3라운드 중 한 라운드 이상에서 패널들과 방청객들이 본인이 아닌 다른 출연자를 '가장 원곡 가수 같은 사람'으로 믿는 것이다. 연예인 패널들은 갑론을박하며 본인의 주장을 합리화하는데, 근거는 대체로 노래 부를 때의 어떤 특징이나 특유의 목소리, 바이브레이션 등으로 원곡 가수를 가려낼 수 있다는 것이다. 하지만 막상 각각의 방 안에서 출연자들이 모습을 드러내면 패널들과 방청객들은 의외의 상황에 때론 경악하고 때론 환호한다. 가끔은 방금 전까지 자신이 주장한 내용 때문에 머쓱해지기도 한다. 그런 상황에서 원곡 가수와 MC는 이런 말을 주고받는다. "제가 들어도 저보다 더 저랑 비슷하네요" 또는 "CD랑 똑같은 건 오히려 저쪽인데요".

이제 답은 분명해진다. 공연보다 방송이 주가 되어버린(그러므로 동시다발적인 방송과 인기 가수의 살인적인 스케줄을 감안하면 좀 더 적합할 수밖에 없는 음원을 사용하는) 기술 복제 시대의 아우라는 결국 원곡 가수라는 주체에게 있는 것이 아니다. '표준화된 음원의 원곡'이라는 유령과도 같은 객체에게 붙어 있는 셈이다. 제아무리 원곡 가수일지라도 그러한 표준에서 벗어나는 순간 진짜가 아닌 가짜로 오해받는다.

내가 누구인지 말할 수 있는 자는 누구인가

<히든싱어>는 그 출발점부터 '듣는 음악'을 표방했다. 어디 한번 제대로 듣고서 판단해보라는 것인데, 프로그램의 포맷만 보면 판단의 대상은 원곡 가수와 모창 능력자의 대결처럼 보인다. <히든싱어>는 다섯 명의 모창 능력자와 한 명의 원곡 가수를 무대에 세운다. 모창 능력자들은 원곡 가수와 몹시 흡사한, 때로는 가수보다 원곡에 더 가까운 노래 솜씨를 뽐낸다. 그럴 때마다 패널, 방청객, 나아가 원곡 가수와 MC, 시청자는 모두 혼돈에 빠진다. 하지만 그것은 모창 능력자 다섯 명의 놀라운 노래 솜씨 때문만은 아니다.

앞서 제시했듯이 아우라의 기준이 어디에 있는가의 문제를 감안한다면 대결의 구도는 전혀 달라진다. 이 프로그램의 '진짜' 대결은 바로 우리 모두의 귀와 머릿속에 숨어 있는 보이지 않는 가수, 즉 '히든싱어'와 그들 여섯 출연자의 대결이다. 그리고 그 '히든싱어'는 다름 아닌 기술적 복제의 산물, 즉 음원이다. 원곡 가수의 노래를 복제하여 탄생했으면서 어느새 그 자체로 표준이 되어버린 음원과, 표준에서 때로 벗어날 수는 있지만 '진짜'임이 틀림없는 가수의 대결. 이는 '진짜 대 가짜'라는 표면상의 대결 아래 '진짜 대 진짜'라는 대결 구도가 숨어 있고, 바로 그 대결이야말로 이 프로그램이 존재하는 진정한 의미임을 짐작하게 한다. 표면적으로 <히든싱어>는 어느 쪽이 진짜이고 어느 쪽이 가짜인지 가려내라고 이야기하지만, 이 대결은 시청자 모두에게 묻는다. 과연 무엇이 진짜인가?

어느 쪽이 복제된 것인가를 생각하면 답은 자명하지만, 그럴수록 난감해지는 것 또한 사실이다. 마치 백화점 명품관의 화려한 쇼윈도에 진열된 '짝퉁'을 집어 들고 희희낙락했다거나 세계적인 바이올리니스트를 길거리

연주자라고 폄하한 느낌마저 드는 것이다.

불행인지 다행인지 <히든싱어> 시즌 1에서는 그 어떤 원곡 가수도 우승을 놓치지 않았다.[1] 하지만 그 과정은 그리 만만치 않았고, 몇 번이나 탈락의 고비를 넘나들기도 했다. 진짜와 가짜를 두고 벌이는 표면적인 대결을 몇 차례 보는 동안 시청자들은 모창 능력자들의 놀라운 노래 솜씨에 감탄하는 만큼, 적지 않은 혼란과 당혹감을 느꼈다. 때로는 프로그램에 출연한 연예인 패널들이 장난치며 이야기하듯이, 그저 원곡 가수가 변한 탓이라고 생각한 적도 있을 것이다. 그러나 이 프로그램은 회를 거듭할수록 글의 서두에서 언급한 가장 본질적인 질문에 대한 성찰의 기회를 제공하고 있다. 그러한 성찰은 어쩌면 시청자뿐만 아니라 <히든싱어>에서 자기 자신과 겨뤄야 하는 원곡 가수에게도 주어진 것인지 모른다.

시청자들은 주말 늦은 밤 TV 앞에서 자발적으로 'GEUSS' 상표를 붙인 뛰어난 실력의 모창 능력자들이 팬덤(fandom)에 기반을 둔 오마주 무대를 펼치는 것을 지켜보며 감탄하기도 하고 흐뭇해하기도 한다. <히든싱어>가 표방하는 '보는 음악에서 듣는 음악으로'의 이행 또는 확산은 어쩌면 당연한 제자리를 찾아가고 있다. 아울러 '가짜', 즉 모창에 대한 편견은 더는 설 곳이 없어졌다. 나아가 이것들만이 이 프로그램의 미덕은 아니라는 점에 <히든싱어>의 놀라운 가치가 숨어 있다. 그 가치는 자체가 기술 복제의 산물인 TV 프로그램에서는 좀처럼 찾기 힘든, 소중한 기회다.

<히든싱어> 덕분에 우리 모두는 비극의 주인공 리어 왕이 그랬듯이 깊이 고심하며 자신과 세상에 다시 한 번 묻게 된다. 내가 누구인지 말할 수 있는 자는 과연 누구인가.

---

1) 2013년 10월부터 방송된 시즌 2에서는 신승훈과 조성모가 연달아 탈락했다.

가작

독한 혀들이여, 그 무게를 견뎌라!

JTBC <썰戰-독한 혀들의 전쟁>

이한빛

'외외성'의 홈런

<썰戰-독한 혀들의 전쟁>(이하 <썰전>)은 예상치 못한 조합으로 가득 찬 의외성의 결정체다. 정치 토크 '하드코어 뉴스 깨기 썰전'(이하 뉴스)과 대중문화 토크 '하이퀄리티 미디어 비평 예능심판자'(이하 예능)를 묶었다. '각계각층 입담가'들의 '미디어 비평'이 기획 의도라는데 왜 시사와 대중문화인지 설명하지 않는다. 정치 토크 뒤에 섹션을 붙인다면 경제, 사건·사고, 스포츠, 날씨가 일반적이지 연예계 단신은 낯설다. 마치 <PD수첩>과 <연예가중계>가 한데 묶여 있는 모습이다. 디테일의 의외성은 더하다. 시청자는 토론 진행자로 손석희나 정관용, 박종진을 떠올린다. 그러나 '뉴스'의 진행자는 개그맨 김구라다. 진행자 오른편엔 강용석 변호사가 있다. 아나운서 성희롱, 개그맨 고소 등 막말과 논란의 중심이었던 전직 국회의원

이 보수 대표란다. 왼편엔 전형적인 야권 성향의 정치 평론가 이철희가 있다. 연구소장이란 직함을 가진 그나마 '일반적'인 출연자다. 예측할 수 없는 출연진은 '예능'에도 이어진다. 그들은 스스로를 물의 연예인(김구라), 비호감(강용석), 무존재감(이윤석), 떠돌이 아나운서(박지윤), 듣보(허지웅)라 규정한다. 문화 비평으로 검증된 전문가는 허지웅뿐, 그 외엔 심판단에 포함될 합당한 이유가 없다.

의외성은 언제나 대중의 흥미를 끈다. '반전 매력'류의 뉴스 제목이 포털 메인을 장식하는 건 의외성을 향한 대중의 관심을 반영한다. 물론 대부분의 의외성은 신기함에 그친다. 새로움을 매력으로 전환하지 못하는 것이다. 따라서 신선함을 무기로 삼는 연출자는 대박 아니면 쪽박의 도박을 벌이게 된다. 그런 점에서 <썰전>은 성공한 도박이다. 올해 2월 첫 방영된 <썰전>은 9개월간 40회 가까이 순연 중이다. 지난 7월에는 한국갤럽이 조사한 '한국인이 좋아하는 TV 프로그램' 순위에서 10위를 기록하기도 했다. 시청률은 2~3%로 저조하지만 각종 종편 및 케이블의 알짜배기 프로그램들은 시청률로 표시되지 않는 플랫폼에서 소비되곤 한다. 한국갤럽의 조사는 <썰전> 또한 이 대열에 합류했음을 증명한다. <썰전>의 출연진도 <썰전> 특수를 톡톡히 누리며 부정적 이미지를 털거나 새로운 프로그램에 진출하고 있다.

하지만 화려한 성공 이면엔 무수한 쟁점이 남아 있다. 유머로 정치를 논하는 것엔 '반(反)지성주의 조장'이라는 꼬리표가 달린다. 물의를 일으킨 공인들의 재도약이 혹자에겐 그저 '이미지 세탁'으로 보인다. JTBC가 종편이기에 원천적으로 백안시하는 사람도 적지 않다. 결국 <썰전>을 놓고 벌어지는 진지전(war of position)은 대부분 <썰전>의 '의외성'에 매력을 느낀 자와 당혹감을 느낀 자의 갈등이다. 참신함이 신드롬을 일으킬 때

당돌한 도전 정신을 극찬하거나 격식 파괴에 불편함을 호소하는 상반된 두 반응이 나오는 상황은 언제나 반복된다. 모험가들은 이 반복되는 '진지'에서 대중의 헤게모니(hegemony)를 장악하지 못하고 고사했다. <썰전>의 폭발력이 한국 정치, 문화 비평, 미디어 전반의 새로운 패러다임으로 이어지려면 '독한 혀들의 전쟁'이 진지에서 나와 기동전(war of manoeuvre)을 시작해야 한다.

'예능－시사 교양－보도' 삼각 구도의 해체가 만든 도약

세계인을 사로잡은 애플의 광고 카피 'Think different'는 문법상 옳지 않은 표현이다. 'Think difference'나 'Think differently'가 정확한 문장이다. Think 뒤에 형용사를 넣은 'Think different'는 미국 은어의 용례이며 미국인들이 일상적으로 사용하는 문장이다. 즉, 애플은 광고 효과를 극대화하려고 의도적으로 비문을 광고 카피에 넣은 것이다. 규범은 지루함을 낳는다. 그러면서도 우리는 규범을 함부로 무시하는 것에 두려움을 느낀다. 대중이 공인에게 강력한 도덕적 잣대를 가하는 모습에서 이 두려움은 단적으로 드러난다. 대중의 두려움이라는 잣대를 피하며 규범을 깨는 절묘한 '수'를 찾기 위해 모험가들은 분야를 막론하고 머리를 싸맨다. 방송계의 모험가 또한 마찬가지다.

<썰전>은 시사 교양 프로그램이다. 그러나 사실상 예능, 시사 교양, 보도의 성격이 혼재되어 있다. 애초에 <썰전>은 예능 프로그램으로 시작했다. '뉴스'든 '예능'이든 출연진의 웃음소리가 끊이질 않는다. 출연진의 대사에 맞춰 방청객 웃음소리 효과를 넣는 건 당연하다. 서로를 놀리고 구박하는 등 예능 요소가 다분하다. 그러면서도 '예능'의 엔딩 멘트이자

<썰전>의 엔딩 멘트는 "5,000만 대한민국 국민이 모두 대중문화 비평가가 되는 그날까지"이다. 방송을 통한 시민교육이란 시사 교양 프로그램의 역할을 표방하는 것이다. 20회를 전후해 아예 공식적으로 시사교양국으로 옮겼지만 <썰전>의 예능 코드는 유지되었다. 오히려 예능일 때가 국제정치 사례와 전문용어 설명을 담은 자막을 띄우는 등 교양 요소가 짙었다. 더하여 '뉴스'와 '예능', 두 코너엔 보도라는 공통점이 있다. '뉴스'에선 "한 주간 대한민국을 뒤게 만든 가장 핫한 뉴스만을 골라", '예능'에선 "대중문화의 모든 떡밥들을" 시청자에게 요약해 보도한다. 결국 <썰전>은 '예능' 코드로 굴러가며 '보도' 역할을 수행하는 '시사 교양' 프로그램이다. 강용석과 허지웅이란 전문가가 시사 이슈와 대중문화 이슈를 보도한다. 그러고는 다른 출연자와 토론을 전개하더니 갑자기 서로를 놀리며 박장대소한다. 그 뒤에는 퀴즈 미션을 수행하며 상대를 박으로 내리친다. 이러니 방송이 끝날 때까지 <썰전>의 성격을 규명하는 것은 도무지 불가능하다.

방송에서 부문 간 장벽을 허무는 통섭이 새로운 건 아니다. 2년 연속 홈런에 성공한 <응답하라> 시리즈는 예능 작가(이우정)와 PD(신원호)가 만든 드라마다. 예능 출신 작가는 <넝쿨째 굴러온 당신>(박지은), <너의 목소리가 들려>(박혜련), <주군의 태양>(홍정은·홍미란) 등 지상파에서 연일 대박을 치고 있다. 의사(<골든타임>, <메디컬탑팀>), 국선 변호사(<너의 목소리가 들려>), 사이버 수사 대원(<유령>) 등 주인공의 직업이 전문화되고, <추적자>처럼 시대극이 인기를 끌며 각종 전문 지식 및 시사 이슈가 드라마에 포함된다. <그것이 알고 싶다> 등 시사 교양 프로그램은 드라마보다 더 극적인 재연으로 시청자의 눈을 잡아끈다. 독도, 책 읽기, 문화재 등 이슈를 가지고 시민교육 및 사회 계도를 꾀하는 아이템은 나름 예능의 검증된 흥행 포맷이다. 작년 <힐링캠프>에는 유력한 대선 후보가 잇달아

출연하며 '정치의 예능화' 또는 '예능의 정치화' 논쟁이 일어나기도 했다.

<썰전>은 통섭을 정치와 대중문화란 소재에 적용하며 아예 방송의 부문적 특성 자체를 없애는 수를 두었다. 지금껏 장벽 허물기는 특정 부문이란 중심까지 놓지는 않았다. 그러나 <썰전>은 그것마저 과감히 해체하며 오직 자신만을 기준으로 삼았다. '예능－시사 교양－보도'의 요소는 <썰전>이란 축을 향해 블랙홀처럼 흡수됐다. <썰전>은 시사 토론과 대중문화 비평은 박사나 평론가가 시사 교양 프로그램에서 진지하게 다뤄야 한다는 문법, 유머·미션은 예능의 것이며 민감한 정치 이야기나 복잡한 분석은 빼야 한다는 상식, 보도는 전문 기자가 취재원에게 정보를 얻어내고 육하원칙에 맞춰 실어야 한다는 규범, 이러한 딱딱한 원칙이 만든 매너리즘을 해체했고 이러한 시도는 적중했다. 이는 정치 토크와 문화 비평의 수이며, 예능의 확대이고, 뉴스 보도의 새로운 지평이다. 현직 정치인이 출연하는 예능 <적과의 동침>이 기획되고 '뉴스'의 장면이 <JTBC 뉴스 9>의 증거 화면으로 사용되는 등 <썰전>의 성공은 이미 한국 방송계의 중요한 도약이 되었다.

B급 코드와 아마추어리즘의 경계

"대중의 코드에 맞춰서 A, B, C급으로 나눠진 거 아니냐. B급으로 칭해지는 부류들이 더 대중화가 된다면 A급이 될 수 있다." Mnet <와이드 연예뉴스>에서 그룹 크레용팝의 멤버 엘린이 한 말이다. B급을 수준에 따른 평가 등급으로 여기는, B에 대한 완전한 오해를 드러내고 있다. B급 코드는 저예산으로 단기간에 제작한 영화인 B급 영화에서 유래됐다. 투자자가 대규모 자본을 댄 A영역에선 투자자의 입김이 강하고 감독의 운신 폭이

좁다. 반면에 저예산으로 단기간에 제작되는 B급 영화의 감독은 상당한 자율성을 갖는다. 즉, B급은 저렴하고 거친 저예산 작품을 의미하며 대중의 반응으로 오르내리거나 예술적 평가로 부여받는 등급이 아니다. 싸이의 「강남스타일」 뮤직비디오는 화려한 스튜디오가 아닌 한강 둔치, 마구간, 지하철에서 촬영되었고 크레용팝은 번쩍이는 의상이 아닌 체육복과 교복을 입었다. 그리고 이를 일컬어 B급이라 한다. 한국에선 B의 의미가 잘못 쓰이는 경우가 많다. 진중권 교수가 심형래 감독의 <디 워>를 B급으로 정의하자 대중에게 "그러면 당신은 C급 교수"라고 비난받은 사례가 대표적이다. 이쯤 되면 B의 원의미를 주장하는 건 그저 '먹물'스러운 행동일지도 모른다. '먹물'(평론가)과 '까막눈'(대중)의 시선 차가 당연시되는 대중문화 영역의 특성을 고려하면 B의 어원은 그저 전문가 집단의 방언으로 볼 수도 있다.

그런데 B급 코드가 대세를 형성하면서 전문가 집단 내부에서도 B의 의미를 아마추어리즘과 혼동하기 시작했다. 전문적이지 못함을 B급이라 치장하는 문화 생산자들이 등장한 것이다. 대중의 'B=수준 낮은 작품' 등식과 전문가의 'B=아마추어' 등식은 동전의 양면이다. <썰전>은 이런 당당한 아마추어의 집합소다. '예능'의 출연진은 종종 그날의 토론 주제인 프로그램을 보지 않았으며 볼 생각이 없다고 밝힌다. 김구라는 tvN의 히트작 <나인>에 대한 비평 중 '나인'이 '상궁 나인'인 줄 알았다고 말한다. 이윤석은 SBS의 하이틴 드라마 <상속자들: 왕관을 쓰려는 자 그 무게를 견뎌라>가 주제로 언급되자, 그런 드라마는 낯 뜨거워서 볼 생각이 없다고 말한다. 논의 대상인 작품을 보지 않고 그저 사전 지식과 느낌으로 작품과 배우를 비평하거나 아예 입을 다문다. 대중문화 비평을 목표로 내건 프로그램 '심판단'이 스스로의 토크를 술자리의 TV 품평으로 전락시키는 순간이다. 기술적 측면에서도 아마추어적 요소는 두드러진다. '뉴스'에서 윤창중 사태를 다룰 때, 화면 왼쪽 상단엔 '윤창준 전 대변인'이란 자막이 떠 있었다. 2분 정도 지나 슬쩍 '윤창중 전 대변인'으로 오타가 수정되었으나 이미 '윤창준'이란 단어가 전국에 방영된 후였다. 구성에서도 상황은 다르지 않다. '예능'은 9회부터 토크 중간 심판단의 복장이 바뀐다. 주간 단신을 다루는 코너 특성상 한자리에서 녹화를 마치기는 쉽지 않다. 그러나 지난주 후반부 복장으로 이번 주 전반부가 진행되고, 이번 주 후반부 의상이 다음 주 전반부가 되는 시스템은 시청자가 어색함을 느끼기에 충분하다. <우리 결혼했어요>, <정글의 법칙> 등 리얼리티 프로그램과 <음악의 신>, <독고영재의 현장프로 스캔들> 등 페이크 다큐와 비교해볼 때 <썰전>의 아마추어리즘은 명징하다. 이들의 리얼에도 각본이 있음은 시청자도 출연진도 제작진도 모두 알고 있다. 그러나 누구도 각본을 공식적으로 인정하지 않는다. 올해 벌어진 <정글의 법칙> 리얼 논쟁은 병만족에게 속았다는 분노가 아닌 덮여 있어야 할 부분이 노출된 것에 대한 당혹감이 원인이었다. <썰전>은 <연예가중계>와 달리 녹화방송이다. 하지만 <썰전> 시청자가 매주 목요일 밤 11시에 <썰전>을 '만난다'는 건 변하지 않는다. 만나서 이야기 나누던 상대가 갑자기 다른 의상을 걸치고 별개의 주제를 꺼낼 때, 우리는 상대와 거리감을 느끼게 된다.

이런 아마추어리즘은 탄탄한 투자가 뒷받침되지 않아서 생긴 문제가 아니며 거칠고 저렴한 설정의 결과물은 더더욱 아니다. 그저 포맷을 고치고, 기술적 완성도를 높이고, 사전 조사에 시간을 쏟지 않아도 인기를 누리는 작금의 '왜곡된 B' 선호 흐름에 편승했을 뿐이다. 종편 출범 이후 종편을 향한 저질 방송 논란이 끊이질 않는다. 물론 비판 중 다수는 그저 지상파에서 다루지 않거나 금기시되는 주제를 꺼내든 것만으로 저질 낙인을 찍는다.

이는 방송의 저변을 넓히는 과정에서 겪는 필연적 진통이다. 하지만 질적 저하의 원인이 전문가적 노력의 부족이라면 상황은 달라진다. 아마추어적 특성들을 오히려 웃음 포인트로 활용한 <썰전>은 시청률과 인기를 얻었지만 한국 방송계의 발전을 한 계단 낮춘 셈이다. <썰전>은 지상파의 고루한 심의 규정 때문에 시도조차 못했던 정치 토크와 대중문화 비평의 패러다임 전환에 성공했다. 그러나 그간 나타난 아마추어적 요소와 단절하지 않는다면 <썰전> 자신의 성과는 물론이고, 종편과 케이블이 행한 방송계의 저변 확대 노력까지 저질로 낙인찍힐 것이다.

권력 의지: 권력을 작동시키는 최종 단계

마돈나 루이스 베로니카 치코네(Madonna Louise Veronica Ciccone)는 멕시코의 저항 화가 프리다 칼로(Frida Kahlo)의 <나의 탄생>을 소장했다. 당대의 비평가는 "그녀는 그저 신기한 그림 하나를 벽에 걸었을 뿐"이라며 비아냥댔다. 마돈나가 칼로의 저항 의식을 공유하지 않았지만 그간 주목받지 못한 칼로의 그림과 그녀의 모더니즘 비판은 재평가되었다. 이런 현상을 두고 경제학자 조지프 알로이스 슘페터(Joseph Alois Schumpeter)는 "특정 유형의 활동이 사회적 의미를 갖는다고 해서, 그 사회적 의미가 반드시 그 행위의 동기가 되는 것은 아니며", "사회적 의미에 대한 설명이 곧 행위 동기에 대한 설명이 될 수 없다"라고 분석한다.

<썰전>은 그 자신의 의도와 별개로 숙의 민주주의(deliberative democracy) 확대라는 사회적 의미를 창출하는 중이다. 대의 민주주의와 다수결 원칙의 기계적 숫자 계산이란 한계를 넘기 위해 기획된 숙의 민주주의는 위르겐 하버마스(Jürgen Habermas)의 공론장(offentlichkeit) 개념과 관련된다. 공론장

에서 시민들은 사회적 쟁점과 파생되는 의견들을 숙의하며 공적인 합의를 도출한다. 숙의 민주주의 핵심은 정보의 수평적 전파다. <썰전>에서 출연진은 정치와 대중문화 이슈를 분석하며 갖가지 정보를 내놓는다. 그간 소위 증권가 찌라시나 전문 잡지를 통해 소수의 마니아만 공유하던 정치, 기업, 연예, 방송가의 정보가 브라운관을 통해 전국으로 퍼지며 정보의 수평성이 확보된다. <나는 꼼수다>와 <뉴스타파> 또한 이들이 전달하는 정보가 숙의 민주주의의 기반을 확대하기에 대중의 찬사를 받았다. 그러나 폭로와 특종에 집중하던 여타 대안 언론과 달리 정기적으로 그 주의 이슈를 정리하는 <썰전>은 공론장 구성에 한 걸음 더 다가간 포맷이다. 동양 사태 피해자는 강용석과 <썰전>이 금융 마피아를 압박할 힘을 가졌다고 여겼다. <썰전>은 동양 사태를 분석해 권력 구도를 파헤친다. 이는 시민의 정보가 된다. 시민은 그 정보를 숙고해 피해자를 구제하고 가해자를 단죄하는 시민 권력을 작동시킨다. 그래서 그는 강용석에게 편지를 보냈다. 이것이 <썰전>이 창출한 숙의 민주주의다.

그러나 김구라는 "강용석 변호사는 아무 힘이 없어요"라며 피해자의 시도를 일축했다. '뉴스'에서 이철희와 강용석은 자신들의 정치 분석을 '상상극장'이라 부르며 의미를 격하시킨다. '예능'에서 허지웅이 <나인>과 <구암 허준>에 호불호를 드러낸 것을 그저 독설로 치부하고 '단팥빵 후원'의 농담으로 여기며 대중과 비평가의 시선 차란 간극을 평하지 않는다. 이렇듯 <썰전>은 숙의 민주주의와 공론장 형성이란 의지를 전면화하지 않는다. 물론 동기와 상관없이 의미가 창출될 수 있다. 그러나 의미가 권력으로 온전히 작동하기 위해선 행위자의 의지가 수반돼야 한다. 권력의 마지막 단계는 의지다. 2013년 한국에선 필연이었을 수도 있고 <썰전> 스스로가 배태한 패착일 수도 있다. <썰전>이 벌인 '독한 혀들의 전쟁'은 지엽적 요소에 묶여 자신들이 창출한 패러다임을 이끌지 못했다. 새로운 코드의 성공에 잇따른 비판과 논란은 <썰전>이 자신만의 방식대로 접근할 때 돌파할 수 있다. '시청자들이 세상을 바라보는 시각을 한층 업그레이드하겠다'는 기획 의도는 자신들의 썰(說)이 만들 효과를 무겁게 바라볼 때 실현 가능하다. 독한 혀들이여, 그 무게를 견뎌라!

가작

자아와 관계 돌아보기

MBC 예능 <아빠! 어디가?>

이진원

'자아와 관계 단절의 시대'에서 '소통'을 외치다

"인간은 사회적인 동물이다." 철학자 아리스토텔레스(Aristoteles)는 인간을 한마디로 정의했지만, 그로부터 2,000년이 지난 현대사회는 그의 말과는 정반대의 현실이 펼쳐지고 있다. 다수의 현대인이 열심히 일하며 사회적인 역할을 수행하고, 물질적 보상을 받고 있지만 마음 한편에는 그 무엇으로도 채울 수 없는 허기와 외로움을 느낀다고 호소한다. 우울증이 급증하고, 히키코모리(은둔형 외톨이)가 사회적 문제가 되는 것은 이를 방증한다.

바야흐로 '자아(自我)와 관계(關係) 단절의 시대'다. 이 시대에서는 자아를 돌아볼 여유조차 가질 수 없고, 친구와 가족 등 가장 가까운 사람들 간의 단절도 쉽게 찾아볼 수 있다. 이혼 가정의 급증, 1인 가구의 증가 등은 가족의 해체와 개인주의 관점에서 현대사회의 허와 실을 여실히 보여준다. 현대사회는 구성원들의 정신적인 사회안전망의 최전방에서 서성이며 제 역할을 해내지 못하고 있다고 해도 과언이 아니다.

이런 현실에서 MBC 예능 프로그램 <아빠! 어디가?>(이하 <아어가>)는 아빠와 아이의 소통과 관계 회복의 가능성을 보여준다. <아어가>의 기획 의도는 변화한 아빠와 아이의 관계 개선을 통한 성장 스토리를 담는 것이다. 하지만 이 프로그램이 가져온 효과는 단순히 아이의 성장 스토리를 보는 것에서 그치지 않았다. 회를 거듭할수록 아빠들의 각기 다른 육아 방식에 의해 아이들이 성장하는 만큼 아빠도 자아를 찾아가며 '함께' 성장하는 모습을 보여주었기 때문이다. 나아가 시청자들은 다섯 아빠의 육아 방식을 지켜보며 자신의 유년 시절을 떠올리고, 이 시대에 아빠로서의 역할과 현재 자신의 자녀 교육 방식까지도 돌아보게 되었다. 또 '관계 중심의 예능'이라는 새로운 트렌드를 이끌며, 그 역할을 톡톡히 수행하여 '소통'과 '관계'에 목마른 현대인들의 갈증을 해소해주었다.

아빠의 성장: 자아 돌아보기

<아어가>에 출연한 아빠들은 '자아 돌아보기' 과정을 통해 자신을 변화시키고, 부자 관계를 회복한다. <아어가> 첫 회에서 성동일은 아들 준이가 촬영을 하러 집에 온 제작진을 보고 놀라서 울자 "뚝 그치라"라며 아들을 호되게 꾸짖는다. 여행 간 곳에서 숙소를 찾아갈 때에도 다른 부자와 달리 멀찍이 떨어져 서먹한 공기를 풍기며 걷고 아침밥은 해줄 생각조차 하지 않는다. 그랬던 그가 <아어가>가 회를 거듭할수록 아들을 위해 아침을 준비하고, 자기 전에 "사랑해. 너는 아버지한테 할 말 없냐?"라며 다정한 말을 건넨다. 준이도 이제 아버지의 존재가 예전만큼 어렵게 느껴지

지는 않는다는 듯 장난 섞인 대화를 시도한다. 단독 인터뷰에서 성동일은 어린 시절 아버지의 존재를 모르고 자랐고, 아버지에게 교육받은 적이 없다고 한다. 그렇기에 아이가 떼쓰는 꼴을 용납하지 못하며, 그럴 때는 엄하게 훈육해야 한다고 말한다. 그가 아들을 엄하게 다루는 교육관을 갖게 된 데에는 유년 시절 아버지의 역할 부재와 그로 인한 양육의 어려움 때문이었다. 성동일은 <아어가>를 통해 자신의 유년 시절을 떠올리고, 준이의 아버지로서의 현재 역할을 돌아보는 데 성공했다. 시청자가 성동일이 '자아 돌아보기'를 통해 변화했음을 느끼는 만큼 그 스스로의 인생과 자녀 교육 향방에도 큰 지표가 되었음을, 대중은 그가 되지 않고도 오롯이 느낄 수 있다.

김성주 역시 단독 인터뷰에서는 아이의 눈높이에서 소통할 줄 아는 아빠가 롤 모델(role model)이라고 하지만, 여행을 떠나는 날 아들 민국이 아침밥을 잘 먹지 않자 "이제 여행 가면 밥은 없으니 알아서 해라"라며 엄격한 모습을 보인다. 또 하룻밤 묵을 집으로 가장 안 좋은 집에 걸리자 울며 떼를 쓰는 아들을 설득하기보다 "어떡하면 좋냐?"라며 망연자실하고, "바꿔줄 사람 없냐?"라며 사람들에게 되묻는다. 아들 민국이 한바탕 떼를 쓴 뒤 체념하자 그때서야 안정된 그가 말한다. "그래, 차라리 잘됐어. 민국이는 이때까지 한 번도 결핍이라는 게 없었거든. 엄마, 아빠가 원하는 건 다 해주고, 들어줬으니까. 민국이를 보면 내 어린 시절을 보는 것 같아." 김성주는 아들 민국을 보며 자신의 유년 시절을 떠올렸다. 아이를 낳고 키워본 사람이라면 누구나 한 번쯤은 했을 '자아 돌아보기'가 시청자에게 가감 없이 보인 순간이다.

아빠들의 '자아 돌아보기'는 친구 같은 아빠 윤민수도 예외가 아니었다. 그는 외동아들 후를 교육할 때에 아이의 눈높이에서 놀이 형식으로 가르치고, 아들의 의사를 최대한 반영하며 교육한다. 실제로 놀이 교육가나 대중으로부터 가장 이상적인 아버지라고 평가받지만, 후에게는 아버지(윤민수)에 대한 상처가 있다. 이는 <아어가>의 6회, 잠들기 전 후가 윤민수에게 했던 질문("아빠는 후를 싫어하지?")에서 드러난다. 후가 갓난아이였을 때, 윤민수는 음악 작업을 하느라 집에 거의 들어오지 못했고, 후의 육아를 도울 수 없었다고 한다. 이 이야기는 후가 "내가 빵 살(0세)이었을 때, 그 때 아빠 어디에서 잤어?"라는 말을 통해 직접적으로 전달되는데 윤민수는 그때서야 아버지로서의 자아를 돌아본다. 그 시절 자신의 부재 때문에 아들에게 사랑받는다는 느낌을 주지 못했다는 미안함과 죄책감에 그는 후에게 진심으로 사과하고, 후는 미안해하는 아빠를 보며 '과거는 잊으라. 우리에게는 새로운 미래가 있다'며 그를 다독인다. 이 장면을 본 시청자들은 다시금 가족의 소중함과 소통의 중요성을 깨닫는다.

일반적으로 부모와 자식의 관계를 다룬 프로그램은 부모가 아이의 양육자인 동시에 보호자로 등장해 '자신의 2세'임을 입증하는 과정을 그리기 바빴다. 그러나 <아어가>는 부모를 단순히 양육자의 입장으로 두는 것이 아니라 소통하는 가족 구성원으로 그렸다. 그래서 보호자인 부모도 아이를 양육하는 동시에 자신을 돌아보고, 부자가 '함께' 성장한다는 모습을 입증했다. 결국 교육이란 양방향의 소통에 의한 것임을 보여준다.

시청자의 '자아 돌아보기'

<아어가>의 선순환 효과는 바로 시청자가 극에 몰입해 자신과 관계에 관한 '자아 돌아보기'를 수행했다는 것에 있다. 많은 시청자가 <아어가>에 출연한 아빠와 아이를 보며 자신의 유년 시절을 떠올리고, 현재 또는 미래의

자녀 교육 방법에 대해서도 생각하는 계기가 되었다고 한다. 이는 <아어가>가 방송된 후 프렌디(friendy)라는 신조어가 주목받고, 다수의 자녀 교육 전문가들이 올바른 자녀 양육 방법론에 대한 예시로 <아어가>의 출연진을 드는 것을 통해 알 수 있다. <아어가>의 아빠들은 다음과 같이 세 가지 유형으로 분류된다.

① 엄격하고 권위적인 아빠(성동일, 김성주)

② 친구같이 편안한 아빠(윤민수, 이종혁)

③ 자식에게 한없이 관대한 '딸바보' 아빠(송종국)

미국의 심리학자 앨버트 밴두러(Albert Bandura)가 주창한 '사회학습이론'[1]대로 시청자들은 <아어가>에 등장하는 아빠들을 보며 역할 모델을 정하거나, 자신의 관계에 대입할 수 있었다. 아직 자녀를 두지 않은 사람들도 <아어가>에 나오는 세 가지 유형의 아버지상을 보며, 바람직한 아버지상이란 어떤 모습인가를 생각하고 나름의 정의를 내릴 수 있었다. 또 자신이 어떤 유형의 아버지 밑에서 어떤 아이와 비슷하게 자랐는지를 대입하는 방식으로 '자아 돌아보기'를 할 수 있었다.

이처럼 많은 시청자가 <아어가>를 보며 역할 모델을 정하고 자신의 유년 시절을 돌아볼 정도로 '몰입'했는데, 그 원인으로는 크게 두 가지를 꼽을 수 있다. 이는 <아어가>의 전신이 된 프로그램 EBS의 <아빠 놀아줘요>와 비교하면 더욱 분명하게 드러난다.

EBS <아빠 놀아줘요>는 자녀와의 관계 개선을 원하는 일반인 아버지가

---

1) 사람의 행동은 다른 사람의 행동이나 주어진 상황을 관찰하고 모방함으로써 이루어진다는 심리학 이론이다.

직접 신청하여 프로그램에 참여하는 방식이다. 아빠와 자녀는 1박 2일의 여행을 떠나고, 그곳에서 추억을 쌓는다. 아빠는 자녀를 위해 미션을 수행하고, 때로는 다른 아빠들과 경쟁해야 한다. 프로그램의 기획 의도와 상황 설정은 <아빠! 어디가?>와 동일하지만 목적과 진행 방식에는 차이가 있다. <아어가>의 목적이 오락적 요소가 중요시되는 '예능'에 있다면, <아빠 놀아줘요>는 교육 방송답게 '자녀의 육아와 교육 방식'에 초점이 있다. 또 진행 역시 <아빠 놀아줘요>는 모든 일정이 MC의 전체적인 진행하에 이뤄진다. 출연진이 유명 연예인(또는 스포츠 선수)이라는 것과 일반인이라는 점도 큰 차이이다.

시청자들이 극에 몰입하며 '자아를 돌아보기'에는 <아어가>가 훨씬 더 적합한 구성을 하고 있다. 현대의 대중은 연예인의 일상에 호기심을 갖고 있기 때문이다. 또 연예인의 삶과 자신의 삶을 동일시하고 싶어 하는 동경심도 가지고 있다. 그렇기에 스타들의 공항 패션이나 사생활은 연일 화제가 되며, 그들이 사석에서 입은 옷이나 가방, 소품들은 순식간에 완판(완전 판매)된다. <아어가>의 시청자 역시 우리 시대의 대중임을 감안할 때 시청자는 연예인의 삶에 호기심을 느끼며 관찰하고, 그들의 라이프 스타일에 충분히 동화하는 방식을 택하기 쉽다. 또 <아빠! 어디가?>는 <아빠 놀아줘요>와 달리 애초에 올바른 자녀 교육 방법을 그려보자는 기획 의도로 시작하지 않았다는 것도 몰입의 요소 중 하나이다. <아어가>는 그저 아들과 아빠의 관계 형성 과정에서 생겨나는 예능적 즐거움을 좇았을 뿐이다. 이는 제작진도 예측하지 못한 아이들의 순수함과 엉뚱함, 사랑스러움을 끌어내는 데 성공했고, 동시에 시청자를 저절로 몰입하게 만들었다. 덕분에 <일밤>은 지난 10년의 어두운 역사를 해소하며 동 시간대 시청률 1위를 기록했다.

'관계 돌아보기'－관계 중심, 관찰 예능의 선봉장

<아빠! 어디가?>가 공전의 히트를 치자 '관계'를 중심으로 하는 프로그램은 예능의 새로운 트렌드가 되었다. 이는 단순히 부모와 자식 관계를 넘어 고부와 장서(丈壻) 관계까지 확장(JTBC <대단한 시집>, SBS <자기야-백년손님>)되는 등 가족 관계를 다루는 프로그램은 물론이고 1인 가구 급증과 같은 가족 구조의 변화에 따라 관계의 단절과 외로움을 소재로 하는 프로그램(MBC <나 혼자 산다>)까지 생겨나게 했다.

관계 중심의 예능은 관계 관찰이 핵심이다. 관찰 예능의 특성상 사이클은 다소 짧을 수밖에 없어서 일상을 매번 새롭게 들여다보는 것은 한계가 있기 때문이다. <아어가> 역시 아빠와 아이가 함께하는 여행이라는 형식이 매회 반복되자 아빠와의 관계 회복은 더는 화두가 되지 못했다. 제작진은 시청자가 지루함을 느끼지 못하도록 미션을 강화하거나 출연진을 추가, 교체하는 형식으로 변화를 줬다. <아어가>의 형제 특집과 친구 특집은 친구와 형제간의 관계라는 새로운 관계를 투입해 기존 시청자들이 지속적으로 보게 하는 유인을 만들었다. 형제 특집과 친구 특집이 다른 회보다 높은 시청률을 보인 것은 시청자 역시 새로운 관계 들여다보기에 기꺼이 동참했음을 의미한다. 시청자의 '관계 돌아보기'에 대한 갈증은 또 다른 관찰 예능인 MBC의 <나 혼자 산다>를 통해서도 확인할 수 있다. <나 혼자 산다>의 기획 의도는 1인 가구의 증가에 따라 혼자 살아가는 싱글남의 일상을 보여주는 것이다. 그러나 지금은 출연자가 혼자 일상을 영위하는 장면보다 친구를 초대해 함께 노는 모습이나 싱글남끼리 삼삼오오 모여 캠핑을 가는 모습을 보여줌으로써 '관계를 맺는 것'에 초점을 맞추고 있다. 새로운 관계를 맺고 함께 소통하는 모습을 보고 싶어 하는 시청자의 요구에

따른 것이다.

소통과 관계에 목말라 있는 현대사회의 대중은 사람들의 관계를 들여다보길 원한다. TV를 통해 다른 사람들이 관계를 회복하고 외로움을 극복하는 과정을 보며 대리 만족을 느끼기 때문이다. 군중 속의 고독을 겪는 현대인들을 위해 <아빠! 어디가?>는 가족 관계부터 들여다보기를 택했다. 그러는 사이에 아이와 아빠는 함께 성장했고, 시청자들은 그 모습을 보며 자기 주변의 관계를 돌아봤다. <아빠! 어디가?>의 기획 의도와 그 효과가 더욱 값지게 느껴지는 이유다.

'길들임'의 과정과 성장의 목격

한때는 출연자들끼리 여행하는 과정을 보여주며 리얼 버라이어티로서의 예능적 재미를 추구하는 프로그램이 시청자의 눈을 사로잡았다. 그러나 리얼 버라이어티 프로그램을 즐겨본 사람에게 "어떤 장면이 당신의 가슴속에 남았느냐"라고 물어본다면 대다수 사람은 대략적인 상황만 기억할 뿐, 장면과 대사를 쉽게 떠올리진 못할 것이다. 이는 리얼 버라이어티 프로그램이 주로 주어진 상황 안에서 출연진끼리 농을 건네고, 그것을 받아치는 과정에서 오는 단편적인 웃음과 즐거움을 추구했기 때문이다. 그것은 순간적인 웃음을 선사할 수는 있지만 금세 휘발되는 말장난의 향유에 가까웠다. 반면 <아빠! 어디가?>는 '관계'에 초점을 맞춰 진지함을 더했다. 리얼 버라이어티라는 큰 얼개로 시청자들에게 익숙함을 부여하면서도 부모와 자식의 관계 개선이라는 큰 메시지를 중점적으로 그렸다. 소통에 목말랐던 대중은 그 과정을 관찰하며 아빠와 아이가 나눈 말들을 장면으로 기억하고, 둘의 관계가 변하는 모습을 보며 제 자식처럼 감동받았다.

올해 <아빠! 어디가?>는 아시아태평양방송연맹(ABU: Asia-Pacific Broadcasting Union)상 시상식에서 예능 프로그램 부문 최우수상(ABU상)을 수상하며 객관적으로도 좋은 프로그램이라는 평가를 받았다. 또 지난달 한국갤럽이 조사한 '한국인이 좋아하는 프로그램'에서 4위로 선정될 만큼 시청자들의 큰 사랑을 받았다. 더불어 SBS <자기야-백년손님>, KBS 2TV <맘마미아>, JTBC <유자식 상팔자> 등 '가족 관계'가 중심이 되는 유사 프로그램들을 쏟아냈으며, 리얼 버라이어티가 주류였던 판도를 관계 중심 예능으로 바꾸었다.

앙투안 드 생텍쥐페리(Antoine de Saint-Exupéry)의 『어린 왕자(Le Petit Prince)』에서 어린 왕자는 길들임을 통해 서로 '관계'를 만들고, 이를 통해 서로에게 세상에 단 하나뿐인 존재가 되는 것이 얼마나 소중한지 말한다. <아빠! 어디가?>는 '진정한 관계'에 목마른 현대인에게 직접 길들임의 과정을 보여주며, 시청자가 그 소중함을 목격하게 하고, 몰입하기 좋은 요소들을 버무려 실제 시청자의 '자아 돌아보기'까지 가능케 했다. 그러는 사이에 아빠도, 아이도, 시청자도 함께 성장했다.

가작

그래서 남자다, 그래도 남자다

<아빠! 어디가?>, <진짜 사나이>에 나타난 이중적 남성성

박동억

표류하는 '남성'들

남성들은 항상 사회의 주체로 인식됐다. 문학, 철학, 심리학 등 모든 학문 분야에서 남성은 주체의 자리에서 여성, 동물, 자연 등 모든 것을 타자화했다. 자크 라캉(Jacques Lacan)의 개념인 '상징적 팔루스(phallus)'가 지배하는 남근 우위의 사상이 서구뿐만 아니라 유교적 질서하의 동양에서도 강력하게 유지되었다. 그러나 현대사회에서 이러한 남성 중심주의는 비판받기 시작한다. 자크 데리다(Jacques Derrida), 줄리아 크리스테바(Julia Kristeva) 등은 지그문트 프로이트(Sigmund Freud)와 자크 라캉 등의 이론이 '남근 언어 중심주의(phallogocentrisme)'로 되어 있다는 사실을 문제 삼는다. 이후 모든 사회현상을 남성 중심으로 설명하는 주의에 대한 비판적 목소리가 거세졌다. 점진적으로 사회의 주체는 여성뿐만 아니라 인종, 성 정체성 등으로 다원화되었다. 그러자 역으로 '남성'이 무엇인가 하는 문제가 대두되었다. 이런 움직임에 따라 서구에서는 1990년대부터 '남성'이 젠더 담론의 영역으로 자리 잡기 시작했다. 중심이었던 '남성' 개념이 이제 다원화된 수많은 주체 중 하나가 되면서 지금까지 던지지 않았던 남성성에 대한 의문이 발생한 것이다. 한국의 경우 1990년대 중반 IMF 위기 이후 '아버지의 위기'를 기점으로 남성성에 대한 문제의식이 제기되었으며, 이후 남성에 대한 연구들이 나왔다. 하지만 남성성이란 개념은 정의되지 않은 채 표류하고 있다. 아직 제대로 사유되지 않은 '남성'에 대한 문제는 지금 시점에 더욱 관심을 받고 있다. 한국 사회에서 '남성연대'의 설립은 시사적이다. 남성들 스스로가 사회적으로 어떤 지점에 있는지 검증하기 시작했다는 증거이기 때문이다.

<아빠! 어디가?>와 <진짜 사나이>는 얼핏 보면 전혀 다른 내용처럼 보인다. 아이와 아빠의 여행과 연예인들이 군인이 되어 병영 생활을 체험하는 것은 전혀 다른 소재이다. 그러나 이 둘은 남성의 사회적인 역할을 공론화한다는 점에서 같은 주제를 다루고 있다. <아빠! 어디가?>는 아이와 교감하는 정서적인 아버지로서의 남성을, <진짜 사나이>는 사회적인 의무를 수행하는 주체로서의 남성을 그린다. 특히 한국 남성들에게 이 두 가지 문제는 최근 중요하게 떠오르고 있다. 전통 사회의 유교 질서하에서는 권위적이고 가부장적이며 자식들과 거리가 있는 아버지를 요구했다. 반면 <아빠! 어디가?>에서 보여주는 아버지의 모습은 핵가족화에 따른 새로운 아버지, 자상하고 친구 같은 아버지이다. 또 <진짜 사나이>는 한국 남성이라면 필연적으로 수행하는 군인으로서의 체험을 군 복무를 하지 않은 다른 사회 구성원에게 보여준다. 국방의 의무와 군 복무라는 중요한 사안이 문제시되는 현재 시점에서 남성들의 체험을 드러내는 것이다. 또 군대라는

특수한 집단, 상명하복의 원리에 의한 권위적인 집단 내의 남성도 살펴볼 수 있게 해준다. 두 프로그램은 남성들이 말로만 털어놓던 경험을 직접 보여준다는 면에서 남성들의 억눌린 정서를 표출하는 계기가 된다. 그보다 더 의미 있는 것은 그런 경험을 남성들의 전유물로 남겨두지 않고 모두 함께 고민할 수 있게 되었다는 점이다. 두 프로그램에 나오는 남성들을 통해 남성뿐만 아니라 모든 주체들이 '남성성'에 대해서 심도 있게 논의할 수 있는 계기가 되었다. 남성성이 변화하고 있는 현대사회에서 <일밤>은 시의적절한 프로그램을 설정했다고 평가할 수 있다.

아빠? 잔소리꾼? 친구?

올해 1월에 시작한 <아빠! 어디가?>는 방송된 지 1년이 되어가는데도 꾸준한 인기를 누리고 있다. 한국인이 좋아하는 프로그램 조사에서도 4위를 기록한 바 있다(11월 26일 기준, 한국갤럽 조사). <아빠! 어디가?>는 주말 예능의 대세인 리얼 버라이어티와 시청자의 눈길을 끄는 3B(beauty, beast, baby)의 한 축인 아이들을 등장시키는 장점을 합해놓았기에 프로그램 기획 당시부터 상당한 기대를 불러일으켰고 성공을 거두었다. 출연진 중 '빅스타'가 없는데도 성공을 거둔 것은 리얼 버라이어티의 자연스러움과 그 덕분에 더욱 부각되는 아이들의 힘이다. 아이들을 어떤 포맷 속에 가두지 않고 내버려둠으로써 아이다운 놀이, 아이다운 웃음과 말을 자연스럽게 이끌어냈고 이것이 성공 요인이 되었다. 엉뚱한 말실수나 아이다운 행동이야말로 성인들에게 어필하는 가장 큰 요소이다. 아이를 아이답게 두는 것, 이것이 <아빠! 어디가?>의 성공 요인이다.

그러나 자유분방한 아이들 뒤에는 그들이 편안하게 있도록 노력하는 아버지들이 있다. 아버지들은 아이들이 스스로를 불편한 존재가 아니라 친근하고 편안한 사람으로 여기게끔 노력한다. 그 방식이 바로 <아빠! 어디가?>의 기획 의도이자 '아버지와 자식의 소통'이다. 출연진은 각자의 방식으로 아이들과 소통하기 위해서 노력한다. 프로그램 초기에 윤후는 엄마를 보고 싶어 하며 눈물을 흘리지만 차츰 아버지 윤민수와의 여행을 기다릴 정도로 즐거워하는 모습을 보인다. 또 성동일은 아들 성준이 과묵한 것에 불편을 느꼈지만, 그 이유가 내성적인 성격 탓이 아니라 사려 깊음이라는 사실을 깨닫고 자식을 이해한다. 이런 극적인 소통의 결과만 있는 것은 아니다. 하지만 프로그램 속 아버지들은 모두 자식과 함께 여행을 떠나 밥을 먹고 웃고 노는 사이에 정서적인 소통을 시도하고 있다. 결국 <아빠! 어디가?>에서 드러나는 아버지의 모습은 '소통하는 아버지', '편안한 아버지'이다. 특히 윤민수나 이종혁 부자가 놀고 있는 모습은 아버지와 자식이라기보다 친구처럼 보일 정도다.

이런 모습에는 현대사회가 요구하는 아버지상이 비치고 있다. 현대에는 유교적인 가부장 사회의 권위적이고 가족의 중심이어야 하는 아버지는 쇠퇴하고 있다. 사회적으로 여성과 남성이 점차 평등해지고 소통과 교감 등 여성적이라고 치부되던 원리들이 사회 영역뿐만 아니라 남성성 안으로도 진입해오기 시작했다. 현대사회의 이상적인 아버지상은 자상한 남편이자 친구 같은 아버지이다. 마찬가지로 <아빠! 어디가?>의 남성들은 아이들을 훈계하고 억압하는 아버지가 아니다. 오히려 <아빠! 어디가?>에서 아버지들은 아이들에게 솔직한 이야기를 듣고 말하기를 바란다. 윤민수는 인터뷰에서 "아들이 나를 자는 사람으로 생각하기" 때문에 <아빠! 어디가?>에 출연하게 되었다고 고백했다. 그는 가수 생활로 아들과 함께 시간을 보내지 못한 아쉬움을 토로한 뒤에 아들과 대화할 시간이 필요했다는 것이다. 여기서 우리는 현대사회 아버지들의 전면에 대두하는 죄의식을 확인할 수 있다. 현대 남성들은 유교적 가부장제에서 보여주어야 할 '아버지의 모습'과는 또 다른 '소통하는 아버지'의 모습을 요구받는다. <아빠! 어디가?>는 출연진의 다양한 성격만큼 다양한 소통 방식을 보여준다. 그들은 잔소리꾼이거나 장난꾸러기 친구거나 아낌없이 사랑을 주는 누군가다. 그렇지만 그들은 권위적인 아버지로 남지는 않는다. 바로 소통하기 때문이다. 요리하고, 놀고, 잠드는 모든 시간 동안 그들은 계속 소통한다. 서로 마음을 터놓고 정서적으로 교감하는 행위, 언어를 넘어서 단지 함께 있는 시간을 지속함으로써 교감하는 지점까지. 어쩌면 <아빠! 어디가?>는 시청자들이 스스로를 돌아보고 자문하게 만든다. 나는 '소통하는 아버지'인가? 현대사회에서 요구되는 남성성의 변화가 여기에 드러난다.

리얼하지 않은, 진짜 남자

군대는 전시 상황이라는 비상시를 전제하며 작동한다. 특수한 위기 상황에 대비하기 위해 군대는 일정한 규율과 질서가 있다. 그건 상명하복의 질서, 절대적인 위계에 따른 질서이다. 나라의 특수한 상황 때문에 한국 남성들에게 군대란 필연적인 의무이자 문제 사안이다. 이 조직하에서 남성은 '강해지기'를 요구받는다. 이 강해짐이란 조직 내에서 완벽하게 임무를 수행하고 기능적으로 움직이는, 마치 기계의 수족처럼 어떤 육체적이고 정신적인 고통을 이겨내도록 견디는 힘이다. 그러나 군대를 직접 체험하는 대다수의 주체는 남성이고, 이 경험은 사회적으로는 단절된 것이었다. 올해 4월에 시작한 <진짜 사나이>는 그러한 군대를 리얼 버라이어티와 결합시킨 실험작으로서 남성으로만 한정되어 있던 경험을 드러낸다는 데 의의가 있다. 여기서 드러나는 남성성은 <정글의 법칙>의 야생적 남성성과는 전혀 다른, 사회적인 '강한' 주체로서의 남성이다. 위계질서로 복종할 수 있고 또 복종시킬 수 있어야 하는 남성, 전시 상황에서 즉각적으로 명령을 수행할 수 있는 남성의 모습이다.

그러나 과연 남성들의 모습은 '리얼'하게 묘사되고 있을까? <진짜 사나이> 제작진은 최대한 군대 경험을 살리려고 노력했다고 한다. 그를 위해 24시간 촬영 원칙을 세웠다. 즉, 화장실 가고, 샤워하고, 흡연하는 모습을 제외한 모든 일상을 공개했다. 제작진은 "가감 없는 2013년 대한민국의 군대 속살을 보여주고 싶다"라고 말하기도 했다. 하지만 방송의 특성상 편집은 당연한 일이며 특정 사건들이 기획하에 연출될 수밖에 없다는 점은 지적해야만 한다. 방송으로는 군대 사회의 어두운 면을 직접 드러낼 수 없다는 한계도 있다. 따라서 <진짜 사나이>의 기획 의도와는 별개로 방송에 드러나는 사실은 군대 생활의 표면일 수밖에 없다. 실제로 방송에 등장하는 일부 병사들이 후임에게 경어를 사용하거나 군 간부들이 훈련소보다도 저녁 점호에 충실한 부분 등은 방송을 의식하고 있음을 알려준다. 사실 <진짜 사나이>에서 묘사되는 '군인', 즉 어떤 남성성은 상당히 미화되어 있다. 좌충우돌하고 실수를 저지르면서도 결국은 서로를 보듬으며 나아가는 출연진의 모습은 일반화할 수 있는 것이 아니다. 그렇지만 군대에 대한 경험이 부족한 시청자들은 그것을 보편적인 군대의 모습으로 생각하게 된다. 군대를 낭만과 전우애가 가득 찬 곳으로 보고, 그 안에서 남성에게 가해지는 모든 가학 행위는 육체와 정신을 수련하는 의무로 당연시되는 것이다.

여기서 강한 남성에 대한 요구, 그런 남성의 희생이라는 측면을 당연하게 받아들인다. 희생의 긍정적인 측면만 비치고 어두운 면들은 감춰지는 것이다. 이것을 방송의 의도로 볼 수는 없을 것이다. 배우 류수영도 인터뷰 당시 "나조차 상명하복의 문화를 아름답다고 미화하고 싶은 생각은 전혀 없다"라며 우려를 표하기도 했다. 하지만 <진짜 사나이>를 무분별하게 수용하면 안 되는 것은 결국 이 프로그램 안에는 '보이지 않는 부분'이 존재하기 때문이다. 주목해야 하는 건 그 '보이지 않는 부분'들이다. <진짜 사나이>는 그것을 가려놓은 채 강한 남성성을 무조건적으로 미화해서는 안 된다. 강한 남성이라는 의무에 따르는 주체로서의 '남성'들에 대한 고민이 있어야 한다.

남자들의 외줄타기

이제 남성들의 과제는 그들이 가져야 하는 '남성'이 무엇인가 하는 고민으로 돌아간다. 남성들은 두 가지 남성성을 모두 요구받고 있다. <아빠! 어디가?>의 가정적이고 부드러운 남성과 <진짜 사나이>의 철두철미하고 강한 남성이 공존해야 하는 것이다. 사회적으로는 강인하고 철저한 강한 남자여야 하지만 가정 내에서는 자상하고 이해심이 깊은 남자, 두 프로그램은 결과적으로 현대사회의 이상적인 남성상을 양쪽에서 재현하고 있다. 그러나 자칫 이것은 남성들을 어떤 의무를 수행하는 존재로 몰아가는 합리화를 초래할 수 있다. 또 리얼 버라이어티라는 프로그램 이름에 가려 진정한 '리얼'을 인식하지 못할 수도 있다. 남성 주체가 겪어야 하는 경험은 사라지고 오로지 남성이 그렇게 되어야 한다는 당위만 남는 것이다. 극단적인 예로 2008년에 방영된 푸르덴셜 생명 광고를 들 수 있다. 가부장인 남성이 죽고 10억 원을 받은 아내가 아이들과 행복하게 사는 모습을 그린 이 광고는 네티즌의 거센 비판을 받고 방영이 중단되었다. 가족을 위한 희생이라는 남성성에 가려 남성 주체의 고통은 도외시했기 때문이다.

현대사회의 남자들은 위태로운 외줄타기를 하고 있다. 남성에 대한 고민은 없으면서 남성에 대한 의무는 당연하게 받아들인다. 가장 중요한 점은 어떤 '남자'가 되어야 하는 것이 아니다. 무엇을 해야 남자가 되고 '그래서' 남자가 되어야 한다는 도식적인 남성성이 아니다. 그건 이상화되어 있거나 관습화된 남성성에 대한 사회적인 도식이다. 일밤의 두 프로그램 <아빠! 어디가?>와 <진짜 사나이>는 남성의 문제를 최대한 드러내려고 노력한다는 점에 큰 의의가 있다. 그러나 두 프로그램에서 제시하는 모습이 어떤 이상화된 남성성이 되어서는 안 된다. 그것은 리얼 버라이어티라는 틀 안에서 유지하는 리얼리티를 훼손할 뿐만 아니라 시청자들을 새로운 중심주의(근본주의)의 언어에 빠트릴 수 있다. 두 프로그램은 단지 유효한 남성들의 체험을 공유해야 한다. 그래야만 의문시하지 않았던 남성 주체와 남성성을 사회가 공유하고 사유할 수 있는 토대를 제공할 것이다.

이젠, 자신과 대화하기

<아빠! 어디가?>와 <진짜 사나이>는 우리 모두의 곁에 있지만 멀리 있었던 경험들을 다룬다. 아버지와 자식 사이의 거리, 군 복무를 한 남성과 군대를 경험하지 못한 사람들의 거리. 그들은 우리 대다수의 곁에 함께 있지만 공감대를 확보하지 못한 타자로 거기에 놓여 있었다. 두 프로그램의 성공 요인은 그런 가까운 사람들의 낯선 경험을 생동감 있게 그려냈다는 점에 있다. 아버지와 자식이 어울리는 모습과 훈련받는 군인들이 그것을 이겨내는 모습에서 우리는 대리 체험과 만족감을 느낀다. 그리고 더 나아가 두 프로그램은 경험의 주체인 남성들에게 스스로를 타자화할 기회를 제공

한다. 남성의 역할, 남성성의 의미를 스스로에게 적용해보고 다시 한 번 비판적 거리를 두고 사유할 기회, 어쩌면 스스로와 대화할 수 있는 경험의 장이 열린 것이다.

<아빠! 어디가?>와 <진짜 사나이>라는 프로그램이 생겼다는 사실 자체가 우리에게 말해주고 있지 않은가? 남성에 관한 문제는 이제 사회 표면에 나타나고 있다. 다만 그것이 남자들에게 어떤 남자가 되기를 강요하는 장치가 되어서는 안 될 것이다. 단지 남성의 체험을 공감할 수 있도록 '리얼 버라이어티'의 본분에 충실하면 된다. 이제 필요한 것은 어떤 모습을 보여주더라도, 그래도 남자의 모습인 '경험의 소통'이다.

가작

세계화 시대 TV 매체의 고민, 우리 언어를 대하는 '확고한 철학'만이 희망이다

On Style <겟 잇 스타일>

정소영

오늘, TV 매체에 또 한 번 실망한다

마셜 매클루언(Marshall McLuhan)은 대중매체가 민주적 이상을 향한 훌륭한 도구라고 낙관했다. 하지만 권력을 감시해야 하는 언론이 부패했음을 몸소 느낀 오늘의 대중은 그의 낙관적 시각보다는 미셸 푸코(Michel Foucault)의 '판옵티콘'이 설명하는 비관적 시각에 훨씬 더 공감한다. 사실 매체를 통한 권력의 감시가 아니라도, 매체를 비관적으로 볼 이유는 많다. 특히 TV 매체는 대중이 가장 가깝고 쉽게 접근할 수 있다는 점에서 여러 문제를 일으킬 수 있는 매체로 인식된다. 오락적 기능에 치우쳤던 탄생 초기의 TV가 진화를 거듭해 '바보상자'를 탈피하고 고급 정보를 제공하는 교육적 기능의 역할을 톡톡히 하고 있다는 점에서 매체의 진화 속에 희망이 있는 것 같기는 하다. 하지만 사회 변화에 따른 새로운 문제들을 접할 때마다 우리는 TV 매체에 실망하기를 반복한다.

올해 10월 말 쯤, 무엇이든 흡수할 나이의 우리 아이들이 만화 속 캐릭터가 쓰는 영어는 멋지고, 같은 뜻의 우리말은 촌스럽다고 느낀다는 보도에 대중은 탄식을 쏟아냈다. 한 초등학교 3학년 아이는 '합체'라고 하면 폼이 안 나니까 '트랜스포메이션'이 더 나은 것 같다고 이야기한다. 이제 고작 여섯 살인 아이조차 '합체'는 약간 이상하고 영어가 멋지단다. 예능을 비롯한 각종 프로그램에서 영어를 과다하게 사용하는 점은 이제껏 지적해온 바다. 하지만 TV 매체가 유아 단계부터 뜻 모를 영어는 멋있고 한글은 촌스럽다는 인식을 부추기고 있다는 사실은 다시 한 번 TV 매체에 실망하게 만든다.

이런 '인식'의 문제를 가장 심각하게 드러내는 곳이 '패션 콘텐츠' 분야다. 영어 사용이 월등히 많지만 패션 문화 시장 자체가 외국을 기반으로 형성돼 있고, 주로 케이블 채널을 통해 방송된다는 점에서 애초에 '면죄부'를 받은 장르이기 때문이다.

최근 tvN의 <응답하라 1994>, <꽃보다 누나>, JTBC <마녀사냥> 등의 프로그램은 지상파와 맞먹는 시청률을 자랑하고 있다. 또 시청률 이상의 사회적·문화적 파급 효과는 이전과는 달라진 케이블 방송사의 위치와 프로그램의 영향력을 방증한다. 그 가운데 제작비는 낮고, 대중의 관심도는 높은 '패션 프로그램'은 케이블 방송사에서 줄줄이 성공적인 행보를 보이고 있다. 지상파 방송사인 SBS까지도 <패션왕 코리아>라는 프로그램으로 '패션 콘텐츠' 활용에 발 벗고 나섰다. 하지만 이들에게 계속 '면죄부'를 줘도 괜찮은 걸까?

On Style의 <겟 잇 스타일>은 패션 잡지를 영상으로 옮겨놓은 듯한 감각적인 연출과 알짜 구성으로 여타 패션 프로그램보다 '패션'이라는 콘텐츠를 성공적으로 TV로 옮겨놓았다. 그러나 <겟 잇 스타일>은 영어를 '세련되고 우월한 언어'로 인식하게끔 부추기는 방식이 가장 직접적이고도 세밀하다.

보이는 틀의 권유: 세련된 TV, 그 연출 전략 중심에 '영어'가 있다

장 클로드 카프만(Jean-Claude Kaufman)은 여자에게 가방은 또 다른 자아이자 삶이라는 퍼즐을 완성시키는 한 조각, 추억의 상자라고 말한다. 보릿고개 시절에는 씨알도 안 먹혔을 말인데 지금은 제법 대중의 공감을 얻는다. 이러한 사회의 흐름 속에 '세련됨'이란 '잘 다듬어져 있다' 또는 '모습 따위가 말쑥하고 품위가 있다'는 사전적 정의를 넘어, 문화적 정의는 영화 <악마는 프라다를 입는다>의 여주인공 앤 해서웨이의 변신이 의미하는 바에 가깝다.

<겟 잇 스타일>은 대중의 이러한 '패션에 대한 판타지'를 충족시키기 위해 다방면에서 노력을 기울인 '패션 전문 프로그램'이다. 패션을 소재로 하되, 서바이벌이라는 틀이 중심이었던 <프로젝트 런웨이 코리아>(이하 <프런코>)와 비교하면 지극히 '패션을 위한, 패션에 의한' 프로그램이다. 각 회마다 특정 품목을 선정해 국내외 패션 소식과 최신 경향을 분석하고, 스타일링 방법에서 브랜드와 가격까지 구체적인 정보를 제시한다. 브랜드나 주제별로 보는 패션의 역사, 디자이너나 모델 등 패션 종사자들의 인터뷰 등으로 구성된 이 프로그램은 한마디로 '읽고 보고 듣는 패션 잡지'다. 오드리 헵번이 사랑했던 블랙 드레스 이야기부터 세계적인 브랜드 가방의 시초까지 쉽게 들을 수 없었던 이야기를 하면서 패션이라는 콘텐츠를 참

세련되게, 똑소리 나게 담아놓았다.

<겟 잇 스타일>은 내용의 내적 구성 못지않게 패션 잡지를 영상화하기 위해 화려하고 감각적인 외적 특성도 살리려고 노력했다. 하지만 화려한 볼거리와 더불어 연출 전략의 중심에는 늘 영어가 있었다.

프로그램 도입부부터 '잘 디자인된 영어 문자'는 현대미술 전시에서나 볼 법한 색의 조합, 화려한 화면 효과와 어우러져 '눈'이라는 감각기관을 설득시키는 데 한몫한다. 프로그램 및 진행자의 이미지를 구축하는 데도 영어가 사용된다. '○○ 스타일을 겟하라'라는 프로그램 모토는 반복 사용되어 프로그램을 상징하는 문구로 역할을 톡톡히 하고 있고, 진행자들은 각각 자신을 스타일 아이콘(style icon), 스마트 소셜라이트(smart socialite), 패션 브레인(fashion brain), 트렌드 리더(trend reader)라고 소개한다.

휴가(vacance), 여름(summer), 역사(history), 선택(choice) 등 프로그램의 주제도 영어로 표현해주고 'I'm a very stylish girl'이라는 음성언어로 청각 효과를 주는 것도 잊지 않는다. 그리고 이 모든 것들은 자막을 통해 지속적으로 시각화된다. '영어를 중심으로 한 연출 전략'은 한 시간을 쉴 새 없이 채우는 화려한 볼거리와 어우러져 다른 어떤 판단을 할 찰나도 주지 않을 만큼 촘촘하다.

영어 사용의 과도함을 떠나서 패션 분야의 화려하고 세련된 외적 특성을 극대화하는 데 '영어'를 전략으로 사용한 것은 대중의 판타지를 반영한 문화적 정의 측면에서는 세련된 방식일지 몰라도 내적 구성에서는 세련되지 못한 방식이다.

편한 스키니 진을 입더라도 요즘 유행하는 코트를 걸치고, 빨간 클러치백 하나 들어 포인트를 주는 것은 오늘날 우리에게 결코 시시한 고민거리가 아니다. 옷을 입는 방식이 곧 나의 정체성을 표현하는 개개인의 철학이자

신념이 된 시대, TV 앞에 앉은 시청자들은 세련된 정체성을 표현하기 위해 고군분투하며 더불어 무시할 수 없는 권유를 받고 있다. 눈에 뻔히 보이는 연출적 측면의 틀이 쉴 틈 없이 영어에 대한 세련된 이미지를 내재화하도록 '권유'하고 있다면, 보이지 않는 틀의 '강요'는 더 무섭다.

보이지 않는 틀의 강요: 권력관계에 설득당하는 사람들

"한 감독이 생애 최고의 대본을 받았다. 한 남자는 오늘 첫 취업 소식을 들었다. 한 남자는 내일 꿈에도 그리던 드라마국으로 돌아간다. 그러나 이렇게 일이 주는 설렘이 한순간에 무너질 때가 있다. 바로 권력을 만났을 때다. 사랑도 예외는 아니다. 서로가 서로에게 강자이거나 약자가 될 때 사랑의 설렘은 물론 사랑마저 끝이 난다." KBS 드라마 <그들이 사는 세상>의 설렘과 권력의 상관관계 편에 나오는 내레이션이다. 일도, 사랑도 권력을 만났을 때 오롯이 순수했던 관계는 끝이 난다.

패션이라는 콘텐츠와 대중의 관계는 과연 순수할 수 있을까? 패션 전문 프로그램은 대중이 동경하는 화려한 패션 세계를 보여주고 대중의 판타지와 호기심을 충족시킨다. 이는 패션 전문 프로그램이 대중에게 다소 낯선 브랜드 이름과 대중의 구매력을 능가하는 가격 정보를 끊임없이 제공하고 있음에도, 매회 소개되는 정보를 놓치지 않으려 시청자들이 TV 앞에 앉는 이유일 것이다. 내 남자 친구, 내 남편이 될 수 없음에도 '오빠'를 외쳐대는 일명 '연예인 빠순이'의 마음이 이럴까? '연예인 우상화' 문화에 이어 '콘텐츠'도 '우상화'되는 사회다.

관계에서 콘텐츠부터 우위를 차지하고 있는 마당에 시청자들은 또 다른 권력관계를 맞닥뜨린다. 패션이라는 전문 분야를 소개하는 프로그램의 특성에 맞게 프로그램의 진행자들은 세계적인 모델이며 유명한 디자이너와 마케터 등 패션 분야 전문가이다. 이들과 우리의 관계는 어떨까?

로버트 치알디니(Robert Cialdini)는 그의 유명한 저서『설득의 심리학(Influence: science and practice)』에서 사람들을 설득하는 권위의 법칙을 설명하며 권위의 상징물들을 언급한다. 첫 번째 권위의 상징물은 바로 직함이다. 실제로 사람들은 사회적으로 존경을 받는 직함이 있는 이들을 볼 때 실제 키보다 더 크게 인식한다고 한다. 두 번째 권위의 상징물은 옷차림이다. 텍사스 주에서 행해진 실험에서 연구원은 연구 조교에게 길거리에서 옷차림을 다르게 하고 무단 횡단을 하라고 지시한다. 신사복 차림으로 무단 횡단을 했을 때 그를 뒤따른 보행자들의 수는 작업복 차림으로 무단 횡단을 했을 때보다 무려 3.5배가 많았다. 권위의 법칙에 의하면 사람들은 권위의 상징물을 가진 사람들을 더 우월하게 인식할 뿐 아니라 행동적인 측면에서도 그들에게 훨씬 쉽게 설득당한다는 것이다. 그것이 옳지 못한 행동일 경우에도 말이다.

프로그램 진행자들은 모델이나 디자이너라는 직함뿐 아니라 패션 전문가다운 세련된 옷차림까지 갖추고 있다. 시청자들은 그들의 직함과 옷차림에 의해 그들의 사고방식과 그들이 사용하는 언어까지도 우월하게 인식하고, 쉽게 받아들인다.

가령 잘 차려입은 패션 전문 진행자가 특정 상품을 소개하며 '컬러가 매니시해서 드레스 다운하는 데일리 웨어에 어울릴 것 같다', '드레스 업하면 애티튜드가 달라진다' 같은 언어를 사용한다면, 시청자들은 이것을 '더 세련된 언어 사용 방식'으로 인식할 것이다.

진행자들은 프로그램을 하는 동안, 리얼웨이룩, 포멀룩, 인포멀룩, 시그니처룩, 믹스매치, 글램패턴, 레트로 무드 같은 패션 콘텐츠 자체를 말하는 영어 표현부터 셀러브리티, 애티튜드, TPO(시간, 장소, 상황), dress-up, 넥클리스, 타임리스 아이템 같은 패션과 관련 있는 단어들, 그리고 웨어러블한, 이지한, 투머치한, 퍼스널한, 유니크한, 레드컬러의, 메탈릭한, 영해 보이는 등과 같은 형용사까지도 영어 표현을 고집한다.

영어 표현이 많긴 하지만 패션 분야의 특수성을 고려할 때, 단순히 영어를 많이 썼다는 것이 문제라면 공감하기 어려울 수도 있을 것이다. 하지만 의도를 했든 안 했든 진행자들은 그들이 사용하는 언어, 즉 영어가 좀 더 우월하고 세련되었다고 강요하는 꼴이다.

도전자 중심으로 패션이라는 콘텐츠를 풀어나간 <프런코>와 비교했을 때, 전문가들이 중심이 되어 정보를 제공하는 <겟 잇 스타일>은 권력관계가 훨씬 확고하다. 그나마 시즌 초반 1~5화에서 일반인 게스트와 소통을 시도했던 프로그램 구조가 개편 후 패션 잡지의 구성에 따라 한층 감각적으로 연출되고, 전문가 중심의 구조로 바뀌면서 권력관계는 더욱 견고해졌다.

피에르 부르디외(Pierre Bourdieu)는 『말의 의미(Ce que parler veut dire)』에서 지배 집단의 언어가 당연한 상식이 되면, 그에 대한 반대는 시대착오적이고 비이성적인 집단 이기주의로 낙인찍힌다고 한다. 패션 문화를 이끄는 집단의 언어가 당연한 상식이 되어버리면 이러한 우려조차도 시대착오적이라고 비판할지도 모르겠다.

TV 매체 '언어에 대한 확고한 철학'이 필요하다

영향력이 막강해지는 케이블 방송사나 패션 콘텐츠의 인기를 무시하더라도, 패션 프로그램에 덥석 면죄부를 줘도 되는지 모르겠다. 비단 <겟 잇 스타일>처럼 그 방식이 뚜렷하게 드러나는 프로그램이 아니라도, 다른 분야의 TV 프로그램들도 세계화 시대라는 또 다른 면죄부를 손에 쥔 채 그저 이해해달라고 말한다. 영어 열풍이 부는 사회를 따라 TV 매체는 시청자를 또다시 연출 전략으로 설득하고, 권력관계를 통해 영어를 강요한다.

프랑스는 자국어 보호 의지가 유별나기로 소문난 국가다. 1994년부터는 영어를 사용할 경우 반드시 프랑스어를 함께 표시하도록 규제하는 '투봉법(모국어 보호법)'을 시행하고 있다. 또 영어를 비롯해 외국에서 들어오는 각종 전문 용어를 프랑스어로 전환하는 작업도 꾸준히 하고 있다. 세계화 시대임에도 프랑스가 이렇게 확고한 정책을 펼칠 수 있는 이유는 '영어라는 거대 언어가 모국어를 위협해서는 안 된다'는 확고한 철학 덕분이다.

모국어와 영어의 공존 방법을 고민해야 하는 시대, TV 매체는 효과적인 영어 교육 방법을 고민하기 전에 모국어를 지켜내기 위해 어떤 고민을 했는가. 여섯 살 아이가 '우리말보다 영어가 멋지다'고 생각하도록 만든 오늘날, 대한민국의 TV 매체는 권력에 의해 조종당하는 매체만큼이나 비관적이다. 우리 언어가 우선하는 TV 매체의 '확고한 철학'만이 희망일 것이다.

독일 속담에 이런 말이 있다. 금이 아름답다는 것을 알게 될 때, 우리는 별이 아름답다는 것을 잊는다고.

가작

썰전, 2030세대의 공론장이 되다

금준경

정치와 예능을 결합한 하이브리드형 콘텐츠의 탄생

그간 시사 프로그램은 중년·장년층의 전유물로 여겼다. 정치 평론이나 정책 토론, 미디어 비평 등을 다룬 시사 프로그램이 젊은 층에게 인기를 끈 경우는 드물었다. 2030세대가 TV의 주 시청층이 아닐뿐더러 이들은 경성 콘텐츠보다 연성 콘텐츠를 선호하는 경향이 뚜렷한 까닭에서다. 이런 맥락에서 JTBC <썰전>의 등장은 이례적이다. 1부에서는 정치 평론, 2부에서는 미디어 비평이라는 콘텐츠를 담았지만 2030세대가 주 시청층이다. 인기도 높다. 평균 시청률은 2% 안팎이지만 유료인 다시 보기 판매 실적이 70만 건(7개월)에 이른다. 이 같은 젊은 층의 지지를 기반으로 여론조사 전문 기관인 한국갤럽이 매월 조사하는 '가장 좋아하는 프로그램'에서 2013년 7월, 9월, 10월 모두 10위에 오르기도 했다.

<썰전>은 기존 시사 프로그램의 통념을 깼다. 복잡한 정치 현안을

친근하고 쉽게 풀어낸 것이다. 방송 구성도 예능 요소를 적극 차용해 '시사 예능'이라는 새 장르를 만들어냈다. 이로써 재미와 의미, 두 마리 토끼를 다 잡았다는 세간의 평이다. <썰전>의 성공이 중요한 까닭은 비단 새 장르의 개척에만 있지 않다. 방송계에 새로운 흐름을 선도한다는 사실에 더 큰 의의가 있다. 과거 <무한도전>의 성공으로 '리얼 버라이어티' 장르가 우후죽순 생겨난 것처럼 말이다. 현재 <썰전>의 성공 이후 탄생한 시사와 예능을 접목한 방송은 JTBC <적과의 동침>, <현장박치기>, SBS <최후의 권력>, TV조선 <강적들>, tvN <쿨까당> 등이 있다.

<썰전>이 '시사 예능'이라는 방송 장르를 개척한 프로그램인 것은 사실이지만 그 기반에는 다양한 도전이 있었다. 기존에 성과를 낸 융합형 콘텐츠의 강점을 <썰전>이 차용했을 가능성이 크다. 팟캐스트 방송 <나는 꼼수다>는 정치에 예능 요소를 가미해 폭발적인 인기를 끌었다. 유머 소구를 가미해 지루함을 덜고, 형식적 토크의 틀을 벗고 솔직하고 거침없는 대담을 만들어냈기 때문이다. 실제 <나는 꼼수다>의 출연진이었던 정봉주 민주당 전 의원은 스타뉴스와의 인터뷰에서 <나는 꼼수다>의 성공 비결을 "무거운 시사 이야기를 가볍게 했기 때문"이라고 답하기도 했다. TV 방송에서는 <돌발영상>이 정치인들의 일거수일투족에 우스꽝스러운 음악과 익살 섞인 자막을 입혀 인기를 끌었다. 예능 프로그램에 시사적 요소를 가미한 경우도 있는데, <무한도전>이 대표적이다. 철거민, 여론 조작, 정리 해고, 방송 경쟁 과열, 독도 문제 등을 예능의 포맷으로 담아냈다. <SNL>의 '여의도 텔레토비'는 야권 단일화 과정, 안철수 열풍, 대선 TV 토론 등 대선 정국을 패러디하여 큰 반향을 일으켰다. <힐링캠프>에서는 안철수, 박근혜, 문재인이 연달아 출연하며 정치인의 예능 출연으로 시청률을 끌어올린 바 있다.

<썰전>은 앞선 프로그램의 성공을 바탕으로 새로운 틈새시장으로 부각된 시사 예능을 고정 편성한 첫 방송 프로그램이다. <힐링캠프>에서 물꼬를 튼 정치인의 출연을 고정 패널로 정착시켰다. 이야기를 풀어내는 방식은 <나는 꼼수다>의 격식 없는 난상 토크를 기반으로 하고, 군데군데 <돌발영상>에서 선보인 정치인 희화화적 요소가 가미되어 있다.

<썰전> 공론장을 열다

기본적인 포맷을 차용했지만 <나는 꼼수다>와 <썰전>은 결정적 차이가 있다. 바로 '공정성'이다. <나는 꼼수다>는 반한나라당(반새누리당) 성향의 패널들이 선보이는 시사 토크쇼다. 'MB 헌정 방송'이라는 모토 아래 해당 방송 내용이 편향적이라는 사실을 여과 없이 드러낸다. 지지자들이 원하는 발언, 상대 진영을 향한 돌직구 발언을 한다는 점에서 범야권 성향의 시청층을 열광시키는 구조다. 그러나 이러한 구성은 반대 성향의 유권자에게는 심한 거부감을 준다는 단점이 있다. 실제로 방송이 장기화될수록 이런 역효과는 청취율 저하로 이어졌다. 그뿐만 아니라 이는 하나의 사회적 현상이 되면서 '집단 극화'를 부추겨 건강한 토론 대신 진영 논리만 부각되는 폐단을 낳기도 했다.

반면 <썰전>은 두 가지 측면에서 공정성을 담보했다. 우선 진보와 보수 패널의 1 : 1 토론 방식으로 기계적 균형을 맞췄다. 새누리당 국회의원 출신인 강용석 변호사와 참여정부 행정관 출신 이철희 두문정치전략연구소 소장이 각각 보수와 진보를 대변한다. 흥미로운 사실은 두 인물이 양 진영을 대표하는 논객이 아니라는 점이다. 진보 진영에선 진중권 교수, 노회찬 전 의원, 유시민 전 장관 등이, 보수 진영에서는 변희재 대표, 조갑제 대표

등이 대표 논객으로 불린다. 여기서 두 번째 측면의 공정성이 담보된다. 특정 정치 이념의 이데올로그나 특정 정파 및 계파를 대변하는 인물을 배제한 것이다. 강용석 변호사는 국회의원 당시 친이나 친박으로 분류되는 인물이 아닐뿐더러 민정계와도 무관하다. 이철희 소장은 참여정부 때 공직 생활을 했으나 엄밀히 말해 친노는 아니다. NL(National Liberation)이나 PD (People's Democracy)와 같은 전통적인 진보 세력과도 거리가 있는 인물이다.

두 방면에서 공정성이 담보된 이철희와 강용석의 토론은 공론장 역할을 수행할 토대가 튼튼해진다. TV 토론과 비교해볼 때 이런 특성은 더욱 부각된다. TV 토론에서는 진보와 보수를 대표하는 논객의 견해 차이가 좁혀지는 경우가 거의 없다. 되레 극단적 주장과 고성으로 끝나기 십상이다. <100분 토론>이 최근 개편으로 중립적 토론을 지향하는 데도 실상은 크게 달라지지 않았다. 이는 특정 정파나 이념과 이해관계가 맞닿은 인물을 중심으로 한 섭외 구조가 문제다. 논객들은 토론을 양보가 전제된 합의가 아닌 지지 호소의 장으로만 활용하기 때문이다. 그러나 <썰전>의 토론은 이와 다르다. 항상 견해차가 좁혀지는 것은 아니지만 유의미한 결과를 낳을 때가 많다. 노무현 전 대통령의 NLL 포기 발언이 논란이 되었을 때 강용석 의원이 "NLL 대화록 전문을 본 결과 노무현 전 대통령의 발언이 포기라고 해석하긴 어렵다"라고 밝히며 서상기, 정문헌 의원이 사퇴해야 한다고 말해서 논란이 된 적이 있다. 이는 정파적 가치관을 벗어난 인물을 섭외했기에 가능한 결과다.

2030세대를 위한 맞춤형 공론장

<썰전>의 매력은 공론장 형성에만 있지 않다. 정치에 무관심한 2030세

대에 특화된 '2030형 공론장'으로 정치의 진입 장벽을 낮춘 이유에서다. 첫째, <썰전>은 쉽다. 강용석 변호사와 이철희 소장은 복잡한 정치 현안을 최대한 쉽게 설명하려고 애쓴다. 추경예산, 국정감사 등 시사용어가 나올 때는 관련 해설이 자막으로 등장한다. 예컨대 추경예산 이야기가 나올 때는 '예산이 성립한 이후에 생긴 부득이한 사유로 인해 이미 성립된 예산에 변경을 가하는 예산을 지칭한다'는 해설이 따라 나오는 식이다. 그뿐만 아니라 MC 김구라는 정치 비전문가로 시청자의 입장에서 적절한 타이밍에 질문을 던진다. 대체로 질문이 황당한 편이지만 시청자 입장에선 궁금해할 법한 내용이다. 당 대표와 원내 대표의 역할에 대해 논의가 오가는 찰나에 김구라가 묻는다. "근데 원내 대표와 당 대표가 뭐가 달라요?"

<썰전>이 형성하는 공론장의 두 번째 매력은 유머 소구를 활용해 재미를 준다는 점이다. 기존 시사 프로그램과 달리 MC 김구라와 두 패널이 중간중간 농담을 하거나 말꼬리를 잡아 재미를 준다. 또 편집 과정에서 유머 소구를 활용한 상황을 부각시키기도 한다. <무한도전>에서 선보였던 1인칭 시점의 자막이 등장하거나, MC 김구라가 정치인을 특정 연예인에 비유하면 합성사진을 띄우거나 두 명의 사진을 전면에 배치하는 것이다. 막바지에 '위클리 포토제닉' 코너를 배치하여 다소 가벼운 정치 이야기를 한다. 또 '민심 댓글 퀴즈'는 그 자체가 오락적 요소로 패자가 '박'을 맞는 예능의 오랜 재미 요소를 그대로 활용했다.

왜곡된 공론장이 될 한계 배제 못해

이처럼 <썰전>은 복잡한 정치 현안을 중점적으로 다루면서도 예능적 요소를 융합하여 정치를 재미있고 쉽게 풀어내 젊은 층에게 큰 인기를 끌고 있다. 그러나 <썰전>식 정치 평론은 정치 현안과 정치를 지나치게 연성화한다는 점에서 문제가 발생하기도 한다. 강기정 의원 폭행 사건 논란을 두고 '누가 선빵을 날렸나'라는 자극적인 제목을 띄우는가 하면 사안의 본질보다는 물리적 다툼 자체에 대한 설명에만 치중해 본질과 멀어지는 식이다. 쉽게 설명하는 것은 좋지만 지나치게 흥미 위주로 흘러갈 우려가 있다.

강용석 변호사와 이철희 소장이 진보와 보수를 대표하는 상황도 문제를 일으킨다. 앞서 설명한 대로 두 인물은 양 진영의 간판급 논객이라 하기 힘들다. 그렇다 보니 대표성을 갖지 못하는 경우가 발생하곤 한다. 현실보다 과잉 대표하는 측면이 생기는 것이다. 실제로 통합진보당 같은 진보 진영에서는 민주당을 리버럴(자유주의)이라 하여 진보가 아닌 보수로 분류하는 경향이 있다. 진보 성향 유권자에게는 이철희 소장이 진보를 대표해 발언하는 점이 불편할 것이다.

이처럼 지나친 연성화와 과잉 대표 경향은 <썰전>이 안고 있는 문제다. 그러나 이를 한계로 치부하기엔 이르다. 한국형 리얼 버라이어티의 시초인 <무한도전>이 초기 <무모한 도전>부터 많은 시행착오를 겪으며 시청자의 사랑을 받게 된 선례가 있기 때문이다. 상대적으로 정치에 무관심한 2030세대 입맛에 맞춰 제작된 <썰전>이 정치에 대한 진입 장벽을 낮춘 것은 부정할 수 없다. 정치 대중화에 앞장선 <썰전>이 순기능을 키우고 역기능을 제거하는 쪽으로 가닥을 잡을 수 있도록 시청자의 관심이 중요한 시점이다.

입선

<나 혼자 산다> 파헤치기

MBC 예능 <나 혼자 산다>

이도희

<나 혼자 산다>의 탄생

최근 예능 방송은 대본이나 행동 양식이 정해지지 않은 '리얼 예능'에서 상황만 던져주고 연예인의 일거수일투족을 관찰하는 '관찰 예능'으로 트렌드 변화가 일어났다. 관찰 예능은 연예인들이 카메라를 의식하지 않고 행동하기 때문에 과장된 행동이나 공식화된 틀 안에서 웃음이 발생하지 않고, 일상생활의 사소한 사건이 웃음의 소재가 된다. 이 웃음은 소박하고 친숙하게 받아들이기 때문에 모든 사람이 이에 공감하며 동참할 수 있다. 가령 식사를 하던 중 예상치 못한 방향으로 밥알이 튀거나, 어른이 시킨 심부름을 어리바리하게 해내는 아이들을 보며 '엄마 미소'를 짓는 것을 예로 들 수 있다. 또 구체적인 대본이 없기 때문에 행동반경이 자유롭고, 어디로 튈지 모르는 '자유로움'이 내재되어 있다. 그들이 가는 곳이 무대가 되고, 그들이 하는 말이 곧 대본이 된다. 시청자들은 억지스러운 연출에 눈살을 찌푸릴 필요도, 웃음을 위해 예측 가능한 줄거리가 전개될 지루함을 견딜 필요도 없게 되었다. 연예인들의 일상을 공유하는 점도 관찰 예능의 큰 특징인데, 이를 통해 '연예인의 삶'이 아닌 '인간의 삶'을 보며 그들의 인간적인 면모를 느끼고 애정이 생길 수 있다.

이 같은 트렌드를 읽듯 '관찰 예능'을 표방한 많은 프로그램이 우후죽순 생겨서 방송의 거대한 물줄기가 되었다. 대표적으로 1인 가구 453만 시대라는 사회적 흐름을 타고 당당한 1인 가구 싱글 라이프를 외치며 사회적 공감대 형성을 꾀한 MBC <나 혼자 산다>를 예로 들 수 있다. <나 혼자 산다>는 혼자 사는 남자를 대상으로 그들의 인간관계, 취미, 심지어는 집 안의 청소 상태와 음식 솜씨, 경제적 형편까지 여과 없이 보여준다. 이는 방송 이외에 연예인의 일상생활을 공유하는 느낌을 불러일으켜 시청자들에게 큰 호응을 받았다.

'혼자'에 대하여

사회에서 우리는 누군가의 동료이자 선후배이며 자식이자 부모이고, 스승이면서 제자인 복잡한 관계 속에 얽혀 있다. 하지만 누군가에 맞는 역할을 규정하고, 이를 수행하기 위해 살다 보면 스스로의 의미에 대한 본질적인 질문과 함께 인생의 씁쓸함을 생각해본 경험이 있을 것이다. SNS와 사회 통신망의 발달로 다른 사람의 근황을 시시때때로 접할 수 있어 타인에 대한 정보와 관심은 늘어난 반면, 정작 스스로에게는 무관심으로 홀대하는 경우가 많아졌다. 하지만 나로 인한 외로움을 달래기 위해 혼자만의 시간을 갖고 사색에 빠져 있으면 사회생활에 문제가 있거나 지나치게 내성적인 사람으로 취급받는 역설적인 현상이 생기기도 한다.

작가 조 루이스(Joe Lewis)는 이렇게 말했다. "인생은 단 한 번이다. 하지만 제대로 산다면야 한 번으로도 충분하다." 다른 사람에게 휘둘리지 않고 스스로를 찾아가는 과정이 어쩌면 제대로 사는 인생이 아닐까? 자신도 몰랐던 '내' 모습을 발견하고, 타인과의 관계에서도 변하지 않는 자신에 대한 믿음과 가치, 신념을 만들어야 한다. 즉, 수많은 '우리' 속에서도 변하지 않는 '나'의 모습을 발견하여 타인을 위한 삶이 아닌 타인과 함께하는 삶을 만들기 위해 노력해야 한다. 그래야 인생을 진정 즐길 수 있을 것이다.

이런 기대 속에서 대중의 사랑을 받는 연예인이 혼자 있을 때의 삶의 방식을 함께하고, 가장 '나다움'을 찾는 과정을 관찰하는 것은 매우 흥미로운 일이다. 그들이 갖고 있는 혼자만의 즐거움을 공유하고, 바람직한 방법은 자신의 삶으로 가져와 실천하고 자기 방식으로 재구성할 수 있다.

가족의 해체

현재 가족의 모습은 태초의 것일까? 과거 대가족을 살펴보면, 처음부터 지금과 같은 가족의 모습이 정착되었다고 할 수 없을 것이다. 현재는 핵가족을 넘어서 기러기 아빠, 다문화 가정, 1인 가구 등 사회상에 따라 하나로 수렴되지 않는 다양한 모습이 있다. 가족은 사회적 결과물로 가족에 포함되어 있고, 기념일이나 명절을 함께 보내며 일상생활을 공유한다는 생각을 통해 구성되고 있다고 할 수 있다. 오랜 시간 떨어져 있다가 만난 가족과는 어색함을 느낄 수 있으며, 가족과 함께 있어도 외로울 수 있다. 즉, 가족은 본질적으로 존재하는 것이 아니라 삶의 풍파를 함께 겪으며 동질감을 확립하는 과정을 통해 구성되는 것이다.

하지만 요즘에는 최후의 사적 복지이자 외로움을 기댈 수 있는 가족이 해체되고 있다. 경제적 여유가 생기면서 외국으로 자녀를 유학시키는 기러기 아빠가 등장했다. 또 여성의 사회 진출이 활발해지면서 결혼 시기가 늦춰지고, 개성이 중요해지면서 혼자 사는 것을 지향하는 젊은 층이 늘어났다. 가족이 해체되면서 가족을 대신할 수 있는 상상적 가족이 출현했다. 이는 주로 미디어를 통해 연예인과 희로애락을 함께하며, 연예인으로 가족을 대신할 상상적 가족을 재구성하게 된다.

<나 혼자 산다>는 상상적 가족을 재구성할 수 있는 빌미를 제공한다. 생활의 흐름을 함께하면서 마치 텔레비전 속에 나오는 연예인을 잘 아는 것 같은 착각을 불러일으킨다. 함께 고민을 공유할 수도 있고, 이질적으로 느껴졌던 연예인이라는 존재에 동질감을 느낄 수도 있다. <나 혼자 산다>의 인기는 현대사회의 외로움을 함께하고, 이와 같은 외로움이 비단 혼자만 느끼는 것이 아니라는 위안과 안심을 주는 데 있을 수도 있다.

남자 혼자 산다

'관찰 예능'이라는 새로운 상승 곡선과 함께 주목받고 있는 트렌드로 '남성'을 꼽을 수 있다. MBC <나 혼자 산다>, <아빠! 어디가?>, <진짜 사나이> 등 다수의 프로그램이 남성을 중심으로 방영되고 있다. 관찰 예능이 연예인의 사생활을 적나라하게 노출시키고, 카메라를 의식하지 않는 자연스러운 모습을 보여준다는 점에서 여자 연예인에게 관찰 예능은 그다지 매력적으로 보이지 않는다. 잠에서 깰 당시의 부스스한 머리카락과 화장하지 않은 맨얼굴로 땀 흘리며 카메라 앞에 선 모습은 여자 연예인이 중시하는 신비로운 이미지를 깨버리기에 충분하다. KBS 예능국 정희섭

CP는 여자 출연자들이 아무래도 민낯을 공개하는 등 리얼한 모습을 보여주기에 한계가 있어 제작진이 남자 중심의 프로그램을 선호하기도 한다고 말했다. 생활의 자연스러운 모습을 보여줘야 하는 관찰 예능에서 여성의 한계이다. 물론 프로그램을 통해 털털하고 소박한 모습으로 재조명되고 대중의 호감을 얻은 여자 연예인을 찾아볼 수 있다. 하지만 그 수는 남성에 비해 극히 드물며, 여성으로서 하기 힘든 노출을 했다는 대중의 새로움이 결합되어 있다고 생각할 수 있다.

그렇다면 관찰 예능은 남성의 독점물일까? 우리는 여기서 남성이라는 정의에 대해 의문을 가질 수 있다. 누가 남성인가? 성은 태어나는 순간 결정되는가? 남성과 여성의 정의는 단순히 생식기나 염색체의 차이가 아니라 문화적으로 결정된다는 결정론에 따르면, 인간의 성을 남성과 여성이라는 이분법으로 나눈다는 것 자체가 모순임을 발견할 수 있다. 다양한 문화적 정의로 세분화된 성들이 출현함에 따라, 남성과 여성 사이에 무수히 많은 스펙트럼이 존재하게 된다.

즉, 현대사회에서 고착화된 이분법적 성에 대한 개념 대신 문화적으로 할당된 성적 역할을 수행할 수 있는 젠더가 출현하면서 다양한 사회 구성원이 미디어를 통해 드러날 필요성이 대두되었다. 미디어는 시청자들에게 남성과 여성에게 주어진 전통적 편견에 맞서 다채로운 삶의 모습을 전달해 줄 매개체가 되어야 한다. 따라서 관찰 예능의 주체를 남성으로 한정하기보다는 주체를 확산시켜야 한다.

감정 노동의 상품화

<나 혼자 산다>에서는 연예인의 방송 외적인 생활이 방송을 통해 전파

되는 아이러니가 존재한다. 연예인의 새로운 모습을 발견할 수 있다는 점에서는 흥미롭지만, 그들의 고유한 권리인 사생활마저 시청자에게 전달되는 점을 생각해보면 자본주의적 가치가 개인의 생활마저 위협하고 있다는 생각이 든다.

최근 방송에 연예인의 사적 영역이 빈번하게 노출되고 있다. 하지만 방송사는 일상생활을 상품화하면서 공적인 책임은 피하며, 모든 것은 개인의 선택에 달려 있다는 방관적인 태도를 취하고 있다. 방송이라는 공적 영역과 개인의 생활이라는 사적 영역의 구분이 약화되고, 인간 본연의 열정이나 에너지까지 상품화되어 평가받는 경향은 경쟁 지향적이고 자본주의적인 사회의 분위기와 맞물려 돌아감을 알 수 있다.

공과 사의 경계에서 아슬아슬한 줄다리기를 하는 연예인들에게 무책임한 태도로 가치판단을 유보하기보다 사생활과 공적 영역의 적당한 구분선을 제시하고, 원활한 기준점을 만들어 최소한 생활의 권리를 지켜주는 적극적인 자세가 필요할 때다.

다양한 삶의 가치

방송을 보다 보면 각양각색의 삶의 방식이 있음을 알 수 있다. 방송인 노홍철은 집에 화려한 조명과 스모그 장비, 게임 장치를 설치해 휴식의 공간이 아닌 놀이와 재미의 공간으로 집에 대한 이미지를 변화시켰다. 또 매사에 긍정적이고 밝은 모습으로 그가 추구하는 '즐거움'에 대한 가치도 엿볼 수 있다. 탤런트 김광규는 홈쇼핑에서 저렴한 물건을 구입하고, 고급 매장의 제품 가격에 놀라며 연예인이라는 화려한 이미지와 대비되는 소탈하고 소박한 삶의 모습을 보여준다. 이와는 반대로 탤런트 김용건은 패션에 관심이 많고, 꾸미는 것을 좋아하며 자기 관리가 철저하다.

사람들은 각기 다른 목표와 신념으로 삶을 설계한다. 행복을 최우선으로 할 수도 있고, 살아온 환경이나 각자가 처한 상황에 따라 봉사, 인간다움, 돈 등 삶의 방향을 정한다. 이는 지극히 개인적이고 누구도 섣불리 최고의 가치가 무엇이라고 규정할 수는 없다. 가치는 절대 불변의 존재가 아니라 외부 요인에 따라 끊임없이 구성되고 재창조되는 유연한 개념이기 때문이다.

<나 혼자 산다>에서는 혼자인 생활을 보여주는 것뿐만 아니라, 타인이 혼자있을 때 가치를 이루기 위해 생활하는 모습을 보고 공감하며 공유하는 시간을 갖는다. 시청자들 역시 연예인의 삶을 통해 자신의 생활을 반성하고, 재설계하는 기회가 될 수 있다. 또 다양한 삶의 가치와 생활상을 자연스럽게 이해하고 관용적으로 받아들일 수 있다. 이를 통해 생산적이고 유익한 방식으로 스스로의 삶을 영위할 수 있는 가능성을 기대할 수 있을 것이다.

순환성에 대한 한계

<나 혼자 산다>가 고정 게스트를 중심으로 일상을 관찰하는 것은 프로그램을 유지하는 데 한계가 될 수 있다. 우리는 반복되는 삶의 고리에 살고 있기 때문이다. 일을 하고, 공부를 하고, 휴식을 취하고, 친구를 만나는 일상은 모든 사람에게 공통적으로 볼 수 있다. 이를 탈피한 색다르고 유익한 삶의 방식을 보여주는 것은 시청자에게 큰 호응을 얻을 수 있다. 하지만 연예인 역시 우리와 동일한 사람임을 생각한다면 항상 새로운 모습을 보려는 것은 오만한 욕심이자 헛된 기대이다. 처음 보는 그들의 일상 속에서 인간미와 색다른 모습을 발견하기는 쉽지만, 반복해서 본다면 그것 역시 익숙함과 지루함으로 변할 여지가 충분하다. 지루함은 방송에서 가장 큰

걸림돌이다.

한계를 인식하듯 <나 혼자 산다>에서는 해결책을 꾀하고 있다. 고정 멤버에 큰 틀을 두지 않고 유동적으로 멤버를 유지하며, 게스트를 적극 활용하여 새로움을 잃지 않으려 한다. 모델 장윤주는 20~30대 여성의 건강한 삶에 대한 모델이 되었고, 영화배우 김민준은 능숙하고 부지런한 삶의 모습을 통해 혼자 사는 남자들에 대한 선입견을 깨주었다. 방송에서 쉽게 볼 수 없었던 기타리스트 김도균은 자신의 생활을 가감 없이 보여줘 방송 후 큰 이슈가 되었다. 혼자 사는 사람은 누구든지 방송의 주체가 될 수 있음을 열어두며 다양한 영역의 게스트를 통해 신선함을 잃지 않으려는 노력을 엿볼 수 있다.

하지만 게스트를 통한 일회적인 돌려막기로 새로움을 꾀하는 것은 프로그램의 근본적인 해결책이 될 수 없다. 기존 멤버들을 적극 이용하여 그들의 개성을 끄집어내고, 익숙함을 편안함으로, 지루함을 차이점으로 바꾸는 자체적인 노력이 있어야 한다. 무엇보다 시청자를 시청률 집계의 상품으로 생각하는 반짝 흥미 끌기가 아니라, 방송이 끝나고도 '당당한 1인 가구 싱글 라이프'에 대해 시청자들이 주체적으로 생각해볼 여지를 남겨야 한다.

입선

정치의 예능화, 예능의 정치화

이종완

1.

새누리당의 원내 대표였던 김무성 의원과 민주당의 박지원 최고의원을 예능 프로에서 동시에 보게 될 것이라고는 상상하지 못했다. 당시 프로그램이 방영되던 2013년 가을, 여야는 국정원 개혁과 2007년 남북 정상 회의록 공개 여부 때문에 첨예하게 대립하고 있었다. 야당 대표는 서울 광장의 천막에서 노숙하고 있었다. 2013년 봄까지만 해도 민주당은 종편 설립의 절차적 정당성 문제를 제기하며 당 소속 국회의원의 '종편 출연 금지'를 당론으로 정하지 않았던가. 그랬던 그들이 '정치 예능'을 표방한 JTBC의 <적과의 동침>에서 당당히 프로그램의 주역으로 활약한다. 뉴스 속에서는 첨예하게 대립하는 여야 의원들이 서로의 몸을 비비면서 풍선을 터뜨리고, 빼빼로 먹기 게임을 한다. 이들 중 무엇이 그들의 본모습일까? 서로 '적'이라 여기는 이들을 이렇게 함께 모이게 만든 예능의 힘이 있다면, 그것은 무엇일까? 예능과 정치는 과연 같을 수 있을까?

우선 정치인과 연예인은 유사점이 많다. 그들은 대중의 관심을 필요로 한다는 점에서 더 그렇다. 그렇기에 민주주의의 자유선거는 엄청난 비용이 들어가는 상품과 같은 일종의 TV 광고나 마케팅에 가깝다. 미국에서 아널드 슈워제네거(Arnold Schwarzenegger)나 로널드 레이건(Ronald Reagan) 같은 연예인 출신 정치인이 많은 이유는 우연이 아니다. 한국에서도 1990년대 초반 고(故) 정주영 회장이 통일국민당을 조직하여 고 이주일 씨와 최불암 씨를 정치인으로 영입하지 않았던가. 문화 평론가 이택광은 정치인은 새로운 규범을 제시하는 사람으로, 연예인은 '대중 예술가'로서 감각을 관리하는 존재로 정의한다.1) 정치인은 기본적으로 합의 가능한 규범을 만들고 그에 대한 동의를 구하는 사람이다. 김한길 대표가 2013년 8월부터 진행한 천막 농성은 대중의 동의를 구하기 위한 일종의 운동이다. 이택광은 정치인의 리더십과 카리스마는 이 과정에서 탄생한다고 주장한다. 정치인은 이념의 내용을 채울 수 있도록 대중의 마음을 움직여야 한다. 김영삼 전 대통령의 '신경제 5개년 계획'이나 박근혜 대통령의 '창조 경제' 같은 정책은 여러 담론이 뒤섞여 허구적으로 채워진 것이라 해도, 그 정책은 대중의 관심과 지지 없이는 불가능하다. 그리고 그 정책들은 정치인들에 의해 실체를 갖추게 된다.

연예인은 기본적으로 새로운 규범을 제시하지 않는다. 그들은 일종의 예술가지만, 방송에 등장해 시청자의 인기를 얻어야만 하는 '대중 예술가'이다. 대중 예술가는 기본적으로 규범을 파괴하지 않는 한에서만 대중의 지지를 얻을 수 있다.

---

1) 이택광, "[이택광의 왜?] 정치인과 연예인", ≪경향신문≫, 2013년 5월 2일 자.

> 저를 포함해서 예능을 하는 우리의 목표는 단 하나입니다. 고민도 하나입니다. 많은 분에게 어떻게 하면 웃음을 드릴까, 그것만 고민하고 그것을 위해서 일주일 그리고 다음 주를 준비합니다(유재석, 2013년 백상예술대상 TV 부문 대상 수상 소감).

유재석의 백상예술대상 수상 소감에서 보듯이 예능의 목표는 많은 사람에게 웃음을 주는 것이다. 유재석이 말한 많은 웃음 또는 휴먼 다큐멘터리의 울음과 같은 파토스(pathos)적 정서는 시청률과 직접 연결되어 있다. 유재석이 출연하는 <무한도전>을 봐도 그렇다. 출연자들은 <무한도전>의 시청률을 공공연하게 언급한다. 시청률은 설문 조사를 통한 정치인의 지지율처럼 공감의 지표이다.

연예인 대부분은 과거의 모더니스트 예술가처럼 규범을 파괴하지도 않고, 예민한 정치적 발언을 하지도 않는다. 그들의 정치적 발언은 '독도는 우리 땅'이나 '한식의 세계화' 같은 대다수가 동의하는 하나 마나 한 말들에 가깝다. 연예인에게 가장 필요한 것은 대중의 인기이기 때문에 그들에게는 대중의 욕망과 환상을 따라서 움직이는 것이 무엇보다 중요하다. 결국 연예인의 예술이란 대중을 규범 안에서 단지 웃고 울게 함으로써 공감을 사는 것이다. 모든 예능 프로그램을 부정하는 것은 아니다. 문제는 정치가 단지 공감으로 작동하는 것은 아니라는 점이다. 정치는 다양한 이익 주체의 합의와 설득, 이를 통한 규범의 제시이다. 하지만 오늘의 정치는 공감만을 구하는 예능에 가깝다. 안철수 의원의 '새 정치'라는 모호할 수도 있는 구호에 대중은 공감했다. '탈정치'라는 기표들은 그 실체가 흐릿함에도 많은 사람의 정치 혐오증에 편승하여 지지를 끌어내기 쉽다. 스스로 텅 빈 기표가 되어 아무 말도 하지 않는 것이다. 결국 빈자리를 채우는 건

이미지 정치와 예능이다.

2.

이미지 정치의 시초는 노태우 전 대통령이다. 그는 원탁회의 운동, 'NO 넥타이'와 같은 격식 없는 차림, 그리고 '보통사람'이라는 구호를 외치며 군부 출신의 이미지를 걷어내려고 했다. 김영삼 전 대통령은 칼국수와 새벽 조깅을 통해 서민적인 이미지를 드러냈다. 예전의 대통령들이 아버지의 모습이었다면, 그들은 TV와 같은 미디어를 통해 일반 대중과 가까운 서민적인 이미지를 얻으려고 했다.

예능에 처음으로 출연한 정치인은 아마 고 김대중 전 대통령일 것이다. 김대중 전 대통령은 1996년 야당이었던 국민회의 시절, MBC <일요일 일요일 밤에: 이경규가 간다>에 나왔다. 당시 김대중 전 대통령은 예능에 출연한 적이 거의 없었다. 이는 김영희 PD의 아이디어였다. 김대중 대통령의 "서태지를 높이 평가한다"라는 등 재치 있고 여유 있는 모습이 방송되었다. 박지원 전 청와대 비서실장은 "DJ의 정치 인생 40년 가운데 웃는 모습이 TV로 나간 것은 처음"이라고 밝힐 정도로,[2] 김대중 대통령의 TV 출연은 성공적이었다. 이후 김대중 대통령은 1999년 김영희 PD가 연출한, MBC <칭찬합시다>에 출연해 프로그램 제작진과 오찬을 가지기도 했다. 이후 고 노무현 전 대통령(1997년), 이명박 전 대통령(2005년), 박근혜 대통령(2005년)도 MBC <일요일 일요일 밤에>에 출연했다. 2012년 주요 대통령 후보들이 출연했던 SBS <힐링 캠프>의 시초인 셈이다. 이렇듯 정치인의 예능 출연은 순전히 본인의 소탈한 모습을 보여주기 위한 이벤트의 성격이

2) 원성윤, "DJ는 유머와 여유 넘치는 정치인", ≪PD저널≫, 2009년 8월 25일 자.

강했다.

정치의 예능화가 본격화한 것은 ≪딴지일보≫의 <나는 꼼수다>를 비롯한 팟캐스트이다. <나는 꼼수다>의 김어준은 이전에도 CBS의 <저공비행>, <시사자키 오늘과 내일>을 진행한 바 있다. 그는 ≪딴지일보≫에서 이회창 총재, 노무현 전 대통령 등과의 인터뷰를 통해 정치인의 선호 속옷을 묻는 방식으로 그들의 인간적인 모습을 새롭게 조명한 바 있다. 김어준이 진행한 CBS의 라디오 프로그램들도 야당과 여당의 정치인을 불러, 친근한 방식(또는 가볍게)으로 주요한 정치적 이슈를 논의했다. 그 경향이 직접적이고 예능화된 모습으로 나타난 것이 2011년부터 큰 인기를 끈 <나는 꼼수다>이다. <나는 꼼수다>는 시사 프로그램의 엄숙주의를 대체했다. 엄숙주의의 빈자리를 채운 것은 예능, 그리고 맥락과 배후를 총괄적으로 조명하는 방식이었다.[3] <나는 꼼수다>는 탐사·심층 보도 위주인 시사 월간지나 일요 주간지와 닮아 있었다.

시사 월간지는 '탐사·심층 보도'라는 기치를 내걸고, 실제로는 맥락과 배후, 그리고 강력한 관점을 제공한다. 사건의 주인공이 어떤 연관을 맺고 어떤 욕망을 위해 무슨 일을 벌였는지 폭로하는 방식으로 뉴스를 생산한다. 이 지점에서 <나는 꼼수다>는 시사 월간지와 유사하게 독자들에게 뒷이야기, 배후, 사건 사이의 큰 맥락, 맥락을 파악할 비평적 관점을 제공한다는 인상을 주었다.[4] 그러나 시사 월간지 탐사·심층 보도의 이면에는 명확한 사실 확인 없이 음모론으로 흐를 수 있는 위험이 있다. <나는 꼼수다>의 '절대 그럴 리가 없다'와 '소설'이라는 말은 스스로 책임질 수 없는 음모론이

---

3) 안수찬, "30대 이하에게 '나꼼수'는 '월간조선'이다", ≪한겨레신문≫, 2012년 3월 5일 자.

4) 같은 기사.

라는 사실을 자인한 셈이다. 그 정점은 2012년 대통령 선거 전날 MBC의 '김정남 단독 인터뷰 설'이었다. 그러나 '김정남 단독 인터뷰'는 결국 확인되지 못한 채 해프닝으로 끝나버렸다. 김어준이 외치던 '레토릭'은 <나는 꼼수다>의 가장 큰 장점이었지만, 자신을 스스로 해치는 독이었다. 그렇지만 <나는 꼼수다>의 포맷은 변형을 거쳐 종편과 케이블의 시사 예능이라는 새로운 형식으로 자리 잡았다.

<나는 꼼수다>의 또 다른 문제는 특정 사안에 대한 정치공학적 접근이다. 이명박 정권 당시의 모든 문제가 이명박에게 원인이 있다는 듯이 말을 돌렸다. 오죽하면 <나는 꼼수다>의 부제가 '가카 헌정 방송'이었을까. 방송 자체가 이명박 대통령을 적으로 규정하고 이를 공격하는 방식인데, 그 공격은 때로 인신공격에 가까웠다. 또 신자유주의, 검찰 권력, 방송통신위원회 등과 같은 정치적 사안 자체를 다루기보다는, 곽노현, 오세훈, 나경원 같은 인물에 대한 정치공학적 접근과 그에 대한 분석이 주를 이뤘다. 그 분석은 음모론과 저널리즘 사이의 기묘한 줄타기였다. <나는 꼼수다>의 해석은 마치 『삼국지연의』를 읽듯이 정치인들의 음모와 야합 술수가 난무했고, 월간지의 분석 기사를 읽는 듯한 카타르시스가 있었다. 그러나 민중과 밀접하게 붙어 있는 합의를 이끌어내는 '정치'는 잊히고 말았다. 민중을 위한 정치가 아니라 단지 특정 정파가 승리하기 위한 정치만이 남은 것이다. 그렇기에 2012년 대선 이후 <나는 꼼수다>의 해체는 필연적이었다.

<나는 꼼수다>의 포맷을 적극적으로, 그러나 좀 더 TV에 맞게 차별화한 프로그램이 JTBC의 <썰전>이다. <썰전>은 <나는 꼼수다>처럼 확실한 정치적 스탠스를 취하지는 않는다. 특히 <썰전>에서 가장 눈여겨볼 인물은 강용석이다. 그는 정치가 예능화되는 지점을 상징적으로 보여준다.

그는 국회의원 시절 아나운서 비하 발언을 해서 명예훼손 혐의로 6개월의 징역을 받았고, 개그맨 최효종을 고소하는 등 숱한 논란을 만들었다. 강용석은 tvN의 <강용석의 고소한 19>, JTBC의 <썰전>을 통해 비호감에서 화려한 방송인으로 변신했다. 그는 특히 JTBC <썰전>에서 일반적인 논객들은 알기 힘든 전직 국회의원으로서의 경험담을 풀어놓으며 좋은 반응을 얻고 있다. 그 모습이 강용석의 본래 모습일까? 확실한 것은 강용석의 변신 과정이 정치가 예능에 흡수되는 모습을 단적으로 보여준다는 점이다. 정치인 강용석의 야권을 향한 날 선 발언들은 예능인 강용석에게는 불가능하다. 이는 동시에 <나는 꼼수다>와 <썰전>의 간극이기도 하다. 팟캐스트와 다르게 TV의 정치적 견해는 제한될 수밖에 없다. TV는 '공공성'이라는 기치 아래 결코 위험한 발언을 해서는 안 된다.

<썰전>의 전반부는 시사, 후반부는 예능을 다룬다. <썰전>은 야권의 견해를 대변하는 이철희라는 인물과 여권을 대변하는 강용석을 통해 진영 논리에 치우치는 것을 피하려고 한다. 강용석은 때로는 몇몇 민주당 의원보다 더 진보적인 발언을 하기도 하고, 이철희 또한 야권을 비판하는 것에 주저하지 않는다. 하지만 그 균형은 철저하게 방송공학적인 기계적 균형에 불과하다. <썰전>에서 강용석과 이철희는 각자의 담론에 대해 종종 논쟁을 벌이지만, 결국 그 논쟁은 서로 의견을 교환하는 것으로 보기 좋게 봉합된다. 2013년 11월 28일에 방영된 <썰전> 40화는 천주교 정의구현사제단의 시국 미사를 언급한다. 종교인의 정치 참여로 그 주의 민감한 사안이었던 천주교 정의구현사제단 시국 미사는 짧게 언급된 것에 그친다. 시국 미사에 대해 이철희는 '박근혜 대통령은 국정원 선거 개입 논란이 잠잠해져서 좋지 않겠느냐' 정도로 말한다. 강용석은 '이 상황이 민주당에 불리한 상황이다' 같은 민주당과 새누리당의 권력 구도 문제로 이 사건을 미룬다.

거기에 김구라가 오늘 두 분의 콘셉트가 종교인 같다고 거든다. 종교인 정치 참여에 대한 반대도 찬성도 아닌, 애매한 정치공학적 접근만이 남는다. 예민한 정치적 사안은 야당과 여당의 대립 구도 속에 파묻힌다. 김구라는 마지막에 그 대립을 예능의 형식으로 보기 좋게 포장한다. 완벽한 '예능적 균형'인 것이다.

<썰전>을 보면서 시청자들은 '국가 운영에 대한 내용'이나 '권력관계'에 대한 새로운 통찰을 얻을 수 없다. '예능적 균형' 뒤에 남는 것은 수많은 종편에서 되풀이하는 자극적인 경마식 저널리즘의 변형이다. 박근혜 대통령, 문재인, 안철수, 황우여라는 정치인의 이름 뒤에 정치와 담론은 존재하지 않는다. 미셸 푸코에 따르면 "모든 사회의 담론은 몇 가지 절차로 통제되고, 선택되고, 조직되며, 재분배된다". 그렇다면 시사 예능 담론의 힘과 위험성을 막고 제어하기 위해 '예능적 균형'이 반드시 필요하다. 담론의 무시무시한 물질성을 피하기 위해 시사 예능은 텅 비어야만 한다. 그 결과, 정치적 동의를 구하는 매우 어려운 과정은 생략되거나 상상적으로 봉합될 수밖에 없다.

3.

강용석은 자신의 저서 『강용석의 직설』에서 이렇게 밝힌다. 현재는 "정치 방학 중이며, 방학의 끝이 언제쯤일지 알 수 없지만, 분명한 것은 지금 열심히 공부를 해둬야 나중에 좋은 성적도 기대할 수 있다는 사실이다". 그는 다시 정치를 할 것이라고 공공연히 밝힌다. 강용석은 연예인과 정치인이 넓은 범주에서는 차이가 없다는 사실을 알고 있다. 민주주의의 가장 중요한 아이콘인 '자유선거'는 정치자금을 마련하는 것에서 표적 유권자 동원에 이르기까지 마케팅과 경영의 스펙터클이 되었다. 투표를 전자 제품

브랜드 선택과 매한가지로 보는 세련된 선거 마케팅 전략과 시민이 놀아나면서, 정치적 삶은 점차 미디어와 광고의 성공으로 환원된다.[5] 정치인의 마케팅은 결국 이미지 정치와 같은 대중의 공감이다.

2013년 11월 18일 JTBC <적과의 동침>은 10회를 끝으로 방송 2개월 만에 전격 폐지되었다. 프로그램 폐지 원인은 시청률 등 다양했지만, 국정원 개입과 이석기 통합진보당 의원 사건 등으로 인한 여야의 정국 경색이 가장 큰 이유였다. <적과의 동침>의 폐지는 한편으로 정치와 예능이 근본적으로 같을 수 없음을 보여준다. 예능을 통해 정치인이 대중의 공감을 얻을 수는 있지만, 현실 정치는 예능과 같은 보편성만으로는 안 된다. 정치에서 예능의 보편성은 결국 텅 빈 기표이다.

6월 이후 5개월가량 이어진 여야의 첨예한 대립 끝에 2013년 12월 5일 여야 지도부 합의를 통해 국정원 개혁 특위와 정치 개혁 특위가 통과했다. <적과의 동침>이 퀴즈나 게임으로 보여주려고 했던 여야 합의(여야 커플)는 결국 정치의 영역이었다. 정치는 첨예한 규범을 조율하고 지난한 동의를 얻어야 하기 때문이다. 그렇다면 지금의 정치 버라이어티의 난립은 이 시대 정치에 내용이 비어 있고, 그 빈자리에 예능과 같은 '포퓰리즘'이 채워져 있다는 것을 보여주는 것이 아닐까. 정치의 예능화는 대중이 실제의 정치를 보지 못하게 하고, 예능화된 정치의 감성과 스토리텔링만을 보여준다. 정치가 예능으로 채워진다면 예능화된 정치의 파토스는 대중에게 진정으로 향유될 수 있을까. 정치의 예능적 심미화는 정치를 생략한다. 우리는 아무것도 보지 못한다.

---

5) 웬디 브라운 외, 『민주주의는 죽었는가?: 새로운 논쟁을 위하여』(난장, 2010), 89쪽.

입선

우리 부모가 달라졌어요: 주변화된 부모의 이야기

SBS <우리 아이가 달라졌어요>를 중심으로

박혜진

SBS <우리 아이가 달라졌어요>는 2005년 7월 첫 방송이 나간 이후 2013년 12월 6일 400회를 맞은 SBS의 대표 교양 프로그램이다. <우리 아이가 달라졌어요>는 발달 과정에서 잘못된 행동을 보이는 아이와 그런 아이에게 올바른 교육을 제공하지 못하는 부모가 등장한다. 전문가가 아이의 문제점을 관찰하여 직접 잘못을 짚어주고 육아 정보를 제공하는 내용으로 이루어진다. 이 프로그램의 가치는 희소성에 있다. 아이들 대상 프로그램은 많지만 <우리 아이가 달라졌어요>처럼 부모 또는 교육자가 주 시청 대상인 프로그램은 드물다. 이런 상황에서 SBS의 <우리 아이가 달라졌어요>는 육아로 고민하는 시청자들에게 매우 유용한 프로그램이다. <우리 아이가 달라졌어요> 홈페이지 시청자 게시판에는 실제로 프로그램이 육아에 많은 도움이 된다는 소감과 육아 고민 상담을 신청하는 글이 꾸준히 올라온다.

시작부터 지금까지 <우리 아이가 달라졌어요>는 교정이 필요한 아이와 부모, 그들의 교육 환경을 담는 데 주력했다. 8년이 넘는 시간 동안 프로그램이 일부 수정되고 부분 개편이 있었지만, 아이의 문제점을 전문가가 진단하여 교육자에게 전달하고 이를 통해 문제가 해결되는 프로그램의 큰 틀은 변함이 없다. 그러다 보니 이제는 주된 내용도 쉽게 유추할 수 있을 정도다. 문제를 교정하는 과정에서 아이들은 떼를 쓰거나 울고, 부모는 난감해하다가 이내 카메라 앞에서 육아에 대한 고충과 그동안의 어려웠던 점들을 털어놓으며 눈물짓는다. 그러면 전문가가 나서서 아이의 문제를 진단하고 그에 대한 해결책을 제시한 후 조치가 취해진다. 수십 일이 지나 아이가 있는 가정을 다시 방문해보면 아이의 문제는 말끔히 해결되어 가정은 평화를 되찾은 모습이다.

그러나 한 회도 다르지 않은 이러한 방송 구성에서 정작 사연 신청자이며 아이와 가장 밀접한 관계인 부모는 주변으로 밀려난 느낌을 지울 수 없다. 아이와 부모의 관계에서 중심을 차지하는 것은 전문가의 진단과 권위이다. 전문가의 지적은 대체로 아이의 문제가 아이 탓이 아니라 부모나 부모가 만들어준 환경에서 비롯되었다는 것이다. 이를 통해 분명해지는 것은 <우리 아이가 달라졌어요>가 사실 <우리 부모가 달라졌어요>를 의미한다는 점이다. 프로그램은 아이를 바꾸기 위해서는 부모의 변화가 핵심이라고 말한다. 부모가 변해야 아이 역시 교정될 수 있다. 그런데 여기서 한 가지 의문이 든다. 부모는 과연 자신의 문제를 몰랐을까? 아이에게 교정이 필요한 것은 아이는 자신이 하는 일이 무엇을 의미하는지 모르기 때문이다. 그렇다면 부모에게 교정이 필요한 것 역시 마찬가지일까? 부모는 그저 자신의 무지로 아이를 나쁜 교육 환경에 방치했을까?

<우리 부모가 달라졌어요>란 이름이 적당한 이 프로그램에서 보이지

않는 것은 달라지기 전의 부모의 모습이다. 프로그램에는 달라진 부모의 모습만 있을 뿐, 달라지기 전 부모의 이야기는 '육아가 너무 힘들고, 그래서 지금은 지친 상태에요'라는 한 줄 정도로 간략하게 요약된다. 프로그램에서 내내 보여주듯, 아이의 문제가 부모에게서 야기된 것이라면 부모는 왜 아이를 그렇게 교육시키게 됐는지, 무엇에 어려움을 느꼈는지를 들어보는 것이 첫 번째로 이루어져야 한다. 현재의 <우리 아이가 달라졌어요>에서는 부모의 이야기를 들어볼 시간이 부족하다. 육아에서 어떤 점이 힘든지, 무엇이 문제인지는 개인마다 조금씩 다를 것이다. 그럼에도 프로그램은 부모(특히 어머니)의 역할을 강조하며 그 책임을 다하지 못한 부모의 지위를 문제시한다. 부모들은 전문가의 지적에 지금까지 자신이 했던 교육 방법을 돌아보며 반성하고 후회하는 참회의 눈물을 흘린다. <우리 아이가 달라졌어요>에서 부모들의 인터뷰 시간은 인터뷰이로서의 시간이 아닌, 아이를 이렇게 만든 것은 부모 자신이라는 사실을 확인받는 고통의 시간이며 부모 자신을 훈육하는 시간이다.

아이 문제가 부모의 문제라는 것을 확인한 후에는 또 다른 훈육 시간이 기다리고 있다. 아이를 잘 가르치는 방법을 배우는 것이다. 문제점을 발견한 전문가는 변함없이 일관된 방법으로 부모에게 아이를 훈육하게끔 한다. 아이가 문제를 벌이는 상황에서 전문가는 부모 옆에 앉아 부모에게 '좋은' 교육 방법을 큰 소리로 일러준다. 이미 텔레비전에 자신의 아이를 등장시켜야 할 정도로 육아의 어려움을 느끼고 심리적으로 위축된 부모는 마치 말을 잘 듣는 학생처럼 전문가의 지시대로 행동할 수밖에 없다. 이 같은 장면에서는 대개 전문가의 의견과 일치하는 내용의 자막이 뜨면서 전문가의 훈육이 얼마나 전문적이고 과학적인지 시청자들에게 고지된다. 이러한 과정이 두세 번 반복되면 아이의 문제점은 마법처럼 사라지고 부모는 아이가 문제 상황에서 지금까지와는 얼마나 다르게 행동했는지를 이야기한다.

그러나 이 과정에서 더 필요한 것은 부모에 대한 책임 추궁과 올바른 교육 방법의 제시가 아니라 부모가 갖고 있는 아이에 대한 미안함의 해소일지도 모른다. '발달 과정에서 잘못된 행동을 보이는 아이'로 전국에 방송되는 이 프로그램에 자신의 아이를 출연시킨 결정이야말로 아이에 대한 미안함의 크기를 보여주는 것이라는 생각이 들기 때문이다. 육아 문제는 사적으로 이야기되지만 실은 공적인 문제이기도 하다. 출산을 포함한 육아는 부부뿐만 아니라 결혼을 앞둔 청년들에게도 매우 부담스러운 과제다. 육아와 직장 생활을 모두 해내는 여성을 '슈퍼맘'이라고 부르는 것만 봐도 육아가 얼마나 버거운 일인지 짐작할 수 있다. 프로그램에서 밝히는 대개의 원인은 육아 시간 부족이다. 그러나 이런 '슈퍼맘'의 맞벌이 가정에서는 육아 시간이 절대적으로 부족할 수밖에 없다. 아이를 믿고 맡길 수 있는 탁아소나 보육원, 유치원 시설의 부족 역시 이런 문제를 더욱 심화시킨다. 이러한 사회적이고 구조적인 문제점에도 <우리 아이가 달라졌어요>에서는 이를 개인의 문제 또는 부모의 문제로 단순화시킨다. 이는 맞는 이야기지만 문제를 지나치게 단순화해서 오히려 문제의 복합성을 가리는 것일 수도 있다. 먼저 우리 사회가 함께 고민해야 할 문제로 육아 문제를 이야기하고 그 뒤에 부모에게 올바른 육아 훈육에 대한 방법을 알려주는 것이 아이에 대한 부모의 미안함을 조금은 상쇄시켜주는 길이 아닐까.

더불어 솔루션 프로그램이 경계해야 할 사항이 있다. 솔루션 프로그램은 자칫 자신의 솔루션을 절대 불변의 것으로 제시하고픈 욕망에 빠질 수 있다. 큰 소리로 되풀이되는 전문가의 '좋은' 교육 방법, 잘못된 행동에 대한 처방들은 대체로 비슷비슷하다. 이런 방법이 잘 적용이 되는 아이도 있겠지만 그렇지 않은 경우도 있다. 예를 들어 부모와 아이가 문제 상황에서 심하게 위축되어 예민하고 섬세한 지도를 필요로 하는 경우, 현재의 <우리 아이가 달라졌어요>에서 보이는 전문가의 방식은 알맞지 않을 수도 있다. 이때는 과감히 새로운 해법을 제시하고 상황과 맥락을 보는 자세가 필요하다. 육아는 <TV 동물농장>에 나오는 개과천선 같은 일이 아니기 때문이다. 교육받는 아이, 교육하는 부모 모두가 미묘하고 인격적이며 여린 존재다. 일방적인 솔루션이 아니라 부모와 아이 모두가 상처받지 않을 섬세한 솔루션이어야 한다. 아이의 기질, 가정의 특수성, 아이 부모의 사연 등 모든 상황을 고려한 '맞춤식' 솔루션이 제공될 필요가 있는 것이다.

아이가 하나, 많아야 둘인 요즘, 육아는 많은 관심을 쏟는 부분이다. <우리 아이가 달라졌어요>는 육아의 고민과 문제를 사적인 것이 아니라 방송을 통해 공유할 수 있는 계기를 만들었다는 점에서 칭찬받아 마땅하다. 하지만 이런 고민과 문제를 섬세하게 다루고 있진 못하며 자신이 할 수 있는 가능성을 제한하고 있다. 열 명의 아이가 서로 다른 열 개의 문제를 가지고 있듯이, 부모와 가정도 마찬가지다. 다른 문제에 따라 해결 방법도 조금씩은 다르게 제시되어야 한다. 그리고 부모들이 육아의 문제점을 인식한 후에는 조금 더 차분하게 시간을 가지고 변화를 준비할 필요가 있다. 아이의 변화에도 시간이 필요하듯이 부모의 변화에도 시간이 필요하다. 한 회 방송분에 문제점 인식과 지적, 전문가의 솔루션 제시, 아이 행동의 변화와 결과를 한꺼번에 다 담는 것이 아니라 조금씩 내용을 나누어서 심층적으로 다뤄보면 어떨까. 또 아이가 달라진 시간만큼 부모가 겪은 감정의 변화와 아이에 대한 태도의 변화에 더 많은 시간을 할애해 인터뷰를 해볼 것도 제안한다. 현재 <우리 아이가 달라졌어요>에서는 방송 말미에 달라진 아이의 모습을 짧게 비추고 그 변화에 만족하는 부모의 인터뷰를 한마디 정도로 들려줄 뿐이다. 아이가 달라지는 동안 부모가 느꼈던 것,

부모 스스로에게 일어난 새로운 변화와 아이를 대할 때의 달라진 감정은 방송에서 생략된다. 아이에게 일어나는 변화와 부모의 치유되는 모습이 함께 나온다면 방송에 대한 시청자들의 이해와 공감이 한층 더 깊어질 것이다.

<우리 아이가 달라졌어요>는 현재 찾아보기 힘든 종류의 교양 프로그램이다. 또 8년이라는 긴 시간 동안 시청자들에게 사랑받는 SBS의 장수 프로그램이기도 하다. 이렇게 오랜 시간 시청자들이 외면하지 않고 관심을 보내는 데에는 끊임없는 노력이 있었으리라 생각된다. 지금의 방송 구성처럼 아이의 문제만 진단하는 것이 아니라 부모의 입장과 각기 다른 교육 환경까지 고려한 해결 방법을 제시하려는 노력이 더해진다면, 변화하는 시청자들과 다양한 프로그램 사이에서 독보적인 교육 프로그램으로 자리매김할 수 있을 것이다. 실제 육아를 담당하는 부모들에게 더 많은 공감과 지지를 얻을 수 있는 <우리 아이가 달라졌어요>가 되길 바라며, 언젠가 필자 자신이 부모가 되었을 때도 육아에 참조할 수 있는 좋은 프로그램으로 남아 있길 기대해본다.

입선

새로운 로망의 반영, 그녀와 같은 인생을 꿈꾸다

정혜원

2007년 4월 첫 방송을 시작한 <막돼먹은 영애 씨>는 tvN에서 올해로 6년째 방송되고 있는 장수 드라마이다. 주인공 이영애는 인쇄소의 디자이너로 일하고 있는 36세의 노처녀이다. 시즌 12는 2013년 7월부터 두 번째 파혼을 겪음과 동시에 전 재산을 날린 그녀의 새로운 시작을 다루었다. 기존의 드라마가 일회성으로 끝나는 것과 달리, 이 드라마는 한 여성의 인생과 시청자의 인생이 함께 호흡한다는 점이 특징이다. 즉, 주인공 이영애와 시청자가 함께 나이를 먹고 있는 것이다. 기존의 드라마에서는 단기간에 주요한 이야기를 다뤄야 했기 때문에 위성 인물들이 중핵 인물들을 보조하는 역할만 했다. 그러나 <막돼먹은 영애 씨>는 주인공의 이야기와 마찬가지로 주변 인물들의 이야기에도 관심을 기울인다. 또 주변 인물들의 이야기는 그저 주인공의 이야기를 풍부하게 하는 데 그치지 않고, 주인공의 이야기와 맞물려 드라마의 전반적인 의미를 구성한다. 시간 여유를 가지고 모든 인물의 인생을 비출 수 있는 것이다. 이러한 특징은 이 드라마가 시즌제의 형식을 취하고 있어서 가능하다.

로망이란 그러한 방식의 삶을 살고 싶은 것이다. 드라마 장르는 로망을 창조한다. 따라서 드라마는 그 어떤 장르보다 팬덤(fandom)을 잘 형성해왔다. 드라마가 제공하는 이야기를 토대로 팬들은 팬픽과 같은 부가적인 이야기를 창출하기도 하며, 촬영 과정의 NG 장면 또는 메이킹 필름(making film)에 열광한다. 이러한 현상은 드라마 장르만이 줄 수 있는 에너지이다. 드라마는 시청자들에게 현실 어딘가에 주인공들이 있었으면 좋겠다는 상상을 하게 만든다. 그리고 시청자들은 자신들의 일상 또한 아름답게 편집된 드라마 장면과 같기를 꿈꾼다.

나에게는 '로망'이라는 단어에 대한 깊은 인상이 있다. 어린 시절 나는 TV 드라마를 좋아하던 아이였다. 내가 가장 좋아한 드라마는 1998년 KBS에서 방영된 <순수>였다. 윤석호 감독이 연출한 이 드라마는 연출가의 명성에 걸맞게 아름다운 영상과 청순한 여주인공, 그리고 순정적인 남자 주인공까지 그야말로 로망을 만들어내는 드라마였다. 나는 이 드라마에 쉽게 매료되었다. 그것은 드라마의 제목과 걸맞은 '순수'하고 청초한 느낌의 음악과 비극적인 사랑의 몽타주가 어른들의 사랑에 대한 동경을 심어주었기 때문이다. 이처럼 기존 드라마들은 인생의 자질구레한 순간보다는 아름답고 극적인 순간을 좀 더 아름답게 편집하여 로망을 만들어냈다. 주인공의 멋진 외모를 이용하는 것은 두말할 필요도 없다. 또 한국 드라마 대부분이 남녀의 사랑을 다루는데, 드라마는 길어야 6개월이기 때문에 주인공에게 단 하나의 운명적인 사랑을 다룬다. 따라서 기존 드라마가 창조하는 로망은 세 가지 키워드로 압축될 수 있다. 멋진 외모, 아름다운 편집, 그리고 단 하나의 사랑.

반면 <막돼먹은 영애 씨>는 시즌 드라마의 긴 호흡 덕분에 시청자들이 주인공 이영애를 스쳐 지나간 거의 모든 남자를 다 만나본다. 한 사람의 인생에서 단 하나의 사랑만을 보여준다면 그것은 리얼리티에 어긋난다. <막돼먹은 영애 씨>는 기존의 드라마가 단기간에 방영되기 때문에 배제했던 리얼리티를 드라마로 끌어들였다. 리얼리티가 결합된 이 드라마는 인물들을 관찰하는 방식으로 편집의 느낌을 최소화한다. 한편 주인공 이영애의 외모도 여느 드라마의 여주인공들과는 사뭇 다르다. 평범한 외모의 주인공으로 시작된 드라마가 으레 그렇듯이 갑자기 주인공의 외모가 환골탈태하는 식의 극적인 장면을 만드는 것도 아니다. 또 시청자들은 주인공 이영애가 사랑하는 상대가 못났기 때문에 그녀의 사랑을 말리기도 한다. 시즌 12에서도 그녀가 짝사랑하는 상대는 그녀가 뚱뚱하다는 이유로 무시하며 어리고 예쁜 여성만을 밝히는, 한마디로 못난 인물이다. 이러한 리얼리티의 결합으로 완성된 이 드라마는 기존의 드라마가 창조한 로망에 부합하지 않는다.

그렇다고 해서 그녀의 인생에서 극적인 순간이 없는 것은 아니다. 영화나 드라마 같은 이야기도 있다. 두 번의 파혼과 잘생기고 착실한 20대 청년 '한기웅'이 이영애를 좋아하는 것 등이 그 예이다. 그러나 이것은 영화나 드라마에서 일어나는 전형적인 방식이 아니라 마치 우리네 삶 속에서 황당한 일을 겪을 때처럼 자연스럽게 일어난다. 그녀의 기가 막힌 인생도 우리의 인생사에서 누구나 한 번쯤 겪을 법한 리얼리티 속에 있다. 그렇다면 이렇게 황당한 그녀의 인생에서 우리의 현실은 어떻게 반영되고 있는지 <막돼먹은 영애 씨>의 매회 시작을 알리는 내레이션으로 시작해본다. "영애 씨와 주변 사람들의 이야기 속으로 함께 가보자."

<막돼먹은 영애 씨>는 새로운 로망을 창조한다. 그것은 아름다움에 대한 로망이 아니라 말도 많고 탈도 많은 인생에서의 로망, 기존의 드라마가 줄 수 없었던 일종의 리얼리티적인 로망이다. <막돼먹은 영애 씨>에서는

다른 드라마에서는 한낱 엑스트라에 불과할 법한 진상 짓을 하는 인물들이 자주 등장하고, 그들의 인생도 비중 있게 다룬다. 이 진상 짓을 하는 인물들은 다른 드라마의 악역들과는 사뭇 다르다. 기존의 악역들이 주인공의 사랑이나 성공을 방해하며 주인공의 성공을 더욱 값지게 보여주기 위한 일종의 장치에 불과했다면, 이 드라마의 진상들은 그들의 인생 스토리를 창조한다. 또 악역이 주인공들에게 가장 핵심적인 것을 방해하기 위해 일상에서 노력한다면, 진상 인물은 이러한 의도가 있는 게 아니라 그저 그들이 가진 개성 때문에 의도치 않게 주인공을 방해한다.

그동안 진상 역할을 담당했던 회사 동료 '정지순' 대신, 시즌 12에는 '라미란'이라는 인물이 등장한다. 시즌 12의 시작과 함께 새로운 직장인 인쇄소로 이직하게 된 이영애가 만난 가장 큰 장애물이 바로 이 '라미란'이다. 그녀는 이영애와 비슷한 나이, 비슷한 디자이너 경력을 가졌음에도 이 인쇄소에서 오래 일한 '선임'의 권리를 철저히 사수하려고 한다. 예컨대 그녀는 새로 온 동료 이영애와 자신의 월급이 고작 3만 원밖에 차이가 나지 않는다는 사실을 알게 되자, 온갖 진상 짓을 동원하여 결국 이영애의 월급 3만 원을 깎아 자신의 월급에 더한다. 그러나 그녀의 인생이 이 드라마의 큰 줄기가 될 수 있는 것은 그녀의 인생에도 시청자들에게 일말의 동정심을 유발할 만한 사연이 있기 때문이다. 그녀가 진상 짓을 하면서까지 아등바등 사는 이유는 그녀에게 가장 소중한 존재인 가정에 헌신하기 위해서다. 그녀는 일상에서 남편과 자식에 대한 애정을 끊임없이 드러낸다. 그러나 결국 그녀의 가정은 남편의 외도 때문에 해체 위기에 처한다. 가정에 대한 그녀의 헌신과 그 가정이 파괴되는 모습을 통해, 그녀는 일명 '진상'이라는 존재에서 한 평범한 여성으로서의 스토리를 만든다. 지난 시즌까지 등장했던 이영애의 회사 동료 '정지순' 또한 그의 하나밖에 없는 가족, 여동생에게

만은 약한 모습을 보인다. 이처럼 이 드라마의 진상들은 공통적으로 '팍팍한' 인생을 좀 더 '억척스럽게' 살기 위해 진상 짓을 하며, 자신의 가족은 끔찍이도 챙기는 면모를 보인다. 이들은 자신의 삶을 방어적으로 만드는 냉혹한 사회의 모습을 반영하는 리얼리티적인 존재이다. 따라서 지금 현실을 살아가는 사람이라면 그들의 삶을 어느 정도는 이해할 수 있는 것이다. 때로는 납득할 수 없지만 때로는 납득이 되기도 하는 이들의 삶의 방식은 시청자에게 하나의 스토리로 다가올 수 있다.

인생에서는 누구나 주인공이다. 기존의 드라마가 수직 구조로 인물들의 비중을 배치했다면, 이 드라마는 많은 인물이 수평적으로 각자의 스토리를 만든다. 그리고 그것은 현실과 많이 닮아 있다. 기존의 드라마가 소수의 인물을 세상의 주인공으로 내세워 시청자로 하여금 그 주인공과 자신을 동일시하는 로망을 창조했다면, 이 드라마는 누구나 주인공이 될 수 있다는 리얼리티적인 로망을 창조한다. 때로는 이해할 수 없는 회사 동료도 어떤 때에는 동정할 수 있는 존재가 되는 것, 그리고 다양한 사람들이 함께 부대끼며 사는 것, 그것이 바로 현실이다. 이 드라마는 매 순간 삶의 행복과 불행을 오가는 현실의 일상도 드라마로 나타낼 가치가 있는 삶이라는 것을 보여준다.

현실은 냉혹하다. 좋은 직장을 가지고 좋은 스펙을 가지고 좋은 외모를 가진 사람들에 열광한다. 그래서일까. 드라마는 전문직이나 화려한 외모를 가진 사람, 재벌 또는 드라마가 될 만한 인생을 사는 사람들의 삶에 주목했다. 이것도 아니고 저것도 아닌 다수의 사람들의 삶은 드라마에서 설 자리가 없다. 그러나 <막돼먹은 영애 씨>는 별다를 것 없이 보이는 사람들의 삶에도 관심을 기울인다. 그리고 이것이 드라마의 이야깃거리가 될 수 있는지 의문을 제기하던 사람들에게 성공으로써 답변을 주었다. 이 드라마의 배경은 언제나 소규모 회사이다. 시즌 12를 맞아 이직을 하게 된 주인공이 새로 다니게 된 인쇄소도 마찬가지다. 이곳에서는 점심도 직접 조리해 함께 먹는다. 직원들은 설거지는 물론, 때로는 인쇄소 사장 집의 제사 음식까지 도맡는다. 그녀는 화려한 외모를 가진 것도, 월급을 많이 주는 회사에 다니는 것도 아니다. 또 두 번의 파혼 때문에 주변 사람들의 입방아에 오르내리는 수모를 겪는다. 그렇다고 그녀의 가정이 아주 화목한 것도 아니다. 그녀의 가족은 바람 잘 날이 없다. 동생들은 모두 결혼보다 임신이 먼저였고, 부모님도 과거에 있었던 서로의 외도로 언성을 높이는 일이 비일비재하다. 이렇듯 이영애의 인생은 어찌 보면 보통 사람들보다 더 불행한 조건에 놓여 있다.

그럼에도 이 드라마는 끊임없이 행복을 찾아나서는 사람들의 모습을 보여준다. 이영애의 인생은 어찌 보면 불행해 보이지만 어찌 보면 행복해 보이기도 한다. 우리 대부분은 이영애와 같다. 자신의 현실을 못마땅해 하지만 쉽게 인생을 바꿀 수도 없는 노릇이다. 그러나 불만스러운 인생에도 행복한 순간은 있다. 그것은 어쩌면 우리의 마음에 달렸는지도 모른다. 이러한 불만족스러운 조건 속에서도 행복은 끊임없이 묻어난다. 어디가 행복인지 단정 지을 수도 없다. 우리는 이 드라마를 통해 인생을 배울 수 있다. 더 좋은 것을 가지면 행복해질 수 있다는 생각보다 어떠한 조건 속에서도 행복을 얻을 수 있고, 행복은 순간순간 묻어나는 것이라는 인식 속에서 우리는 좀 더 쉽게 행복을 느낄 수 있다. 이 드라마는 어느 드라마보다 평범한 사람들의 행복에 대한 로망을 반영한다. 그것은 사랑을 쟁취함으로써 또는 직업적인 성공을 거둠으로써 '얻는' 행복이 아니라, 일상을 살아가면서 '느낄 수 있는' 좀 더 현실적인 행복에 대한 로망이다.

시즌 11에 이어 다시 등장한 '강예빈'이라는 인물은 이영애의 전 재산을 빌렸다가 갚지 못하고 도망갔다가 다시 등장한 여성이다. 그녀는 화려한 외모 덕분에 이영애가 일하는 인쇄소의 아르바이트 생으로 채용된다. 밤에는 호프집 아르바이트, 낮에는 인쇄소 아르바이트를 하는 그녀는, 언젠가는 이영애의 돈을 갚겠다고 약속한다. 그녀는 이영애의 전 재산을 빌렸다가 잠적한 인물이라는 점에서 시청자들의 분노를 사지만, 그녀에게도 딱하게 여길 만한 사정은 있다. 그녀는 홀로 남은 어머니의 속을 썩여 집으로 돌아가지 못하고 모텔에서 장기 투숙을 하는 처지이다. 큰 빚을 지고 있는 구질구질한 처지에서 벗어나기 위해 자신의 아름다운 외모를 내세워 돈 많은 남자를 찾고 있기도 하다. 그러나 그마저도 쉽지 않다. 자신을 좋다고 따라다니던 인쇄소 사장과 사귀게 되지만, 외모와 다른 그녀의 모습에 실망한 그에게 차이게 된다. 그녀를 통해 우리는 현실이 만만하지 않은 곳임을 알 수 있다. 이영애와 외모적으로 비교의 대상이 되었던 그녀의 인생도 팍팍하기는 마찬가지다. 이러한 점에서 이 드라마는 10시에 하는 드라마에서 볼 수 있었던 아름다운 외모의 여성이 보여주는 삶의 방식을 탈피한다. 아름다운 외모를 가진 그녀도 가끔 외모 덕을 보는 것만 빼면, 남들과 다르지 않은 현실을 살아간다.

시즌 12에서 새롭게 등장한 인물인 인쇄소 직원 '스잘'은 이주 노동자이다. 이 인물의 등장은 이주 노동자가 등장한 대부분의 장르가 뉴스 또는 다큐멘터리였다는 점에서 주목할 만하다. 이주 노동자의 드라마 등장은 그들이 한국인의 일상적인 삶에서 같이 살고 있는 존재라는 것을 일깨워준다. 또 한국 사회에 적응하기 위한 그의 노력은 알지 못해도 상관없는 한국 문화의 일면까지 세세하게 알고 있으며 한국 드라마의 열혈 시청자인 모습을 통해 예측할 수 있다. 그가 한국 사회에 이렇게 열심히 적응해야 하는 것은 고국에 있는 가족의 생계를 책임지고 있는 자신의 처지 때문이다.

'라미란', '강예빈', '스잘' 이러한 인물들은 모두 온전한 자신의 인생 바깥의 무언가를 위해 노력해야 하는 존재이다. 가족을 위해, 그리고 돈을 갚기 위해서. 그들이 온전히 자신들이 원하는 인생을 사는 존재였다면 이 드라마 속에서 보여주는 방식으로 살지는 않았을 것이다. 마음 한편에 무언가를 가지고 있는 그들의 삶은 현실과 타협하고 살아가는 우리의 인생과 크게 다르지 않다. 그리고 이러한 방식의 삶은 우리가 그들과 같은 존재임과 동시에, 그들과 같은 사람들과 살고 있기 때문에 시청자들에게 이해될 수 있다. 하지만 그들이 마음속의 짐 때문에 행복을 찾지 못하는 것은 아닐 것이다. 그들의 일상을 통해 알 수 있는 것은, 우리 모두는 마음속의 짐을 가지고 있으면서도 일상에서 행복을 찾을 수 있는 존재라는 것이다.

우리가 기존의 다른 드라마에서 찾았던 로망은 현실을 잊게 해준다는 측면에서 의미가 있다. 팍팍한 현실에서 드라마 속의 획기적인 삶의 방식은 우리의 일상에서 목말라 있던 통쾌한 느낌을 채워준다. 그러나 <막돼먹은 영애 씨>는 다른 방식으로 로망을 창조한다. 우리는 드라마 속 그들의 인생을 통해서 그들과 같은 인생도 괜찮다는 것을 느낄 수 있다. 또 그들의 일상은 때로는 꽤 재미있어 보이기도 하다. 이 드라마는 이러한 측면에서 시트콤 장르와 많이 닮아 있다. 일상을 재미있게 그려내는 방식을 통해 로망을 창조하기 때문이다. 그것은 우리의 일상도 영애 씨와 주변 사람들의 일상과 같이 흥미롭기를 바라는 것이며, 또 그들의 인생과 비슷한 우리의 인생도 살 만하다는 위로에서 나오는 로망이다. 이제 우리는 새로운 로망을 꿈꾼다. 그것은 좀 더 현실적인 방식의 로망으로 실현될 가능성이 높다.

이 드라마는 아름다운 음악과 함께 편집되는 장면은 거의 없지만 고단한 일상을 마무리하는 엔딩에서만은 감성적인 음악의 삽입이 허락된다. 따라서 엔딩에서 우리는 이 드라마가 창조하는 로망을 가장 잘 느낄 수 있다. 이러한 감성적인 엔딩은 드라마 속에서 보기 힘든 현실적인 일상을 그리면서도 드라마다운 감수성을 끌어내는 노력이라고 볼 수 있다. 그것은 그녀와 주변 사람들의 일상이 아름답지는 않지만 우리 모두의 인생이 결국 마지막에는 아름답기를 바라는 심리이다. 우리의 인생 자체가 아름답지는 않다. 그러나 우리는 누구나 아름다운 인생을 꿈꾸며 하루를 마무리하는 존재가 아닐까 생각해본다.

입선

드라마 <상속자들>이 그려낸 리얼리티, 재벌 드라마의 변화와 정체되어 있는 판타지

이나혜

프롤로그

재벌가가 등장하는 미니 시리즈 드라마는 크게 두 부류로 나눠볼 수 있다. 주인공이 재벌 2세인 멜로드라마 장르가 한 축이고, 다른 한 축은 재벌가 집안의 어두운 권력 다툼 이야기이다. 2013년에 방영된 드라마만 보더라도 재벌 멜로드라마인 <주군의 태양>과 <상속자들>, 그리고 재벌가의 암투를 그린 <황금의 제국>이 시청자의 사랑을 받았다. 흡사 이것은 재벌에게 로맨스 판타지를 기대하는 동시에 상류층의 부조리를 좇는, 재벌에 대한 대중의 이중적인 잣대를 보여주는 것 같다.

흥미로운 점은 과거에 비해 이 두 가지 유형의 재벌 드라마가 더 리얼해졌다는 것이다. 과거 재벌의 지위는 단순히 남자 주인공의 '직업군', 즉 이름표에 불과했다. 하지만 지금의 재벌 지위는 극의 세계를 움직이는 원동력이자 규칙이다. 다시 말해 주인공이 재벌이라는 것은 그가 자신의 운명과 사투를 벌여야 함을 의미한다. 물론 <미래의 선택>의 박세주나 <예쁜 남자>의 독고마테 같은 경우 여전히 재벌은 남자 주인공의 비범함과 캐릭터의 호감을 상승시켜주기 위한 배경이다. 그러나 분명한 건 재벌 드라마를 움직이는 규칙이 알게 모르게 변화되어 왔으며 재벌이 본격적으로 전경에 등장하고 있다는 점이다.

무엇이 변했고 무엇이 변화를 가져왔나

권력 다툼형 드라마나 재벌 멜로드라마, 이 두 재벌 드라마 장르 모두를 관통하는 전제가 있다. 재벌과 정반대인 가난한 이가 등장해야 극 전개가 가능하다는 것이다. <상속자들>의 여주인공 차은상과 <황금의 제국>의 남자 주인공 장태주가 그러하듯, 가난하거나 자본과 권력에 한이 서린 주인공이 지탱하고 있어야만 비로소 재벌가의 등장 공식이 성립된다. 그리고 최근에는 <상속자들>처럼 러브 라인과 극한 재벌계의 현실이 동시에 드러나는 작품도 출연하고 있다.

재벌 드라마가 상반된 환경의 두 주인공을 내세우는 것은 어쩌면 당연한 것일지도 모른다. <꽃보다 남자>, <발리에서 생긴 일>, <파리의 연인>, <내 이름은 김삼순>, <시크릿 가든>, <보스를 지켜라> 모두 그랬다. 재벌 주인공과 그와 반대되는 인물의 갈등이 드라마의 서사를 구성한다. 갈등은 자신이 원하는 바가 현실적 제약과 상황 논리에 부딪혀 어긋날 때의 비극이다. 지금 우리 현실에서 누군가의 상황을 판단하는 가장 무거운 잣대가 '돈'이고, 현격한 돈의 격차는 드라마 속에서 의상과 세트, 소품의 대비를 통해 시각적으로도 명백하게 제시되어 시청자들의 더 큰 주목을 받게 된다.

2013년 가을에 방송된 <상속자들>을 통해 이를 확인해보자. <상속자들>의 대략적인 줄거리는 얼핏 진부하다. '재벌 2세인 18살 김탄과 불우한 가정환경에서 자란 동갑내기 차은상이 서로의 환경 차이에도 불구하고 사랑하기 위해 각자 용기를 낸다' 정도로 요약할 수 있다. 흥미로운 점은 작가가 여기에 하나의 추가 옵션을 걸어놓았다는 것이다. 바로 캐릭터와 그를 둘러싼 거시적인 세계다. 남자 주인공 김탄은 여느 재벌 2세가 아니라 자기 자신을 부정하는 재벌 2세이다. 그는 자신의 의지와 상관없이 링 위에 올라가야 하는 상속자인 동시에 서자이기에 친엄마를 엄마라 부를 수 없다. 또 그의 이복형에게는 존재 자체만으로 미움을 받는 홍길동 콤플렉스를 지닌 '회색분자로서의 재벌 2세'이다. 그는 자신의 뿌리, 정체성에 대한 실존적인 고민을 한다. 출생의 비밀 같은 요소로 드라마 중반·후반에 정체성 갈등을 겪는 다른 재벌 드라마의 주인공과는 다르다.

또 다른 예도 있다. 어딘가 모자라고 공황장애라는 결함을 지닌 <보스를 지켜라>의 재벌 2세, 노골적으로 남자를 통해 신분을 상승하고 싶어 하는 <청담동 앨리스>의 솔직하고도 현실적인 여자 주인공, '세상이 바라보는 기준에서는 캔디지만……'을 오히려 솔직히 드러내면서 캔디 너머의 무언가로 남고 싶었던 <주군의 태양>의 태공실도 재벌 멜로드라마에서 최근에 새로 나타나는 유형의 캐릭터이다. 이는 과거의 드라마와 비교해볼 때 확연한 차이를 드러낸다. 2004년 작 <파리의 연인>의 한기주, <시크릿 가든>의 김주원을 보면 여자에게 쉽게 눈길 주지 않는 무뚝뚝하고 돈 많은 거의 완벽한 남성이었다. 그러나 <보스를 지켜라>의 남자 주인공이나 <청담동 앨리스>의 차승조 같은 인물은 정신적인 트라우마를 가진 결함이 있는 캐릭터이다.

이와 같은 결함은 재벌에게 인간적인 속성을 불어넣는다. 여전히 우월하고 신격화되어 있기는 하지만 본질적으로는 저들도 고민하고 살며, 사는 모습이 우리와 크게 다를 것이 없는 인간임을 알려주는 것 같다. 그러나 이와 같은 변화가 과연 본질적인 것일까? 우리는 어느 순간 결국 지금의 작품들이 2004년 <파리의 연인>의 연장선상에 놓여 있음을 알게 된다.

재벌 멜로드라마의 진화는 불변의 요소들을 가려주는 장식들의 진화다

흥미롭게도 재벌 멜로드라마의 변화된 모습 안에는 정체된 요소들도 공존한다. 첫째가 사랑에 갇혀버린 현실이다. 드라마 <상속자들>은 부모 세대로부터 자식 세대에게 상속된 양극화된 삶의 리얼리티를 보여주는가 싶지만, 그 리얼리티가 결국은 다시 판타지로 귀결되고 마는 재벌 드라마의 전형을 따른다. 현실을 아무리 실감 나게 대비시켜 보여주더라도 결국에는 현실이기보다는 동화 속 주인공이 되어버리는 결론이다. 그 와중에 수많은 현실적 문제는 다시 감춰진다. 두 극 중 인물이 다르게 살아온 만큼 서로가 이해 불가능하고 포기하게 되는 지점이 있을 텐데, 이것은 전면에 등장하지 않는다. 초반에 무겁게 그려진 암울한 현실의 대비가 눈길을 끌었지만 정작 후반부로 갈수록 현실의 무게감은 보이지 않고 남녀의 사랑으로 봉합된다. 그러다 보니 긴장감의 중심축은 흔들린다.

두 번째는 캐릭터의 진화와 상관없이 상존하는 전형화된 성 역할이다. 예를 들어 남자 주인공이 선택과 결단을 내려야만 해피 엔딩으로 이어지는 스토리에는 변화가 없다. 1990년대 차인표, 신애라의 <사랑을 그대 품안에>와 2000년대 초반의 <파리의 연인>, 그리고 지금의 <상속자들>이

20년의 시차에도 불구하고 같은 맥락에서 읽히는 건, 우리의 남녀상에 대한 가치관이 굳어 있다는 걸 증명하는 것 같다. <사랑을 그대 품안에>의 마지막 장면은 편의점에서 일하고 있던 진주에게 풍호가 기습적으로 나타나 사랑을 확인하는 내용이다. 여주인공의 상황이나 박력 있는 남자 주인공의 존재는 오늘의 <상속자들>에서도 동일하게 반복된다. 적극적으로 구애하고 힘들 때마다 나타나는 남자 주인공과 가난하지만 효녀인데다 사랑을 하려면 용기를 내야 하는 여자 주인공 말이다.

결과적으로 최근의 재벌 드라마의 변화는 과거와 변함없는 성 역할을 진부하게 보이지 않도록 하려는 알리바이다. 그 요소에는 여러 가지가 있다. 김은숙 작가 특유의 판타지 속에서만 빛날 수 있는 감각적이고 라임이 있는 대사, 당대 최고의 스타를 등장시켜 같은 성격이라도 항상 신선해 보이게 하는 매력적인 캐릭터, 그리고 재벌 사회를 더 리얼하게 보여줌으로써 빛을 발하는 화려한 볼거리들이다.

왜 기본 구조와 법칙은 변하지 않는가

<상속자들>의 기획 단계에서 나왔던 기사에 따르면 이 드라마는 "<꽃보다 남자>와 <가십걸> 스타일의 부유층 고교생들의 사랑과 우정을 그리는 드라마가 될 것"을 목표로 삼는다고 했다. 그렇다면 이는 성공이다. 실제로 라헬과 영도를 보며 가십걸의 블레어, 척의 느낌을 받았고, 주인공 차은상의 엄마와 김탄의 엄마 사이의 서브플롯은 일본 드라마 풍의 소소한 재미를 느끼게 해줬다.

공중파 시청률의 꽃인 저녁 9시 55분에 하는 미니 시리즈이기 때문에 도전보다는 안일한 선택을 했다는 느낌을 받는다. 재벌 2세와의 사랑 이야

기가 예전처럼 스토리 자체로 시청자의 눈과 귀를 사로잡는 시대는 끝났다. 분기당 작품 수도 많지 않고 아이돌과 매력적인 스타들을 앞세웠다가 외면당하거나, 그 스타성에 선방하기도 한다. 그러나 이런 행진을 계속할 수 있었던 이유에는 시청률과 피드백의 주체인 우리 시청자도 있다. 내가 못 누려본 행복이라면 비판에 앞서 선망의 대상으로 공존하는 아이러니와 러브 라인을 그려내는 순간부터 카타르시스와 관음증적 시청 태도가 눈을 떼지 못하게 만든다. 그리고 생산자인 제작자 측에서는 그에 맞춰 이를 자꾸 생산해내어 둘의 입장이 톱니바퀴처럼 잘 맞물려왔던 것이 아닐까.

더불어 개성과 다양성이 무시되는 현 제작 환경과 피라미드식 작가 라인업 구조도 이런 현상을 지속시켰다. '이렇게 하면 시청률이 나왔으니까'라며 시청률이 나올 법한 요소들만 부각시켜 빨리빨리 만들어내는 환경은 소재나 전개의 스펙트럼을 좁힌다. 한 사람이 만든 두 작품보다, 두 사람이 한 편씩 만든 두 작품이 스펙트럼을 넓히는 일이다.

그리고 무엇보다 이 내러티브의 구조가 변하지 않는 가장 큰 이유는 수용자인 시청자들에게 있다. <파리의 연인>은 57.6%로 최고 시청률을 끌어올렸고, 지금의 <상속자들>도 지상파에서는 21.8%로 드라마 순위와 종합 순위 2위라는 왕관을 쓰고 있다. 하지만 지상파에서 여전히 재벌 멜로드라마가 왕관을 쓸 수 있는 것은 시청자에게 이야기가 통하고 있다는 것을 증명한다. 뻔한 멜로드라마라며 혀를 차면서도, 재벌 멜로드라마가 주는 본능적인 재미를 얻으려고 하는 시청자가 분명히 존재한다. 그렇기 때문에 제작자도 그 흐름에 맞춰 계속해서 작품을 본뜨는 것이다. 하지만 최고 드라마 시청률의 절대적인 수치가 50%대에서 20%대로 대폭 낮아진 이유에는 케이블로 채널을 돌린 변심한 시청자가 증가한 것도 있다. 이를 무시할 수 없다는 데서 지상파 방송은 긴장해야 한다. 과거 시청률 50%를 달성했던 때에는 전 세대에게 통했다면, 지금은 나머지 절반의 시청자는 다른 데서 드라마의 재미를 충족하고 있는 것이다. 결국 지금 지상파 방송사에 필요한 건 시청자에게 여전히 통한다는 생각에 근거한 안주가 아니라 채널을 돌린 시청자의 기호를 멀리 내다보는 드라마의 다양성 추구다.

에필로그

최근 케이블 드라마 작품에 대한 호평이 쏟아져 나오는 상황에서 공중파 드라마는 퇴보하고 있다는 일침이 가해지기도 했다. 지금까지 여러 논점을 정리했지만 드라마 비평이 어려운 것은 스토리라는 큰 스케치만이 그 드라마의 전부는 아니기 때문이다. 대사 한 마디, 일상의 섬세한 관찰력에서 나올 수 있는 표현력 등 작가주의 요소와 영상적 문법 등이 비판만 받을 드라마는 없다는 걸 증명해준다.

몇 년 전만 해도 우리나라에서 막장 드라마나 흔히 가볍다고 여기는 드라마를 보면서 '드라마니까'라는 말이 용인됐다. 하지만 이제 드라마가 무차별적으로 인식되는 매체 장르임에도 반복되는 플롯에 지친 시청자들은 오히려 톡톡 튀는 소재를 발굴하는 케이블로 채널을 돌리고 있다.

재벌 멜로드라마는 오랫동안 명맥을 유지해온 멜로드라마의 한 장르라 할 수 있다. 물론 이 장르가 가진 판타지는 여전히 유효하다. 시청률이 그것을 단적으로 보여준다. 자본주의 사회에서 재벌이 갖는 특징은 불변할 것이고, 환상으로서 재벌의 가치는 충분히 매력으로 작용한다. 단지 과거처럼 단순히 재벌과 신데렐라의 행복한 사랑보다는, 극의 세계가 확장되면서 입체적으로 발전하긴 했지만 사랑이라는 보편적 감정을 모든 문제의 해결책으로 삼지 않는 과감한 한 수가 필요한 때가 아닐까.

입선

인간다운 삶을 위한 덧셈·뺄셈

<인간의 조건> '마이너스' 미션에서 '플러스'로 영역을 넓히며 겪는 슬럼프

오소영

어떻게 사는 것이 인간다운 삶일까? KBS 2TV <인간의 조건>은 예능 프로그램이 다루기엔 철학적으로 보일 수 있는 주제를 다룬다. 개그맨 여섯 명이 일주일 동안 하나의 미션을 실천하는 형식으로 '공익'과 '재미' 모두 잡은 흔치 않은 예능으로 평가받았다. 그러나 방송을 시작한 지 1년 가까이 지난 최근 "과연 방송 내용이 <인간의 조건>에 걸맞는가"라는 프로그램의 기획 의도를 의심하는 비판들이 나오고 있다.

<인간의 조건>의 키워드: 마이너스(−)

<인간의 조건>은 파일럿 프로그램이 호평을 받아 정식 편성된 경우다. 호평을 받았던 <인간의 조건> 초기를 꿰뚫는 키워드는 '마이너스'였다.

과거에서 현대로 오며 삶에 더해진 것들을 빼는 작업으로 체험은 시작됐다. 휴대전화 사용하지 않기, 쓰레기 없이 살기, 자동차 없이 살기 등 우리의 삶에서 무언가를 빼는 미션들이었다.

첫 방송 미션인 '휴대전화 없이 살기'는 프로그램의 기획 의도를 확실하게 보여준다. 스마트폰은 현대인의 오늘을 가장 잘 보여주는 수단이다. 전화뿐 아니라 시계, 인터넷, 메모 등 여러 기능을 갖춘 이 기기는 생활 전반과 연계돼 있다. <인간의 조건>은 인간의 편리함을 위해 개발된 기계들이 낳은 부작용에 문제를 제기한다. 사람 사이를 더 가깝게 해줄 것 같던 스마트폰은 사람들이 만나서 대화하는 대신 오히려 각자 휴대전화만 들여다보는 상황을 낳았다. 또 일을 좀 더 쉽고 빠르게 처리해줘서 여유를 만들어줄 것처럼 보였으나, 도리어 스마트폰에 사람을 옭아매는 부자유를 만들었다. 인간을 위해 만든 기계가 인간을 망쳐버리는 역설적 상황이 된 것이다.

이미 많은 기능을 갖춘 스마트폰은 그럼에도 더 다양하고, 질이 높은 기능을 추가하도록 요구받는다. 빼기보다 계속 더하기만 하는 플러스(+)의 영역이다. 이러한 상황에서 휴대전화 없이 살기 미션은 휴대전화 없이도 잘 살 수 있는 인간다운 삶을 보여줬다. 멤버들은 낯선 불편함을 극복했고, 휴대전화를 들여다보는 대신 사람을 만나 얼굴을 보고 대화했다.

'선생질'이 아닌 출연진의 '리얼' 변화가 시청자의 공감을 이끈다

마이너스는 미션 주제뿐 아니라 수행 과정을 담는 방식에서도 적용된다. <인간의 조건> 제작진은 방송에 개입하는 것을 최대한 배제했다. '이렇게 실천해야 한다'는 계도적인 태도, 소위 '선생질' 대신 리얼 버라이어티 방식으로 담백하게 담았다. 작가들은 대본을 쓰지 않고 카메라가 멤버들의 일상을 쫓아갈 뿐이다. 따라서 미션 수행 과정은 순조롭지 않다. 여러 시행착오를 겪기도 하고, 멤버 각자의 성격에 따라 미션을 열심히 하는 사람도 있고 쉽게 포기하는 사람도 있다. 카메라는 이런 모습 역시 여과 없이 보여준다.

따라서 미션 결과를 보여줄 때도 '우리의 변화로 이렇게 대단한 결과가 생겼다'는 방식을 택하지 않는다. 지금까지의 많은 공익 프로그램은 캠페인 전후를 비교하는 데 공을 들였다. 전후를 비교할 수 있을 만큼 규모가 큰 캠페인이기도 했다. 반면 <인간의 조건>은 당장 눈에 보이는 큰 결과를 제시하지 않는다. 여섯 명이 일주일 동안 휴대전화를 쓰지 않는다고 해서, 쓰레기를 버리지 않는다고 해서 일어나는 눈에 띄는 변화는 없다.

다만 변하는 것은 스스로다. 쓰레기를 버리지 않는 미션을 수행하던 멤버는 문득 우리나라에서 얼마나 많은 쓰레기가 생기는지 궁금해졌고, 자연스럽게 쓰레기 처리장을 방문했다. 평소 관심이 없던 '버린 후'를 생각하게 된 것이다. 자가용 없이 살기 미션은 당장 불편함을 주었지만, 평소 볼 수 없던 풍경과 접할 수 없던 사람들을 대중교통을 이용하며 만나게 했다. 이를 통해 평소 잊고 있던 소중함을 깨닫게 했다.

멤버들이 행한 미션으로 대단한 결과가 나타나지 않아도, 미션 실패로 인한 커다란 페널티가 없어도, 개인의 변화를 보여주며 왜 '이러한 마이너스 행위가 필요한지' 알 수 있는 프로그램인 것이다. 이렇게 우리 삶에서 무언가를 '빼는' 미션을 제작진의 개입을 '뺀' 방식으로 담아낸 <인간의 조건>은 시청자들에게 좋은 반응을 얻었다.

마이너스에서 플러스로 옮겨가며 삐걱거리는 <인간의 조건>

초기에 좋은 반응을 얻었던 <인간의 조건>이 최근 비판의 대상이 된 이유는 미션의 영역이 마이너스에서 플러스로 옮겨간 데 있다.

> 빠르게 변해가는 속도에 맞춰 사느라 혹시 놓치고 있는 것은 없는지, 진짜 소중한 것은 무엇인지 현대인의 필수 조건을 하나씩 가감해봄으로써 인간이 인간답게 살기 위한 조건에 대해 고민해보고자 한다(<인간의 조건> 기획 의도 중에서).

제작진은 '마이너스'뿐 아니라 '플러스'가 결합된 '가감하는 삶'을 지향한다. 갖고 있는 것 중 무언가를 뺐던 마이너스 미션에서 최근에는 '플러스' 영역으로 옮겨왔다. 어떠한 것을 더하는 일은 무언가를 빼는 작업보다 더 적극적인 자세를 요구한다. 그냥 빼면 됐던 방송 초기 미션과 달리 무언가를 일부러 더해야 하는 수고로움이 있다. 그 때문에 <인간의 조건>의 큰 장점이었던 '힘을 뺀 방송'은 위기에 닥쳤다.

최근의 미션들로는 '책 읽으며 살기', '이웃의 도움으로만 살기' 등이 있다. 휴대전화나 자가용이 현대로 오면서 새로 생긴 것이라면 이웃 간의 정은 사라진 것들 중 하나다. 평소 생각하지 않았던 것을 일상에 새로 집어넣어야 하는 수고가 생긴 것이다. 멤버들은 평소 인사도 잘 하지 않고, 이름은 물론 얼굴조차 흐릿한 이웃들을 새로 보기 시작한다. '음식을 얻어오라'는 미션에 이웃에게 음식을 얻어오기도 했다. 이런 장면에서 시청자는 불편함을 느끼기 시작했다. 이웃 사이가 돈독했던 과거를 생각하면 음식을 얻어오는 장면은 당연하다. 그러나 현대에서 갑자기 과거로 회귀하는 멤버들의 모습은 '인간의 조건'을 찾아가는 모습이라기보다 민폐에 가깝게 보였기 때문이다. 멤버들이 그동안 미션을 수행하며 스스로 변화한 것과 달리 이러한 플러스 미션들은 스스로에게 영향을 줄 뿐만 아니라 타인에게도 영향을 준다는 점에서 더 낯설고 불편했다.

여기서 슬럼프가 생긴다. <인간의 조건> 제작진은 "시청자들의 공감을 최우선으로 여긴다"라는 인터뷰를 여러 번 했다. 또 "'주제가 흔하다'는 비판도 그만큼 공감 가는 소재라는 말이기 때문에 긍정적으로 여긴다"라고도 했다. 하지만 그런 공감대가 무너졌기에 시청자의 비판이 시작된 것이다.

제작진은 시청자들의 비판에 게스트 투입이란 방법으로 맞선 듯하다. 이전엔 일회성으로 나왔던 게스트가 일주일 고정으로 나오는 촬영을 시작했기 때문이다. 그러나 시청자들이 원하는 것은 화려한 게스트가 아닌 방송 초기의 모습으로 되돌아가는 것이다.

'인간의 조건'을 위해 되돌아가야 할 마이너스

제작진의 말처럼 시청자들이 원하는 것은 공감이다. '어떻게 사는 것이 인간다운 삶일까?'에 대한 명확한 답은 없다. 다들 흐릿하게 알고는 있지만 뭐라고 정의 내릴 수 없는 것이 인간다운 삶이다. 많은 공익 프로그램은 '왜 해야 하는지', 즉 미션(캠페인)에 대한 이유가 한눈에 보이는 주제를 택했다. 반면 <인간의 조건>은 대놓고 '공익'이라고 보긴 힘들지만 개인의 변화로 모두의 변화를 보여주는 담백한 프로그램이었다.

슬럼프의 해결책은 간단하다. 처음의 그 '마이너스', 담백함을 지향해야 한다. 담백했던 프로그램은 뭔가를 더할수록 인위적으로 변하고, 시청자들은 불편함을 느낀다. 초기의 작은 변화에 주목하고 그로 인한 공감을 다시 불러일으킨다면 <인간의 조건>은 출연진과 시청자의 '리얼'을 담는, 처음의 '인간다운 삶'을 말하는 프로그램으로 되돌아갈 수 있다.

입선

괜찮다, 다 괜찮다

<KBS 드라마 스페셜-모퉁이>, <학교 2013>이 우리에게 건네는 작은 위로

정신혜

누구나 한 번쯤 겪는 성장통

흔들리지 않고 피는 꽃이 어디 있으랴 / 이 세상 그 어떤 아름다운 꽃들도 다 흔들리면서 피었나니 / 흔들리면서 줄기를 곧게 세웠나니 / 흔들리지 않고 가는 사랑이 어디 있으랴 / 젖지 않고 피는 꽃이 어디 있으랴 / 이 세상 그 어떤 빛나는 꽃들도 다 젖으며 젖으며 피었나니 / 바람과 비에 젖으며 꽃잎 따뜻하게 피웠나니 / 젖지 않고 가는 삶이 어디 있으랴.

도종환의 시 「흔들리며 피는 꽃」이다. <학교 2013>에서 정인재가 학생들에게 들려준 시이기도 하다. 이 시는 모든 꽃은 바람과 비에 젖으며 흔들리며 피어난다는 것을 말한다. 우리 삶도 이와 다르지 않다. 태어나서

나이가 들고 죽을 때까지 우리는 끊임없이 성장한다. 흔히 성장이라 하면 외적인 성장이 떠오르지만 우리는 내적인 성장도 한다. 마더 테레사(Teresa)는 "고통은 성장의 법칙이며, 우리의 인격은 거센 폭풍우와 긴장 속에서 조금씩 만들어지는 것입니다"라고 말한 바 있다. 이처럼 성장에는 고통이 따르지만 우리는 이런 성장통을 겪으며 내면적으로 조금씩 성숙해간다.

2012년 하반기 KBS 드라마 스페셜 단막극 중 눈길을 끌었던 것이 있다. 바로 <모퉁이>다. 이 드라마는 가짜 치매 환자 연기를 하는 할머니와 학교에서의 집단 따돌림으로 자살을 시도하려는 소년이 만나면서 일어나는 이야기를 그리고 있다. 기존 드라마에서 쉽게 볼 수 없었던 '청소년과 할머니'라는 소재는 신선한 충격이었다. 이와 비슷한 시기에 학교를 중심으로 일어나는 다양한 문제를 그린 드라마 <학교 2013>이 시작했다. <학교 2013>의 전체적인 이야기는 현재 한국의 교육 현실을 보여주고 비판하는 것이나, 그 내면을 들여다보면 <모퉁이>와 몹시 닮아 있다.

두 작품 모두 서로 섞일 수 없을 것 같던 사람들이 모여 서로의 아픔을 발견하고 그 속에서 위로하며 함께 성장하는 이야기를 담고 있다. 서로 어울리지 않을 것 같은 단막극과 미니 시리즈지만 두 작품은 같은 것을 말하고 있다. 두 작품 모두 드라마 안에서 성장과 위로를 이야기하려고 한다.

아픔, 그리고 치유

두 드라마는 시청률을 올리기 위해 사용하는 장치들이 없다. 흔히 볼 수 있는 남녀의 사랑이 소재도 아니며, 인기 스타도 등장하지 않는다. 그럼에도 공감하며 볼 수 있는 것은 우리의 현실이 잘 드러나 있기 때문이다.

<모퉁이>와 <학교 2013> 속 상황은 지금 우리가 살아가는 현실과 크게 다르지 않다. 각 주인공들의 삶은 우리의 삶과 닮아 있다. 집에서도 학교에서도 사랑받지 못하는 <모퉁이>의 최동하와 요양원에 들어가서 조용히 사는 것이 꿈인 이영애가 그렇다. 또 <학교 2013>의 서로 다른 가치관을 가진 정인재와 강세찬, 어머니가 만들어놓은 틀 때문에 괴로워하는 김민기가 그렇다.

주인공들은 제각기 아픔을 가지고 있다. <모퉁이>의 동하는 학교 폭력에 시달리고, 어머니에게조차 따뜻한 위로를 받지 못한다. 영애는 아들을 버렸다는 죄책감을 가지고 있다. 언뜻 보면 이들에게는 공통점이라고는 없어 보인다. 나이도 기성세대와 신세대로 차이가 있고, 그들의 아픔은 서로 다른 것처럼 보인다. 하지만 소풍 때 엄마가 싸준 김밥 하나 먹어본 적 없다는 동하의 말에 영애는 자신이 버렸던 아들을 떠올리게 된다. 입학식을 혼자 가고 도시락 쌀 돈이 없어 물로 배를 채웠다는 아들의 말이 겹친다. 동하에게서 아들이 느꼈을 외로움과 아픔을 발견한 것이다.

동하는 영애가 방에 걸어둔 연예인 사진에서 자신과의 공통점을 발견한다. "사진에 말이라도 걸 수 있으니 적적하지 않고 얼마나 좋냐"라는 영애의 말은 뻐꾸기시계를 앞에 두고 말을 하는 자신과 겹친다. 둘 다 사물에 말을 걸면서 위안을 받고 있었던 것이다.

이러한 공통점 덕분에 두 주인공은 서로를 깊이 이해하고 공감할 수 있게 된다. 이 작품은 청소년과 할머니, 즉 기성세대와 신세대의 공통점을 '아픔'과 '외로움'에서 찾고 있다. 또 그것들로부터 삶은 누구에게나 버거운 것이라는 사실을 알려준다. 이는 영애가 동하에게 하는 말에서 잘 드러난다.

내가 네 발목을 잡은 게 아니라 네가 내 발목을 잡았어. 쥐방울만한

게 뭐가 저렇게 서러울까……. 끽해야 십몇 년을 산 너나, 칠십 년을 산 나나, 사는 게 서러운 건 매한가지인가 보다. 그때부터 네가 자꾸 눈에 밟혔어. 불안 불안하더라. 겉만 번지르르하면 뭐해. 그 조막만 한 가슴이 뻥 뚫려서 바람이 숭숭 들어왔다 나갔다 하는데…….

한편 <학교 2013>의 세찬은 자신의 무책임 때문에 제자가 죽었다는 트라우마가 있다. 과거의 그 아픔 때문에 세찬은 냉소적 인물이 되어 학생에게 다가가고 진심으로 대하는 것을 거부한다. 또 다른 비극이 일어나는 것이 두려웠기 때문이다. 학생에게 마음을 줄수록 학생은 선생에게 더 기대게 되고, 선생은 책임져야 한다는 부담을 갖게 된다. 그 책임감이 무거워 애초에 여지를 두지 않겠다는 것이다. 그런데 세찬은 인재에게서 자신이 되고 싶었던 선생의 모습을 발견한다. 자신이 이제껏 애써 외면하고 거부했지만 바라고 있었던 '진심'이 인재에게 있었다. 학생을 진심으로 걱정하고 생각하는 인재의 진심이 결국 얼어붙어 있던 세찬의 마음을 녹인다.

인재의 진심은 민기를 보듬어주기도 한다. 민기는 자신에게 정답만을 주는 어머니 때문에 괴로워한다. 늘 어머니의 말에 잘 따랐지만 반복되는 일상에 지쳐간다. 내가 아닌 어머니를 위한 삶을 살고 있다는 생각에 삶의 의미를 잃어가고 자살을 결심한다. 그렇게 학교 옥상에 올라갔을 때 자신의 손을 잡아준 사람이 인재였다. 민기는 인재에게 누구에게도 하지 못한 마음속 이야기를 하며 홀가분해진다.

두 작품 속 이야기는 곧 우리 현실이기도 하다. <모퉁이>의 동하나 <학교 2013>의 학생들은 이 시대를 살아가는 학생들의 모습과 닮아 있다. 학교에서 발생하는 크고 작은 일도 현재 우리 교육 현실과 겹친다. 인재와 가치관이 다른 주변 인물들 간의 충돌도 서로 다른 가치관을 가지고 살아가는 우리 모습과 닮아 있다. <모퉁이>의 영애 또한 복지 사각지대에 놓인 노인들의 현실과 겹친다.

이렇게 현실을 보여주는 두 작품은 어느 누구도 아프지 않은 사람은 없다고 말한다. 그리고 그 아픔을 극복하고 성장하는 과정을 따뜻하게 그려낸다. 이는 우리에게 던지는 위로의 메시지이기도 하다. 주인공뿐만 아니라 우리도 아파도 괜찮고, 쉬어가도 괜찮고, 방황해도 괜찮다는 이야기다. 아픈 만큼 성장하고, 아픔을 극복하면서 단단해지는 것이다.

열어두는 희망의 문

영국 작가 새뮤얼 존슨(Samuel Johnson)은 "희망은 어떤 상황에서도 필요하다"라고 말했다. 희망은 저절로 생기는 것이 아니라 우리가 믿음을 가질 때 생긴다. 아무리 지금 이 순간이 어려워도 희망이 있기 때문에 우리는 다시 힘을 낼 수 있는 것이 아닐까? 그것마저 없다면 우리는 세상을 살아갈 용기를 잃을 것이다. 드라마는 바로 그런 희망을 주는 역할을 한다. 우리는 드라마를 보면서 잠시 현실을 잊는다. 고단한 하루를 지우고 마무리하는 시간을 갖는 것이다. 드라마 속 주인공이 되어서 함께 울기도 하고 웃기도 한다. 또 숱한 어려움을 겪지만 결국 이겨내는 주인공을 보며 카타르시스를 느끼기도 한다.

하지만 드라마에서는 현실에서 쉽게 극복할 수 없는 일들이 풀리고, 이룰 수 없을 것 같던 일들이 이뤄진다. 이 때문에 드라마는 결국 드라마일 뿐이라는 사실이 강해진다. 마찬가지로 <학교 2013>도 현실을 잘 반영하고 있지만 드라마에서 벗어나지는 못했다. 우리의 교육 현실을 잘 보여주어 현실적이라는 평가를 받았지만 여전히 이상적인 드라마였다.

이는 정인재를 통해 잘 드러난다. 인재는 자신의 진심이 언젠가는 통할 것이라고 믿으며 신념을 지켜나가는 이상적인 인물이다. 학교는 그런 인재를 현실과는 맞지 않는다며 거부한다. 하지만 인재는 그에 굴하지 않고 끝까지 자신의 길을 걸어간다. 결국 등장인물들은 하나둘씩 인재의 진심을 알아가게 된다. 선생님은 아이들의 인생을 책임져줄 수 없다며 냉소적인 태도로 일관했던 강세찬, 아버지의 폭력으로 비뚤어져 엇나가기만 했던 오정호, 공부 이외에 남을 챙기는 법을 몰랐던 송하경, 아들을 자신의 방식대로만 키우려 했던 민기 어머니 등이 인재 덕분에 조금씩 바뀌고 성장해간다. 변하지 않을 것만 같던 이들이 변한 것이다.

변화는 인재가 학교를 상대로 홀로 싸워가는 과정에서도 나타난다. 인재는 항상 학부모나 교장이 제시하는 입시 위주의 교육제도에 반발한다. 자신이 부당하다고 생각하는 것에는 과감하게 의견을 이야기하고 그것이 옳지 못하다는 입장을 밝힌다. 그런 인재는 처음에는 늘 외면당하지만 결국에는 세찬도, 주변 선생님들도, 학생들도 인재를 도와준다.

현실에는 인재와 같은 인물이 극히 드물다. 입시 전쟁이 치열해진 지금 진정으로 학생만을 생각하는 진짜 선생님이 있을까? 더구나 극 중 인재는 계약직이다. 현실에서 정교사도 아니고 이렇다 할 힘도 없는 계약직의 목소리가 받아들여질지 의문이다.

그렇지만 오히려 이런 것들이 시청자에게 더 큰 위로를 안겨줄 수 있었다. 우리는 현실에 없는 이상적인 인물을 드라마를 통해서나마 만날 수 있다. 드라마는 이런 인물을 제시함으로써 이상적인 삶의 방향을 설정하는 역할을 한다. 우리는 드라마에서까지 현실을 보고 싶어 하지 않는다. 앞서 언급한 것처럼 드라마를 통해 희망을 가지기 때문이다. 드라마가 현실의 연장이라면 팍팍한 현실의 삶을 드라마에서도 보게 된다. 그렇게 되면 우리는 기댈 곳이 없어진다. 어느 누가 힘든 삶을 있는 그대로 보고 싶어 하겠는가? 애써 외면하고 덮어두려는 것을 굳이 또 드라마에서 드러낼 필요는 없다. 그렇다고 지나치게 이상적인 내용을 담아야 하는 건 아니다. 드라마가 현실과 괴리감이 커도 문제가 생긴다. 지나친 괴리감은 시청자들에게 좌절을 느끼게 할 수 있다. 그러므로 적당히 현실을 반영하고, 또 적당히 위로도 건넬 수 있어야 한다. 드라마에서조차 위로받지 못한다면 우리는 어디서 삶에 대한 용기를 얻을 것인가. 두 작품은 그런 면에서 두 가지 모두를 잘 잡은 드라마라 할 수 있다.

우리에게 건네는 위로는 <모퉁이> 엔딩 대사에서 잘 드러난다. 영애가 동하에게 하는 말은 우리 모두에게 하는 말처럼 가슴 깊이 박힌다.

> 봐, 딱 한 발이지. 요 모퉁이만 돌아 한 발만 더 디디면 저렇게 쨍하니 얼마나 좋은 세상이야. 저렇게 좋은 세상을 코앞에 두고 여기서 주저앉으면 얼마나 억울해. 이렇게 두 손을 꼭 잡고 가는 데까지 가보는 거야.

<학교 2013>에서 인재가 민기에게 하는 말도 마찬가지다.

> 민기야, 모든 건 다 지나가. 당장은 큰일 같아도 다 지나가게 돼 있어. 그러니까 그 지나가는 시간을 잘 견디는 것, 그게 힘이야.

두 작품은 모두 저 너머에서 다시 희망이 싹틀 것이라는 여지를 남기고 끝난다. <모퉁이>는 제목처럼 저 모퉁이를 돌아가면 좋은 세상이 올 것이라고 말한다. <학교 2013>은 정호를 기다리는 인재의 뒤를 이어 "종례, 아직 안 끝났죠?" 하며 들어오는 세찬의 모습을 마지막으로 끝난다.

엔딩으로 화면을 가득 채우는 ‘2학년 2반’ 팻말은 아직은 아이들의 손을 놓을 때가 아니라고 말하던 인재의 모습을 떠올리게 한다.

두 작품 속 주인공들은 모두 어려운 일이 지나간 후 성장했다. 또 우리와 마찬가지로 희망을 품고 다시 세상을 살아갈 힘을 가지게 되었다. 어떻게 보면 다소 전형적인 모습이다. 이런 엔딩이 나올 수밖에 없는 것은 우리는 주인공이 더 이상 다치지 않길 바라기 때문이다. 그리하여 주인공과 내가 모두 행복해지길 바란다. 마음의 상처를 치유하고 다시 건강한 모습으로 살아가는 드라마 속 주인공이 있기 때문에 우리도 삶을 살아내는 것이 아닐까.

입선

가장 완벽한 리얼 버라이어티

<일밤>을 통해 엿본 리얼 버라이어티의 미래

박상민

> 방송국이 세 개다 본께 아따 뭘 봐야 될까 하고 겁나게 갈등 때린다니깐 (<응답하라 1994>).

KBS와 MBC, 두 개의 지상파 방송사가 11년 동안 독점하던 국내 방송 시장은 1991년 SBS가 개국하고, 종합 유선방송이 등장한 1990년대 중반 이래 우후죽순으로 늘어나 현재 200여 개가 넘는 채널이 경쟁하고 있다. 여기에 고속 인터넷망의 보급과 퍼스널 미디어의 성장이 더해져 미디어 매체의 절대 강자로 여기던 지상파 방송의 독점적 지위가 위협받기에 이르렀다. 정보의 취사선택이 가능해졌기 때문이다.

다매체 시대의 도래는 절대적 정보량을 증가시켰고 필연적으로 매체 간의 경쟁을 부추겼다. 지상파 방송도 경쟁에서 자유로울 수 없었으며, 소수 방송사의 독점적 지위가 깨지면서 방송과 시청자의 관계에도 변화의 바람이 불기 시작했다. 시청자는 넘치는 정보를 취사선택하는 과정에서 정보의 주도권을 방송사로부터 획득했다. 이로써 양측의 관계는 방송사 주도의 일방적 관계에서 시청자 주도의 상호 관계로 변모했다. 그리고 이런 관계 변화는 방송이 제시하는 정보를 무비판적으로 수용하던 기존 단계를 지나, 시청자가 방송의 허구성을 지각함과 동시에 새로운 방송 트렌드를 요구하는 수준에 도달하게 했다.

20여 년 전, <일밤>에서 방영한 '이휘재와 김애경의 가짜 결혼 발표편'은 시청자들이 방송을 얼마나 무비판적으로 수용했는지를 단적으로 보여준다. ≪경향신문≫은 이튿날 지면을 통해 방영 후 빗발친 시청자들의 항의 전화를 언급하며 악화된 시청자 여론을 조명했다. 의도된 기획이었는데도 '거짓'이란 표면적인 이유에 방점이 찍혀 여론이 악화된 것이다. 방송의 의도된 거짓에도 여론이 악화될 만큼, 방송이 제시하는 정보가 절대적이어야 했던 시절이었다. 그 시대에 방송은 깨져선 안 되는 판타지였다. 1990년대 이전 예능의 주역들이 스튜디오 예능에서 탄생했다는 점은 앞선 내용과 같은 맥락으로 이해할 수 있다. 스튜디오 예능은 연출자와 연기자의 의도를 깊숙이 개입할 수 있어 깨지기 힘든 완결성 있는 판타지를 만들기 쉽다.

하지만 1990년대를 지나 2000년대가 되면서 완결성 대신 의외성을 가진 리얼 버라이어티가 각광받기 시작한다. 다매체 시대에 시청자는 정보를 반복적으로 취사선택하면서 정보 분석력을 키울 수 있었다. 방송의 허구성을 지각할 수 있게 된 것이다. 시청자는 방송에 대한 판타지가 사라져서 더욱 유연한 수용이 가능했고, 연출자 또한 기획 창안의 폭을 넓힐 수 있었다. 그리고 마침내 리얼 버라이어티가 등장했다. 스튜디오에서 벗어나 작위적 판타지를 제거한 리얼 버라이어티는 전에 없던 새로운 장르로 각광받았고 금세 예능 방송의 트렌드가 되었다. 변화는 빨랐고 트렌드에 적응하지 못한 수많은 예능인이 사라졌다. 그 대신 연기력만큼이나 리얼 버라이어티에 필요한 재치와 순발력을 갖춘 강호동, 신동엽, 이휘재와 연기자로는 큰 주목을 받지 못했지만 트렌드 변화와 함께 본인의 재능을 발견한 남희석, 유재석 등이 주류 예능인으로 주목받기 시작했다.

<일밤>의 부활, 스토리텔러의 부재

<무한도전>과 <1박 2일>을 필두로 리얼 버라이어티는 수많은 유사 프로그램을 양산하며 수년간 전성시대를 맞는다. 리얼 버라이어티는 방송과의 상호 관계를 원하는 시청자의 욕구를 읽었기 때문에 성공할 수 있었다. 그리고 방송의 판타지를 스스로 깨부숨으로써 여과 없이 날것 그대로의 방송을 제공했다. 하지만 리얼 버라이어티는 여전히 기존 예능을 일부 답습하는 과도기적 정체성이 있다. 무엇보다도 트렌드의 변화 속에서 세대교체는 성공적으로 이뤄냈지만 메인 MC 체제를 버리지는 못했다. 주류 예능인을 활용한 메인 MC 체제는 방송에 의도적인 스토리텔링을 부여하기 쉽다. 즉, 자연스러운 리액션보다 인위적인 액션이 중심이 될 공산이 커진다. 결국 리얼 버라이어티는 날것 그대로가 아닌 연출자와 연기자가 만든 그럴듯한 한 편의 판타지가 되는 아이러니한 상황을 마주할 수 있다. 그리고 그 균열은 조작 논란을 통해 가속화된다.

개인 미디어의 발달과 미디어 비평의 대중화는 대중의 수준을 다매체 시대 초창기와는 비교할 수 없을 정도로 높여놓았다. 정보 분석력과 통찰력은 방송의 사소한 논란거리도 절대 놓치지 않는 수준이 되었고, 리얼 버라이어티 조작 논란의 빈도수 또한 급증했다. 그리고 이렇게 드러난 연출자 또는 연기자의 의도된 '거짓'은 리얼 버라이어티의 정체성에 치명상을

입히기 시작했다. <일밤>의 성공은 이런 위기 상황을 인식하고 시청자들이 원하는 리얼 버라이어티의 정체성을 정확히 짚어냈기 때문에 가능했다.

<일밤>의 두 코너, <진짜 사나이>와 <아빠! 어디가?>에 공통적으로 없는 한 가지는 스토리텔러다. 초기 리얼 버라이어티는 메인 MC를 필두로 연기자 또는 연출자에게 스토리텔링의 주도권이 주어졌다. 초기 리얼 버라이어티의 과도기적 정체성이 여기서 드러난다. 때때로 발생하는 스토리텔링의 부조화를 내부에서 해결하려다 보니 의도된 거짓, 조작이 개입할 여지가 발생하는 것이다. <일밤>의 두 코너는 모두 스토리텔러가 없다. 메인 MC 체제를 버리고 스토리텔링의 주도권을 연출진이 아닌 외부에 위임한다. <진짜 사나이>가 출연진의 통제권을 군이라는 특수한 집단에 위임했다면, <아빠? 어디가!>는 어른들의 통제가 불가능한 아이들에게 스토리텔링의 주도권을 위임하고 있다. 의도된 거짓, 조작이 개입할 여지가 발생하지 않는다. 과도기적 정체성이 사라진 것이다. 그리고 마침내 <일밤>은 6년의 부진을 딛고 가장 완벽한 리얼 버라이어티로 시청자의 니즈를 충족시키며 주말 최고 인기 예능으로 부활할 수 있었다.

<일밤>, 그리고 그 이후

<일밤>의 스토리텔러 부재는 시청자의 시점을 3인칭 관찰자로 제한한다. 우리는 이런 형태의 예능을 관찰 예능이라 부르며 기존 리얼 버라이어티와 차별화한다. <일밤>이 제시한 관찰 예능은 화자를 통해 이야기를 간접적으로 전달하는 방식이 아닌, 출연자가 시청자에게 이야기를 직접 전달하는 효과를 가져다준다. 스토리텔러의 부재가 이야기의 거리감을 오히려 좁혀주는 것이다. 덕분에 매개자가 없는데도 시청자는 <진짜 사나

이>와 <아빠! 어디가!>를 보며 격한 공감대를 형성할 수 있다. 이는 <일밤> 성공의 주요 원인이다.

<일밤>뿐이 아니다. 과거 <무한도전>의 성공 이후가 그랬듯, 관찰 예능은 하나의 트렌드로 빠르게 자리 잡고 있다. <나 혼자 산다>, <심장이 뛴다>, <슈퍼맨이 돌아왔다> 등 각 방송사별로 <일밤>과 비슷한 포맷의 관찰 예능이 속속 등장하고 있다. 관찰 예능은 리얼 버라이어티의 과도기적 정체성을 극복한 장르로 성공적 활약이 지속될 것이며, 예능 방송의 트렌드 변화를 주도할 것이다. 세부 내용을 살펴보면 첫째, 여성성을 강조한 관찰 예능의 기획과 더불어 여성 예능인의 활약을 기대할 수 있다. 의도된 조작을 거부하는 시청자의 니즈를 반영해 기존의 명목상 리얼 버라이어티 대신 관찰 예능이 대세가 될 것이다. 이런 추세는 남성적 카리스마를 내세운 메인 MC 중심 체제를 무너뜨리고, 액션보다 리액션을 강조하는 여성성이 두각을 나타내며 가속화할 것이다. 실제로 <아빠! 어디가!>에서 아빠들이 보여준 여성성은 흥행의 주요한 축이었다. 액션 중심의 기존 리얼 버라이어티에서 리액션 중심의 관찰 예능으로 완연히 자리를 잡는다면 여성 예능인의 활약을 기대해볼 수 있는 대목이다.

둘째, 기획의 확대 재생산과 장르적 결합이 용이하다. <진짜 사나이>의 군인 체험이 <심장이 뛴다>에서는 구조 대원으로, <근무 중 이상무>에서는 경찰관으로, 관찰 예능은 비슷한 포맷의 전혀 다른 내용을 기획하는 것이 가능하다. 이 같은 기획의 확대·재생산은 반대로 여러 장르와 조합해 진화할 공산을 크게 한다. <나 혼자 산다>가 토크쇼와 관찰 예능이 결합한 경우고, <더 지니어스: 게임의 법칙>은 퀴즈쇼가 관찰 예능과 결합한 사례라고 할 수 있다. 또 기존의 예능도 관찰 예능의 요소를 가져다 결합하는 경우가 있다. <자기야-백년손님>은 최근 전형적인 스튜디오 토크쇼

포맷에서 벗어나 출연자의 가정집을 관찰하는 포맷으로 바꿨다. 3인칭 시점을 통한 거리 두기를 통해 발생하는 관찰 예능의 이러한 기질은 흘러가는 트렌드가 아닌 장르 생산의 필수 요소로 자리매김할 것이다.

> 보는 것에는 견(見), 관(觀), 진(診), 세 가지 단계가 있다고 한다. 견(見)이 말 그대로 그저 보는 단계를, 관(觀)과 진(診)은 각각 자세히 들여다볼 수 있고, 가장 깊은 곳까지 들여다볼 수 있는 단계를 말한다.[1)]

단계를 거칠수록 사물을 바라보는 깊이 있는 통찰력이 더해지는데, 시청자의 수준도 '견 → 관 → 진'의 단계를 거치며 발전하고 있다. 방송이 주는 판타지를 무비판적으로 수용하며 바보상자란 오명을 얻게 된 수준이 '견', 방송의 허구성을 지각함과 동시에 새로운 방송 트렌드를 요구할 줄 아는 단계를 '관'과 견주어볼 수 있다. 그리고 이제는 '진'의 단계다. 대상의 가장 깊은 곳까지 들여다볼 수 있는 단계인 '진'을 습득한 시청자들은 방송의 허울과 눈속임을 쉽게 간파할 수 있다. 따라서 진실성과 현실성을 확보한 더 평범하고 더 리얼한 관찰 예능이 한동안 트렌드로 자리매김할 것이다. 그리고 관찰 예능이야말로 시청자들의 높아진 눈높이에 맞춰진 가장 완벽한 리얼 버라이어티임이 분명하다.

---

1) 김성근, 『리더는 사람을 버리지 않는다』(이와우, 2013).

입선

미래를 기다리며

‘오성과 한음’의 꿈은 <굿 닥터>다

염선문

사뮈엘 베케트(Samuel Beckett)의 희곡 『고도를 기다리며(En Attendant Godot)』는 부조리극의 고전이다. 블라디미르와 에스트라공은 고도가 뭔지 모르지만 고도를 기다린다. 두 사람은 나무 옆에 서서 신발이나 모자를 벗어서 눈으로 속을 들여다보거나 손으로 흔드는 동작을 반복한다. 그러다가 자신들 옆으로 지나가는 포조, 러키, 청년에게 “당신이 고도입니까”라는 질문을 한다. 마지막에 “갈까”라는 블라디미르의 제안에 에스트라공은 “가자”라고 답하지만 그 장소를 떠나지 못한다. 기다림으로 시작해서 기다림으로 끝나는 『고도를 기다리며』를 2013년도 판으로 제작한 코너가 KBS 2TV <개그콘서트>의 ‘오성과 한음’이다. 우리는 사뮈엘 베케트의 『고도를 기다리며』에서 끝내 나타나지 않은 고도가 대체 무엇인지 ‘오성과 한음’을 통해 고민해볼 필요가 있다.

남이 겪으면 희극, 내가 겪으면 비극

'오성과 한음'은 두 남자가 무대에서 무심하게 캐치볼을 한다. 풀이 죽은 상태에서 자신들의 일상을 이야기한다. 태양 슈퍼 앞에서 뽑기를 하거나 커피 자판기에 손을 넣어 동전이 있는지 확인한다. 쓰레기통에서 발견한 뽁뽁이에 "오오" 하고 감탄사를 외친다. 그들이 입고 있는 트레이닝복과 하는 행동을 보면 백수임을 알 수 있다. 시청자는 청년 백수의 생활수기를 듣고 웃는다. 무엇을 먹을지 고민하며 불고기, 숯불갈비, 전주비빔밥을 운운하던 그들이 선택한 메뉴는 삼각김밥이다. 처음부터 언급한 음식들은 식당 메뉴가 아니라 삼각김밥의 종류였던 것이다. 뮤지컬 티켓이 생겨서 문화생활의 중요성을 언급하지만 이들은 공연을 관람하지 못하고 티켓을 팔아야 한다. 이상형이 성형한 여자이고 잘 웃는 여자다. 돈이 있어야 성형을 할 수 있고 잘 웃을 수 있기 때문이다. 알고 보니 오성과 한음은 더 힘든 현실을 살고 있음을 보여준다. 그 순간 시청자는 웃는다. 시청자의 기대를 배반했기 때문이다. 코미디 요소인 반전을 이용해 극을 이끌어 간다. '오성과 한음'의 반전은 "인생은 가까이서 보면 비극이지만 멀리서 보면 희극이다"라는 찰리 채플린(Charles Chaplin)의 명언과 일치한다.

꿈틀대니까 청춘이다

이쯤 되면 오성과 한음은 삶의 의욕을 잃은 채 살아가는 청춘이라고 생각할 수 있다. 미디어와 사회에서 몇 년째 거론되는 청춘 담론들이 이를 뒷받침해준다. '오성과 한음'에서도 좌절 에피소드를 볼 수 있다. 클럽에 가자는 제안에 클럽 아르바이트 시급이 얼마인지 묻는 상황, 면접을 보러

가서 떨어진 이야기가 그렇다. 그렇다고 해서 이들이 삶을 포기하기 직전이라거나, 의욕을 잃은 상태는 아니다. 오히려 그 반대이다. 지나가는 여자를 보고 자신이 가진 캐치볼 장기를 보여준다. 지나가던 커플의 "저렇게 공 던지면 재밌냐?"라는 질문에 "나이스 캐치"라고 말하며 신나게 캐치볼을 한다. 누군가에게 잘 보이고 싶은 마음을 행동으로 표현한다. 그러다 야구 선수들이 두 남자 옆을 지나갈 때는 캐치볼을 잠시 중단한다. 자신들이 못하는 것을 겸연쩍어할 줄 안다. 이런 모습들은 이들의 생명력이 아직 꿈틀대고 있음을 나타낸다. 하나는 사내로서의 생명력이고, 또 하나는 사회적인 것이다. 오성과 한음의 행동을 통해 현재를 살고 있는 청춘은 정상적인 생명력이 살아 숨 쉬는 젊은이라는 것을 보여준다.

반복, 현실을 환기할 시간

'오성과 한음'은 반전 코드가 극의 핵심이다. 반전이 나올 때 음악, 조명, 유행어를 적절하게 활용한다. 반전 상황에서 <인간극장> BGM(「인간, 비, 바람 1악장」)이 흘러나오고 동시에 초록빛 조명이 허공에 퍼진다. "오오" 하고 감탄사를 말하고 "뺐을까?!"를 외친다. 반전 상황마다 이런 장치들이 반복된다. 코미디에서 반복은 시청자의 재미를 반감시킬 법도 한데 역설적이게도 시청자는 웃느라 지루할 틈이 없다. 힘든 현실을 환기하는 기능을 하기 때문이다. 오성과 한음은 시청자와 암묵적 약속을 만든다.

힘든 현실을 환기하는 기능은 한 번으로 끝나지 않고 두 번 이어진다. 반복을 통해 환기시킨 힘든 현실을 증폭시킨다. 웃픈(웃기고 슬픈) 개그가 단순한 동어 반복으로 보이지 않는 이유다. 오히려 반복할수록 우리가 사는 혹독한 세상이 무뎌지지 않는다.

이곳은 왜 미래가 올 수 없단 말인가

'오성과 한음'은 반전 개그로 시청자를 웃기기만 하지 않는다. 자신들이 얼마큼 힘들게 살고 있는지, 왜 힘들게 살 수밖에 없는지 구체적으로 보여준다. 반전 개그를 진일보시켰다고 평가할 수 있는 이유다. '오성과 한음'은 캐치볼로 시작해서 캐치볼로 끝난다. 늘 같은 자리에서 두 사람이 캐치볼을 하며 기다려도 오지 않는 것이 '미래'라는 것을 대화로 알 수 있다. 첫 방송에서 오성은 취업이 안 되면 아버지 하던 일이나 물려받겠다고 말한다. 오성의 말을 듣고 우리는 오성의 아버지가 사업을 하시거나 오성이 물려받을 수 있는 가업이 있다고 생각한다. 그 순간 한음이 "아버지 뭐하시는데?" 라고 묻자 오성은 아무렇지 않게 "집에서 놀아"라고 말한다. 오성의 미래는 현재가 된다. 현재는 아들로 놀고 미래는 아버지로 놀겠다는 의미다. 그리고 다음 에피소드를 통해 오지 않는 미래에 방점을 찍는다. 오성은 한음에게 고속도로 한복판에서 뻥튀기를 팔아 대박 한번 내보자고 한다. 잠은 하루에 두 시간만 자고 집에는 한 달에 한 번 들어가서 번 돈으로 빌딩도 짓고 전용기를 사서 마이애미 해변에 갈 미래를 그린다. 마이애미 해변에서 무엇을 할지 미래를 상상하는 질문에 캐치볼하자는 현재로 돌아온다. 『고도를 기다리며』에서 고도가 오지 않는 것처럼 '오성과 한음'에서는 미래가 오지 않는다.

그들이 이루지 못하는 소박한 꿈

『고도를 기다리며』에서는 고도가 오지 않는 이유를 답해주지 않는다. 그러나 '오성과 한음'은 미래가 오지 않는 이유를 그들의 소박한 꿈을 통해 답해준다. 오성과 한음은 자신들에게 허락된 상황 안에서는 무언가 해보려고 노력한다. 캠핑카를 빌려서 전국 일주는 할 수 없다. 하지만 이대 앞에서 여대생은 볼 수 있다. 이대 앞에서 소프트 아이스크림도 먹자는 제안에 집에 가지 못한다는 답변을 한다. 현실이 소박한 꿈마저도 허용하지 않음을 나타낸다. 취직을 위해 면접장에 정장을 입고 왔지만 한음은 구두가 없다. 오성이 자신이 먼저 면접을 보고 구두를 빌려주겠다고 한다. 하지만 같이 면접을 보러 들어가라는 직원의 말은 제대로 면접을 보겠다는 그들의 꿈을 깬다. 우리가 생각할 때 소프트 아이스크림을 사먹고 면접을 볼 때 제대로 된 복장을 갖춰서 오는 것은 기본적인 조건이다. 그러나 현실을 돌아보면 그 기본마저 마련하기 힘들다는 사실을 깨닫는다. 이들에게 허용 가능한 현실은 황소개구리를 잡아 1,000원을 벌고 자신을 때린 친구에게 한몫 잡기 위해 5,000원을 요구하는 일이다. 사회 구성원으로서 노동을 하고 임금을 받아야 하는데 그러지 못하기 때문이다. 그래서 이들이 "빽을 까?!"를 외치면 시청자는 웃는다. 이들의 패기가 허용 불가능한 것임을 알기 때문이다.

그 결과, 이 둘은 아주 작은 보상에도 꿈을 성취한 것처럼 기뻐한다. 마치 고도가 와준 것처럼 감사하면서 하이톤으로 "오우", "오오오" 하고 외친다. 전국 일주라는 큰 꿈을 품었지만 오성과 한음은 계속 양보를 한다. 그렇게 양보한 꿈이 이대 앞이다. 가장 양보한 그 꿈도 시도하기 힘들다는 사실을 깨닫고 봉춤 학원 유리창을 닦는 알바에 만족한다. 더 웃픈 점은 자신의 경험이 아닌 한음의 경험을 듣고 만족하는 오성의 모습이다. 이들의 감탄사는 현실이 어떤 작은 보상도 해주지 않았음을 방증한다.

두 남자의 꿈 <굿 닥터>

오성과 한음의 꿈은 KBS 2TV <굿 닥터>일 듯하다. 오성과 한음의 고도는 직장을 갖는 것이다. 그들이 꿈꾸는 미래는 영영 찾아와줄 것 같지 않다. 그러나 <굿 닥터>의 시온에게는 오성과 한음에 비해 너무나 쉽고 빠르게 고도가 찾아온다. 시온은 자폐아다. 어렸을 때부터 아버지에게 학대를 받고 동네 친구들의 괴롭힘을 받았다. 그런 시온에게 먼저 손을 내밀어준 형이 있어서 세상에 한 발짝 다가설 수 있었다. 그러나 형은 자신과 함께 갱도에 들어갔다 죽는다. 이를 계기로 시온은 소아과 의사를 꿈꾼다. 최우석 원장은 시온이 갖고 있는 꿈을 유지할 수 있게 도와준다. 성원대학병원에서 레지던트로 근무하면서 시온의 조력자가 점점 많이 생긴다. 덕분에 시온은 환아가 치료를 받아 어른이 될 수 있게 한다. 결국 자신의 꿈을 이룬다. 물론 시온을 훼방하는 사람들도 있다. 처음에 고 과장이 그랬고 극의 후반까지 부원장이 그랬다. 더 나아가서는 성원대학병원을 영리병원화하려는 사람들이 그렇다. 그러나 우리가 느끼는 현실과 다르게 고 과장은 시온을 통해 진정한 소아외과 의사로 변화하고 부원장도 영리병원을 반대하는 김도한의 진심에 마음을 움직인다. 현실에서는 소박한 고도가 나타나는 길조차 가로막혀 있다. 그래서 '오성과 한음'은 기다려도 오지 않는 고도를 통해 아픈 현실을 환기하고 <굿 닥터>에서는 곁에 있는 고도를 통해 시청자들이 마음을 치유했나 보다.

방송은 시청자와 상호작용한다. 우리는 TV 속 고도의 행적을 통해 질문을 던질 수 있다. 웃지만 힘든 현실을 확인하는 '오성과 한음'이 나은 걸까, 허구지만 꿈을 이룰 수 있는 <굿 닥터>를 보며 힐링하는 것이 나은 걸까. 쉽게 답을 내리지 못하는 것은 현실이 가혹해서 그렇지 않을까.

입선

드라마, 벌판에 서다

이환희

'가정과 치정'의 진부한 드라마. 화가 난다.

한동안 지상파 드라마를 보지 않았다. 뻔한 전개, 판에 찍어낸 듯 비슷비슷한 인물들. 한국 드라마 서사의 종말을 생각했다. 결혼과 혼수 갈등, 출생의 비밀, 신데렐라와 백마 탄 왕자 등이 아니면 도통 풀 수 없는 이야기가 아닌가. 몇 화를 건너뛰어도 선뜻 유추해낼 수 있는 다음 이야기에 이르면 화가 나기도 했다. 한번은 한국 드라마 작가들이 유사한 소재를 공유해 대본을 쓴다는 혐의를 두기도 했다. 그러고는 얼마가 지났다.

이들은 노회했고 이들이 벌이는 쉬운 길이 한동안 계속됐다. 어그러진 구성으로 장사는 이어졌다. 때마침 불던 한류 붐에 편승한 드라마들은 결혼이니 혼수니, 시댁이니 처가니 하는 한국 고유의 소재라고 자평하는 곳으로 빠져들었다. 어느 부분에선 반드시 남녀의 교제가 꼬이고 집안의 반대가 솟았다. 뻔하고 예상 가능한 방향으로 '가정과 치정'이 공식처럼 굳어졌다. 이 문법과 호흡은 끈질겼고 오래도록 새로운 시도를 방해했다.

더불어 아이돌이나 스타의 힘에만 기대는 드라마도 생겼다. 경륜 있고 노력하는 배우는 차츰 찾아보기 힘들고, 매끈하고 잘빠진 인물만 화면에 가득했다. 그 때문에 이들의 개성 자체가 곧 극이 되는 것 같은 착란에 빠지기도 했다.

'스타 파워'에만 기댄 몇몇 드라마는 참담한 실패에 빠졌지만, 이마저도 스타 고유의 팬층이 얼마간 수익을 보장해주기 때문인지 하나의 유행으로 자리 잡았다. 드라마의 기능이 '동경'과 여기서 파생되는 수익에 모아지면서 시청자들은 TV를 보며 열등감을 갖기도 했을 것이다.

'진부하고 식상함', '상투적인'이라는 수식이 한국 드라마의 앞자리에 번져갔다. '그런 드라마를 왜 보느냐', '욕하면서 보는 드라마'라는 힐난으로 대표되는 이른바 막장 드라마도 생겼다. 불륜이나 출생의 비밀이란 소재, 말초적이고 통속적인 대사, 비합리·부조리가 장르화되기도 했다.

이 와중에 눈 밝은 수용자들은 완결성 있고 매끈하며 신선한 외국 드라마의 서사에 눈을 돌려 몰입했다. <프리즌 브레이크>나 <로스트>로 대표되는 잘 만들어진(well made) 미드였다. 적어도 지난 몇 해는 익숙하고 편안하지만 뻔한 내용인 다수의 국내 드라마와 새롭고 날카로운 해외 드라마가 공존했다. 이따금 방송 관계자들이 큰마음으로 편성한 심야 시간대의 실험적인 드라마를 제외하면 그랬다.

두꺼운 지상파 드라마의 생태에 균열이 시작되다

균열은 언제 어디서든 존재한다. 굳건한 성채에 갇혀 스스로 만족하고 안주하던 지상파 드라마의 질서가 무너지기 시작했다. 다양한 매체의 등장,

과거와는 다른 수용자의 위상은 채널이 아닌 콘텐츠를 '선택해 수용할 수 있다'는 지점에서 대폭 상승했다. 지상파라면 으레 지켜봐야 했던 관성이 깨졌다. 엄청나게 늘어난 채널 수에 비례해 시청자들은 부지런해졌고 선택지가 많아졌기에 쉽게 식상해했다. 다시 말해 재미가 없으면 외면할 수 있게 된 것이다. TV 수상기로 일원화되어 있던 수용 도구들이 다분화되면서 시청자들은 힘이 세졌다.

때마침 벌판에서 실력을 닦던 이들이 치고 나왔다. 여러 채널에서 새로운 소재와 빠른 전개, 눈길을 끌 수밖에 없는 편집으로 무장한 드라마들이 등장했다. 최근 케이블 채널 사상 최초로 두 자릿수 시청률을 넘보고 있는 tvN <응답하라 1994>(이하 <응사>)가 대표적이다. <응사>는 이야기 본연의 힘에 충실하고, 추억이라는 보편적 소재에 바탕을 둔 새로운 시도가 더해져 괴력을 발휘하고 있다. 이는 새로운 이야기 기획의 연장이라는 측면에서 봐야 하는 현상이다. 수년간의 시도와 시행착오를 거듭하면서도 끈을 놓지 않았다는 점에 주목해야 한다.

드라마 속 이야기는 이제 집안 울타리에만 머물지 않는다. 혈흔이 낭자한 살해 현장에서 활동하는 감식반 구성원(OCN <신의 퀴즈>), 탐욕에 눈먼 아버지를 향해 복수를 해나가는 소녀의 모습(OCN <소녀K>), 조선 시대 기생의 신분(OCN <메디컬 기방 영화관>), 9개의 시공간 여행을 하며 사랑을 나누는 모습(tvN <나인>)으로 분해 흥미진진하게 이야기를 끌고 나갔다. 이 가운데 드라마 <나인>은 소재의 특이성과 이야기의 짜임새 덕에 한국 드라마 최초로 미국에서 리메이크가 되는 쾌거를 올리기도 했다.

새로운 시도 하나로만 눈길을 끌던 변방의 서사는 이제 완결성과 세련미, 꼼꼼함 등을 갖추고, 시청자를 수동적이 아닌 적극적으로 참여하며 찾아보는 수용자로 바꿔놓았다. 바야흐로 드라마 서사 전국시대가 도래했다.

드라마 서사 전국시대, 태산이 움직이다

드라마 서사 전국시대가 눈앞에 현실로 당도한 지 오래다. 지상파들이 긴장하고, 잇따라 적극적 대응을 하기 시작했다. 더 이상의 서사 확장은 불가능한가 하던 차에 각 방송사마다 새로운 시도가 등장했다. 일명 매체 다양화 시대, 콘텐츠의 힘이 외곽에서 침투해오면서 느긋했던 지상파 방송사들이 변화하는 중이다. 사람들은 기존의 서사에 익숙해 있지만 얼마든지 새로운 이야기에 눈을 돌릴 수 있다는 신호를 보내왔다.

하지만 단막극이 있었기에 새 시도라고만은 할 수 없다. 십수 년 전만 해도 지상파들은 저마다 대표 단막극을 편성해 방영했다. MBC의 <베스트 극장>, KBS의 <드라마시티>가 대표 선수였다. 큰 호응과 시청률은 얻지 못했지만 안방극장에서 적어도 영화에 버금가는 신선한 서사의 힘을 보여줬고, 단막극을 기다리는 몇몇 시청자층도 존재했다. 지금은 방송사의 간판 또는 프로덕션의 베테랑이라 불리는 PD, 작가가 된 사람들이 당시 품고 있던 젊은 구상과 기획을 펼치면서 드라마 서사의 지평이 한결 넓어지던 때였다.

단막극은 작은 변화라고 볼 수 있지만 분명 거대한 몸체가 움직이는 중이다. 물론 변화는 미미하다. 우선 편성에서 보호받지 못한다. 일요일에서 월요일로 넘어가는 심야 시간에 편성된 KBS <드라마 스페셜>, MBC의 기획 단막극인 <드라마 페스티벌>은 쟁쟁한 예능 프로그램이 살기등등한 시간대에 편성됐다. 게다가 단막극들은 서툴고 만듦새도 빼어나지 않다. 하지만 '새로운 서사'라는 마당에서 이야기 본연의 힘과 새로운 상상으로 수용자에게 호소할 수 있다.

단막극은 드라마 서사에 숨결을 불어넣는다. 우선 제일 눈에 띄는 부분은 등장인물의 다채로움이다. 그간 드라마들이 상위 10% 안에 드는, 극소수 등장인물의 이야기를 보편화시키는 방식으로 극을 이끌어왔다면 단막극은 좀 더 평범한 사람들의 이야기를 풀어낸다.

KBS 드라마 스페셜 <나에게로 와서 별이 되었다> 속 인물들은 고시원에서 불안정한 미래에 숨죽이며 살지만 사랑하고 싶은 청년들이다. 같은 방송 <아빠는 변태중>의 주인공은 회사의 구조 조정 바람에 직장을 잃고 휘청하는 가장이다. 이들이 불안한 한국 사회의 자화상을 보여준다면 MBC <이상 그 이상>은 식민 시대 문인의 불안한 유쾌함을 보여주고, 같은 방송 <수사 부반장－왕조현을 지켜라>는 개발 시기의 그림자 한구석에서 분투하는 인물을 보여줘 그간의 드라마 인물 구성을 더욱 넓게 확장했다.

이들이 벌이는 한바탕 난장은 재벌가들의 앙혼, 강혼 타령이나 출생의 비밀, 불륜 등의 진부한 소재들에 대고 '이제 그만 자리를 비켜'라고 소리치는 것만 같다. 새롭고 다채로운 인물과 서사로 다양한 세상 모습을 담겠다는 포부는 이야기를 다루는 이들이라면 누구에게나 있음 직하다.

반향은 크지 않지만, 영향은 시작됐다. 단막극에서 충실하게 실험하고 기초를 닦던 이들이 괴물 같은 드라마를 제작하는 중이고, 꼭 그네들이 아니더라도 새로움의 자극은 기존의 질서를 아래부터 쥐고 흔드는 참이다. 지난여름 뜨거운 반향을 불러일으킨 SBS <너의 목소리가 들려>나 새로운 사극의 문법을 만든 KBS <추노>, <대왕 세종>과 SBS <추적자> 같은 드라마가 대표적이라 할 수 있다. 진부하고 거대한 기성 드라마 시장 밑절미에는 새로움으로 무장한 단막극이 자리하고 있다. 이들이 성장한 그 어느 날에는 더 넓고 깊은 한국 드라마의 지평이 열릴 게 아닌가.

바보야, 문제는 이야기야

미디어 빅뱅이라는 말도 이제는 닳은 말이다. 그야말로 미디어 대격변의 시대다. 매체 수용의 그릇도 다변화되었고, 수용 방식도 한 가지가 아니다. 수용자와 생산자라는 관계도 조정되어 일방적 소비에서 양방향 교류로 바뀌었다. 양이 늘면 질도 올라가기 마련이다. 드라마 극 문화에 한정해 본다면, 시청자의 안목은 과거에 비해 눈에 띄게 향상되었고 나아가 극 자체에 영향을 주는 지위도 생겼다.

극이 상식에 반하거나 수준이 떨어지면 대번에 지적이 날아오고 작가의 집필 영역과 연출 영역까지 개입하는 시대다. 이런 세상에서 그간 굳건히 구축한 드라마의 질서는 도전받는 중이고, 균열은 이미 얼마간 진행됐다. 여기에 몇몇 케이블 드라마의 선전까지 더해지면서 지상파 드라마는 더 이상 울안에서만 안주할 수 없게 됐다.

결국은 이야기다. 잘 만든 이야기를 외면할 사람은 세상에 없다. 몇몇 방송사들이 편성한 단막극은 '잘 만든 이야기'를 향한 다른 각도에서의 시도이고 시행을 위한 준비이다. 언제까지 '가정과 치정'으로 대표되는 몇몇 소재에 국한해 드라마를 제작할 수는 없는 노릇이기에 시작된 긴장의 일환인 셈이다.

단막극의 특성상 비용은 적지 않고, 산출은 미미해 보인다. 내부 방침에 따른 편성 문제일 수도, 새로운 것에 낯섦을 느끼는 수용자 탓일 수도 있다. 아니, 사실을 말하자면 그 옛날에도 단막극은 사람들의 호응이 크지 않았다고 봐야 한다. 그러니 단막극을 중단하자는 요구는 단호히 거부해야 마땅하다. 시도는 언젠가 결실을 맺기 마련이다. '진부'라는 수식이 빠지지 않는 기성 드라마에는 새로움을 주는 단막극이라는 방부제가 필요하다.

지상파 드라마, 벌판에 서다

방송 드라마가 우리에게 주는 것은 무엇인가. 이 질문에 답은 여러 개가 나오겠지만 지금같이 팝진하고 불안한 시대에는 일말의 위로를 건네야 한다고 믿는다. 땅이 어딘지도 모르고, 날개만 펼친 뒤 하늘만 바라보는 그간의 드라마는 허무맹랑해 보였다. 1990년대 한국 드라마 가운데 두 편이 기억난다. 삶에 지치고 고단한 사람들에게 큰 위로가 된 MBC <서울의 달>과 KBS <파랑새는 있다>이다. 이 같은 작품이 다시 만들어지지 못하는 관성의 세계는 불행해 보인다.

지금 한국의 지상파 드라마 생태는 다시 벌판에 섰다. 안온했던 울을 걷어치우고 몰려오는 비바람을 맞을 준비를 해야 할 때다. 벌판에서 불어오는 바람에는 훈풍만 있지 않다. 훈풍만 있어서는 바람직하지도 않다. 때때로 삭풍이 불고, 때로는 비바람도 몰아친다. 케이블 채널이란 바람, 수용 방식의 폭발적 변화와 같은 바람에 맞서 단막극으로 대표되는 새롭고 작은 싹을 튼실히 키워나가야 한다. 그래야만 지상파, 특히 공영방송의 '다양성'이란 지상 전제에 한 줄기 위로를 시청자에게 건넬 수 있다.

입선

<아빠! 어디가?>는 진정한 '착한 예능'인가

우유희

2013년 1월, 엄마 없는 48시간을 주제로 한 또 하나의 '리얼 버라이어티' 예능이 탄생했다. 바로 <아빠! 어디가?>이다. 다섯 명의 연예인 아빠와 그들의 자녀가 1박 2일 동안 문명과 떨어진 시골에서 좌충우돌하며 마음을 나눈다는 취지의 방송이다.

외형적으로 보면 프로그램은 성공했다. 출연자 중 가수 '윤민수'의 아들인 '윤후'는 팬 카페까지 생겼다. 아이들이 꾸밈없이 던지는 말은 유행어가 됐다. 이 아이들은 몇 년간 부진했던 <일밤>에 생기를 불어넣었다. 1년이 지난 지금도 15% 전후의 안정적인 시청률을 보이며, 그 인기가 쉽사리 사그라지지 않고 있다. 심지어 KBS에서는 이를 모방한 <슈퍼맨이 돌아왔다>까지 선보였으니 '리얼 버라이어티' 예능의 또 하나의 성공 사례로 꼽힌다.

우리는 왜 <아빠! 어디가?>를 볼까? 저마다 다양한 이유가 있겠지만, 가장 큰 이유는 아마도 아이들의 순수함 때문일 것이다. 아이들은 어른과 달리 감정 표현을 숨기지 않는다. 친구가 좋으면 손을 잡고 아빠에게 서운한 점이 있으면 "아빠는 나를 싫어하지?" 하고 묻는다. 복불복으로 냄새나는 숙소에 걸려 울고 있는 형을 위해 "나랑 집 바꿀래?"라고 제안하기도 한다.

몇 년 새 범람한 서바이벌과 경쟁에 우리는 다소 지쳐 있었는지도 모른다. 이기기 위해 동료를 배신하고 1등이 되기 위해 수단과 방법을 가리지 않는 서바이벌과 그것을 '리얼'하게 보여주는 예능에 피로감을 느꼈다. 그렇기에 때 묻지 않은 아이들을 보며 말 그대로 '힐링'을 받는 것이다. 그래서 <아빠! 어디가?>는 종종 '착한 예능'이라고 불린다. 자극적인 소재 없이 웃음을 주기 때문이다.

그런데 <아빠! 어디가?>는 정말 '착한 예능'일까? 지금까지 의심받지 않은 이 프로그램의 '착함'을 다시 한 번 생각해볼 필요는 없는 것일까. 아이들의 '순수함'에 가려진 이면을 살펴보려고 한다.

아이들은 어떻게 순수할 수 있었나

아이들은 사랑스럽다. 우리는 프로그램을 보는 내내 사랑스러운 아이들에게 흐뭇한 미소를 지어주고 있다. 자녀가 있는 시청자들은 프로그램을 보며 '우리 아이도 저렇게 커야 할 텐데……'라고 생각할 수도 있다. 반찬을 얻으러 가서 웃어른께 싹싹하게 구는 '김성주'의 아들 '김민국'을 보며 '어쩜 저렇게 가정교육을 잘 받았을까'라는 생각도 할 수 있다.

그러나 우리가 잊고 있는 사실이 하나 있다. 이 아이들은 순수할 수밖에 없다는 것이다. <아빠! 어디가?>는 그동안 사회생활에 바빠 아이들과 놀아줄 시간이 부족했던 연예인 아빠와 함께 1박 2일 동안 여행을 한다. 가만히 살펴보면 <아빠! 어디가?>에 출연하는 가정은 아빠, 엄마, 아이들이 있는 지극히 '정상적인 가족'으로 구성되어 있다. 이 아이들 중 아빠에게 '우리 어디 가는 거냐'고 물을 수조차 없는 아이들은 없다. 그렇지만 현재 한국 사회에 아빠, 엄마, 아이로 구성된 '정상적인' 가족이 얼마나 될까? 하루가 다르게 증가하는 이혼율만 보더라도 우리 주변에 한 부모 가정이 얼마나 많을지 추측해볼 수 있다. 그렇지만 프로그램은 이를 반영하지 않는다. '정상적인 가족'의 모습만 보여줄 뿐이다. 어쩌면 그들이 보여주는 가족의 형태를 우리가 '정상'이라고 받아들이는지도 모르겠다.

아이들은 사회가 구성한 '정상적인' 가족 안에 있을 뿐 아니라 경제적으로도 풍요롭다. 아빠들은 대체로 성공한 연예인, 운동선수이다. 아이들의 집은 평범한 우리와는 다르다. 집은 넓고 장난감은 가득하며 아이들은 매회 다른 옷을 입고 나온다.

이 프로그램에 나오는 아이들은 순수할 수밖에 없는 환경에서 자랐다. 7~8세의 아이들에게 엄마와 아빠가 둘 다 존재한다는 점, 가정의 경제 형편을 의식하지 않을 정도로 풍족하다는 점은 이 아이들이 다른 아이들보다 월등히 좋은 환경에 있음을 의미한다. 한국 사회의 한 단면에는 유치원 보낼 돈이 없는 가정, 아빠가 없어서 또는 엄마가 없어서 눈물짓는 또래 아이들이 분명히 존재한다. 이런 아이들에 비하면 <아빠! 어디가?>의 아이들은 순수하지 않을 이유가 없다. 이 시기의 아이들에게 부모는 신적인 존재이다. 부모에 의해서 자신의 행복과 불행이 결정된다. 경제적인 어려움을 겪은 것도 아니고, 부모가 없는 슬픔을 겪은 것도 아니니 이들은 어린 나이에 겪을 수 있는 커다란 불행에서 비켜난 행운아들이다. 그러나 이들의 이런 행운은 의심받지 않는다. 이 아이들이 속한 '가족'을 당연한 것으로 받아들인다. 그들이 '정상'이라고 생각하는 가정환경 안에 있는 아이들을 데려와 놓고는, 아이들이 순수하다고 박수 치고 있는 꼴이다.

시청자들은 이 아이들을 보면서 순수하고, 바른 가정교육을 받은 아이들이라고 생각하는 한편 가족 이데올로기를 내면화하게 된다. 엄마와 아빠가 있는 '정상적인' 가정이 때 묻지 않은 아이를 길러낼 수 있다는 생각을 알게 모르게 하는 것이다. 부모와 자녀가 있는 형태의 가족 구성을 당연한 것, 정상적인 것으로 생각하게 된다. 반면 이 프로그램을 시청하는 한 부모 가정, 조손 가정의 아이들 또는 그들의 양육자는 박탈감을 느낄 수 있다. 정말로 아빠가 어디론가 가버린 아이들, 어디 갔느냐고 물을 수도 없는 아이들과 그들의 보호자는 <아빠! 어디가?>가 주입하는 가족 신화에 짓눌려 자신들을 비정상이라고 생각하게 되는 것이다.

엄마로부터 시작하는 여행

<아빠! 어디가?>의 서사 구조를 다시 한 번 자세히 살펴보자. 이른 아침, 아빠와 아이는 아침밥을 먹고 그사이 엄마는 분주히 여행 준비를 한다. 여행 초반에는 엄마와 떨어지기 싫어 칭얼거리는 아이를 달래는 엄마의 모습이 등장하기도 한다. 엄마가 챙겨준 여행 가방을 들고 엄마보다는 덜 익숙한 아빠와 일상을 탈출해 1박 2일의 여행을 떠난다. 여행 중간에 힘든 상황이 닥치면 아이들은 으레 엄마를 찾는다. 그리고 여행이 끝나면 다시 엄마가 있는 집으로 돌아간다. 다시 말해 이 여행은 엄마를 떠나서 엄마에게 되돌아오는 과정이다.

여행은 일탈의 공간이다. <아빠! 어디가?>는 일상에서 벗어나 색다른 공간에서 일어나는 일들을 담는다. 아빠는 여행이라는 일탈의 공간에서 아이와 함께하고 그 여행의 처음과 끝에는 일상, 그리고 엄마가 존재한다. 엄마는 일상의 대부분을 아이와 보내고, 아이를 양육하지만 프로그램의

대부분은 일탈의 시간과 공간을 담아낸다. 그리고 그 처음과 끝에 엄마를 배치하여 엄마는 곧 돌아가야 할 집, 가정과 동일시된다.

엄마가 집과 동일시되는 것은 앞서 말한 가족 이데올로기의 한 단면이라고 할 수 있다. 아빠는 돈을 벌고, 엄마는 집에서 아이를 돌보는 전통적인 부부 관계를 서사의 처음과 끝을 통해 은밀히 보여준다. 엄마는 '집'이라는 사적인 공간에서 아이를 양육하는 존재로 그려진다. 엄마의 공간, 여성의 공간을 집으로 한정하는 것이다. 집 안에서 아이의 양육은 엄마의 몫이고, 종종 일탈적인 차원으로 아빠와 여행을 떠난다는 테마를 담고 있다. 집 안의 엄마와 집 밖의 아빠로 나뉘는 것이다.

물론 프로그램의 주제 자체가 '아빠와 함께하는 여행'이기 때문에 엄마가 집에 있는 것은 당연하다고 반박할지 모르겠다. 그러나 프로그램은 매회 반복적으로 여행을 준비하는 '집'에서 시작한다. 그뿐만 아니라 그 '집'에는 언제나 엄마가 있다. 아이와 남편을 깨우고, 식사를 준비하고, 여행 가방을 챙기는 엄마의 모습이 등장하는 것이다. 이렇듯 반복적으로 '엄마'의 모습을 노출함으로써, 그녀를 한 사람의 여자가 아니라 연예인 남편을 둔 부인, 자녀를 둔 엄마의 모습으로 한정한다. 그리하여 우리는 그녀를 그녀의 이름 석 자 대신 '윤후 엄마', '민국이 엄마'라는 수식어로 부를 뿐이다.

아이들은 어떻게 상품이 되었나

몇 년간 유행하던 소위 '리얼'을 표방하는 다수의 예능 프로그램들이 대본 논란, 조작 논란에 휩싸였다. KBS에서 야심차게 내놨던 '리얼' 버라이어티 프로그램인 <1박 2일>도 출연자들이 시골집에서 1박을 하는 것이 아니라 주변의 숙소에서 1박을 하는 것이 아닌가, 복불복이 모두 조작이 아닌가 하는 논란을 겪었다. 이렇듯 요즘의 시청자들은 더 이상 '리얼'이라는 말에 현혹되지 않는다. 말로만 리얼하다고 해놓고 그 이면에 있는 작가와 대본을 발견했을 때 배신감을 느낀 적이 있기 때문이다.

<아빠! 어디가?>는 이러한 '리얼 버라이어티' 프로그램의 변주 형태라고 볼 수 있다. KBS <1박 2일>의 아동 버전이라고도 할 수 있는 <아빠! 어디가?>가 다른 프로그램과 달리 조작 논란에서 자유로운 이유는 바로 아이들 덕분이다. 출연자 중 한 아이는 심지어 한글을 읽지도 못한다. 즉, 대본이 있다고 해도 그 대본을 읽을 수조차 없다. 또 아이들은 어른의 뜻대로 움직이지 않는다. 그렇기에 아이들의 모습은 가공되지 않았을 거라는 믿음이 프로그램에 '리얼함'을 부여한다.

그런데 이 아이들은 정말 가공되지 않은 모습 그대로 나타나는 것일까? 우리는 다시 아이들이 '여행'을 떠났다는 것에 주목할 필요가 있다. 어른과 달리 아이들은 환경의 영향을 크게 받는다. 일탈적인 공간인 여행지에서 익숙한 엄마가 없이 아빠와 단 둘이 있는 환경에서 아이들이 있는 그대로의 모습을 보여줄 수 있을까? 수십 대의 카메라가 자신을 찍고 있는 상황을 아이들도 의식할 수밖에 없을 것이다. 게다가 프로그램은 매회 시골로 여행을 떠난다. 대도시에서만 살아온 아이들이 접해본 적 없는 이질적인 공간에 던져놓는 것이다.

그뿐만이 아니다. 제작진은 아이들의 모습을 있는 그대로 '리얼'하게 담아낸다고 하지만 예능의 필수 요소인 '재미'를 위해 끊임없이 상황을 부여한다. '아이들끼리 장 보러 가기 미션'이나 '담력 체험' 등 일상에서는 볼 수 없는 상황들을 제시하고 그를 통해 자칫 지루할 수 있는 프로그램에 재미를 더하는 것이다.

대체로 아이들은 '성스러운' 영역으로 생각된다. <무한도전>에서 이익을 위해서라면 수단과 방법을 가리지 않고 자신의 '탈모'까지 캐릭터로 승화하여 웃음을 만들어내는 '박명수'조차 '아이와 아내는 건들지 마'라는 말을 우스갯소리처럼 종종 한다. 모든 것이 웃음거리가 되고 그것이 상품화되는 현재의 방송 환경에서조차 가족과 아이는 신성한 영역으로 여기는 것이다. 그렇기에 아이들이 프로그램의 출연자로 반복적으로 나타나면 반감이 생길 수 있다. 어떻게 아이들까지 방송으로 '써먹을' 수 있냐는 논란을 피하기 어렵다. 그래서 제작진은 '아이들에게 그 어떤 인공적인 조작도 하지 않고, 있는 그대로 보여준다'는 모토를 내걸어 이러한 비난에서 비껴가려고 했다.

그러나 아이들의 출연은 상품화되고 있다. 재미를 위해 인공적으로 주어진 상황에서 정말로 아이들을 있는 그대로 보여준다는 것은 실질적으로 불가능하다. 아이들이 밥 먹고 책 읽고 장난감을 가지고 노는 모습이 다수의 시청자에게 재미있을 리가 없지 않은가. 그렇기에 제작진은 재미를 주기 위해서 독특한 상황을 만들고 아이들을 그 안에 던져놓는다. 결국 재미, 나아가서는 시청률을 위해 어느새 아이들을 출연자로 대하고, 이 아이들은 여느 '리얼' 예능 프로그램처럼 하나의 캐릭터가 되어버렸다. 제작진은 아이들이 가진 캐릭터를 극대화하기 위해 '담력 체험' 같은 인위적인 상황을 끊임없이 제시한다. 먹는 모습이 귀여운 '윤후'는 벌써 몇 달째, 방송에서 끊임없이 무언가를 먹고 있다.

또 아이들이 입고 나오는 옷이 인기를 끌자, 점차 아이들은 연예인처럼 협찬까지 받게 되었다. 말 그대로 살아 있는 마네킹이 되는 것이다. 협찬받은 옷을 입고 간접광고의 수단이 된 아이들의 모습이 정말 '리얼'한 것일까. 더욱이 프로그램에서 '윤후'가 먹은 일명 '짜파구리', 즉 '짜파게티'

와 '너구리'를 합친 음식은 하나의 메뉴처럼 굳어져 두 제품이 불티나게 팔렸다. 심지어 '윤후'는 '짜파구리'의 광고 모델이 되기까지 했다. 그동안 신성시되던 아이와 가족이 예능 프로그램을 방패 삼아 슬그머니 상품 시장 안으로 들어온 것이다. 대중은 그저 '윤후'의 귀여운 모습과 토실토실한 볼살을 보며 귀여움을 느낄 뿐이라고 하지만 어느새 '윤후'의 '귀여움'은 상품 가치가 되었다. 아이들을 조작하지 않는다고 주장하며 아이들까지 방송에 출연시켰다는 논란을 벗어나려고 하지만, 실질적으로 그 안에는 상품화의 논리가 깊게 침투해 있다.

마치며

아이들은 순수하다. 때 묻지 않았다. 그리고 <아빠! 어디가?>는 그것을 '리얼'하게 있는 그대로 보여주려고 했다고 말한다. 하지만 그들이 말하는 '리얼'에는 숨겨진 부분들이 있다. 그들의 순수함이 정말 있는 그대로의 순수함인지, 그 안에 숨어 있는 가족 이데올로기가 작동하고 있는 것은 아닌지 말이다. 순수함이라는 미명에 가려진 가족관과 여성의 역할에 대한 이데올로기를 다시 한 번 헤아려봐야 한다. 또 그들이 말하는 가족과 순수한 아이들이 방송이라는 매체를 거치면서 어떻게 상품화되는지도 다시금 주목해야 한다. <아빠! 어디가?>가 아이들의 순수함을 보여주는 '착한 예능'이기만 한 것은 아니라는 사실을 한 번쯤 생각해봐야 한다.

입선

주체의 새로운 역량과 실천을 꾀하다: <SNL 코리아> 'GTA' 시리즈

인지적·감각적 부조화의 <SNL>, 그리고 기이한 흥분의 'GTA'

김민관

<SNL 코리아>의 실시간이라는 형식

<SNL 코리아>(이하 <SNL>)의 'SNL'은 'Saturday Night Live'의 줄임말로, 미국 NBC 방송 <SNL>의 포맷을 차용한 프로그램이다. 그러나 '호스트(host)'[1]로 표현되는 매주 달라지는 주 게스트와 끈끈한 '크루(crew)'[2]의 연대, 여러 포맷(형식)의 실험적 시도와 한국적 맥락이 결합된 변형적 차용이 이뤄지며 원제와는 엄밀히 차이가 있다. 생방송으로 진행되는 가운데 특이

1) 원래는 손님을 초대한 주인을 뜻한다. <SNL>에서는 그날의 주인공으로 내세우는 '초대된 손님'의 의미를 전유해서 사용한다.

2) 텔레비전에서는 감독을 포함해 현장 촬영 스태프 전원을 가리키는 의미로 사용되는데, <SNL>에서는 주 게스트와 본래의 참여 출연진만을 가리키는 뜻으로 쓰인다.

한 점은 현장 방청객이 있고 각각의 코너는 연극적으로 연출·포착되는 것에 이어 다음 코너로 넘어간다는 것이다. 이 과정에서 구획된 무대 현장의 모습과 방청객의 이미지, 카메라를 비롯한 각종 방송 장비들이 노출된다. 소격 효과(疏隔效果, verfremdungseffect)[3]를 생산하는 코너의 이동 중 생기는 '거리'는 급박하게 돌아가는 긴장감과 함께, 흔히 시트콤에서 사용되는 방청객의 웃음소리 효과가 아닌 실시간으로 그 반응이 발생하고 있음을 확인시켜준다.

SNL의 일종의 연극적 포맷들(가령 출연진은 배우로서 연기를 하는 것이다)과 마지막에 언뜻 예외로 보이는 한 주간 벌어진 세사나 이슈 이야기를 나누는 일종의 열린 토론 형식(실은 '짜인 토론 형식의 연극'에 가까운)의 '위켄드 업데이트(weekend update)'까지 모든 것은 정교하고 치밀하게 짜여 있다. 이는 생방송이라는 짧은 시간 안에 변화무쌍한 변신술을 선보이는 역량을 그 자체의 개성으로 가져간다. 마지막은 모든 출연진이 나와서, 1시간 가까이 동분서주한 것에 대해 홍조 띤 얼굴과 흥분된 어조가 전하는 고양된 기분, 동시에 적잖은 피로감과 끝났다는 안도감까지 그 지나온 시간의 무게를 소진 상태의 피부로 직접 확인시켜준다. 체험의 질적 강도를 관객과 친화감 어린 연대로 새롭게 결속하는 것이다.

무대의 구획된 경계나 연극적 장으로의 집중은 이 커튼콜 시간에 해체되고 하나의 무대로 변한다. <SNL>은 전반적으로 '실시간'이라는 형식 아래 표면으로는 생동감을, 실제로는 현장의 분위기와 짜인 것 외에 발생하는 예측 불가능한 상황을 보여준다. 가령 애드리브로 여길 수 있는 부분들의

3) 독일의 극작가 베르톨트 브레히트(Bertolt Brecht)의 용어이다. 관객이 배우의 연기에 동화되지 않음을 목적으로 하여 '이것'이 곧 연극임을 관객이 인지하게 하며 관객과 연극 간의 심리적인 거리를 생산하는 것을 의미한다.

발생, 곧 어떤 정도를 넘어서는 측면을 배제하지는 않는다. 1시간 동안 발생할 수 있는 예측 가능한 변수들은 엄밀히 제어·대비하지만, 제어 불가능한 부분에서 발생하는 변수들은 통제되지 않아 실패를 보증했다기보다 어떻게든 현재라는 부분으로 흡수되게 마련이다. 이로써 예기치 않은 재미를 발생시키는 게 가능하다. 하지만 '예측되지 않음(으로 보이는 부분)'은 실은 그렇게 보이게끔 장치된, 제어의 유격을 좀 헐겁게 둔 것에 가깝다는 데 유의할 필요가 있다.

가령 '잠복근무'(2013년 11월 16일 방송분)는 서부 전선에서 긴장 어린 총싸움의 거리를 오히려 더 이상 거리를 둘 수 없는 극단적인 가까움의 거리로 전유(專有, appropriation)[4]한 '장고'(2013년 4월 13일 방송분)의 연장선상에서 인지 가능하다. 골목에서 두 형사(가희, 유세윤)는 용의자(이상훈)를 피해 숨고, 얼굴부터 은밀한 부위까지 신체가 스쳐갈 수밖에 없는 상황이 연출된다.

이는 엄밀히 입이 닿을 수 있는 거리가 아니며 그만큼의 정교함을 띤 조정된 거리이다. 반면 무언가 발생할 것 같은 '조마조마함'은 이것이 실시간 현장이라는 점에서 얻는 부분이다. 방청객은 주로 자극적이거나 감각적인 몰입의 반향을 이끌어내는 <SNL>만의 과도한 설정이 치밀하게 통제되고 연출된 결과임을 잘 알고 있다. 하지만 그것이 현재 벌어지는 상황이라는 점에서 과도함을 넘어선 어떤 결과로 드러나지 않을까 기대하며 집중하게

---

4) 전유는 본래 기존의 것을 훔쳐와 자신의 것으로 만든다는 부정적 함의가 있다. 대표적으로 앤디 워홀(Andy Warhol)의 브릴로 상자처럼 대중적인 상품을 예술의 형식으로 가져와 새로운 인식의 기제를 제시한다는 점에서 창조적 방식의 의미로 사용된다. '장고'에서 총싸움의 거리는 일정한 거리를 친밀함의 거리로 전유하는 동시에 그것의 위험성을 성적인 뉘앙스로 변화시킨다. 또 대결의 목적이 아닌 역설적으로 연대의 감응으로 변해가며 유희의 목적을 띤다는 점에서 전유의 양식을 띤다.

된다(이는 결국 '온 국민이 보는 방송'이라는 말에 깔린 방송이 갖는 도덕적 검열의 이면과 짝패를 이루는 이른바 '비방용'에 대한 개인적이고 은밀한 보기에 대한 유혹 내지 욕망으로 설명할 수 있을 것이다).

이는 사실 <SNL>에서 자극적으로 보이는 표면적 양상이 실제로는 얼마나 자극적이냐의 정도로 수렴되는 것이 아님을 말한다. 그러한 설정이 여전히 어떤 수위를 넘지는 않을 것임을 예측하고 인지하는 가운데 자극적인(것 같은) 지점들이 성립한다. 이 점에서 <SNL>만의 고도의 인지적 수행(遂行, performance) 전략(戰略)이 사전에 뒷받침되어 있으며, 그것을 공유한 <SNL>만의 독특한 팬층의 주어가 <SNL>과 역동적으로 상호 교환되는 것을 의미한다.

'GTA' 시리즈의 '기이한 흥분'의 전이, 그 역학이란

일종의 '19금(청소년 접근 제한)'으로 놓인 '파격적 실험'들로 생산된 각종 코너는 19금 너머의 것을 보여주지 않는다. 그 가운데 한 시간이라는 고정된, 그러나 탄력적인 시간의 형식은 전략적인 기회와 순간순간 감각의 임계값을 실험하는 유연한 측면을 발생시키며 다양한 콘텐츠로 드러난다. 이 안에서 미리 제작된 영상들은 단순히 현장의 여건상 감당할 수 없는 제약의 몫을 해결하기 위한 보족적인 삽입의 측면으로 볼 수 있는 걸까.

앞서 실시간이 고도의 전략(적 제어)이 투여되고 현장에서 임기응변으로서의 전술(적 제어)이 더해진 ('앞으로 한 시간'이라는) 제약으로부터 최대치를 생산하며, 그 속에서 자극의 강도가 19금의 수위를 넘지 않고 그에 근접한 (19금 이상에게 충분히 허락된) 즐거움을 낳았다면 'GTA' 시리즈[5]는 오히려 현장에서 벌어지는 여타 코너의 강도를 뛰어넘는 재미로 화제를 모았다.

이러한 재미와 성공 요인은 '게임'이란 매체를 빌려와 그 경험을 고스란히 체현(體現, embodiment)[6]한다는 데 있다. 이는 관객의 시선이 이미 자극적 장면들에 투여되게끔 작동하는 여타 코너들처럼 게임을 하는 주체(김민교)가 시청자를 직접 매개한다는 점에서 어떤 공통점이 있다.

'GTA'의 시작은 허름한 게임 가게에서 새로운 게임을 제공받고(게임이 이제껏 겪을 수 없는 체험의 기회를 제공할 것이라는, 무한한 이야기의 역량을 가진 콘텐츠임을 확인시키는 음흉한 듯 띄우며, 궁극에는 그 음흉함이 인간의 새로운 세계에의 접속에 대한 욕망이자 새로운 이야기를 듣고 싶은 인간의 욕망으로의 또 다른 내밀한 접속이자 은밀한 공모 관계임을 주지하는 가게 주인 김원해의 미소와 함께) 집에 와서 그 게임 화면, 곧 가상현실로 넘어가며 겪는 체험이 그려진다.

게임 속 캐릭터는 이미 연기(演技)된 것이고, 그 이후에 연기되는 현실의 인물은 실은 동일 인물이기에 앞으로 펼쳐질 것은 이미 김민교가 연기한 것이 연기(延期)되고 있는 것과 같다. 물론 이와 같은 트릭은 여전히 짜인 연기의 방식이자 그것의 '실시간적 재현'(물론 게임을 하는 김민교의 현실에서)이라는 점에서 <SNL>의 특징에 상응한다. 동시에 이러한 '연기(延期)된 연기(演技)'는 이 게임 속 가상현실은 특유의 주제곡[7]의 기이한 전주가 흘러나오며 부자연스러운 움직임을 띤, 선택 가능한 캐릭터들을 조작할

---

5) 'Grand Theft Auto'의 약자로 차량 절도를 소재로 한 게임이다. <SNL>의 'GTA'는 이를 '게임-현실'로 새롭게 전유했다. 'GTA' 뒤에 게임의 각종 주요 배경이 되는 장소가 붙는다. 이하 통칭해서 'GTA'로 명기한다.

6) 체현은 신체와 정신이 분리되지 않는, 곧 정신이 신체에 거주한다는 의미로 신체에 대한 강조점의 함의가 있다. 여기서 '체현'은 게임 속 몸과 내가 하나가 되는 비분리된 상태의 발생을 의미한다.

7) 뎅기 피버(Dengue Fever)의 「인티그레이션(Integration)」.

수 있는 역량이 나에게 주어진다(시청자가 'GTA'에서 열광하는 것은 그것이 곧 김민교의 체험이 아닌 자신의 체험이라 생각하기 때문이다. 결과적으로 김민교는 게임 속 현실과 우리 자신을 매개하고, 구체적으로는 우리 자신이 된다고 하겠다). 곧 '세계' 자체를 내가 바꿀 수 있는 것이다. 그리고 그에 따른 흥분을 앞선 기이한 음악이 보증하고 확장한다.

앞서서 결론을 거론하자면 이는 예측 가능한 연기의 과잉 및 제어 지점을 확인하고, 인식과 감각의 쌍을 갖는 <SNL>의 연장선상에서 가능한 것 아닐까. 'GTA'는 김민교가 집에서 혼자 게임을 하듯, 대부분의 시청자가 자신의 사적 영토에서 환상적인 세계를 (방청객 없이) 내밀하게 겪는 것에 상응한다. 동시에 게임은 그 세계로의 기투(企投, entwurf)[8]이며 그로부터 그 세계 자체를 직면하는 것을 의미한다. 이제 내가 연기한 과거의 나는 현재의 나를 거쳐 다가올 미래의 나로 드러난다. 그 게임 속 나는 현재의 나와 닮았지만 다른, 곧 '친숙하면서 이질적인' 이상한 나이다.

게임 속 캐릭터가 내 시선을 체현하며 내 행위를 구현한다면 나는 게임 속 캐릭터에 스스로를 대입하고 게임을 통해 나를 소진(消盡, burnout)한다. 게임 속 캐릭터는 사실 가상현실에서 죽음, 파국, 사건을 겪는 부정적 결과들로 수렴된다. 이 과정에서 실제 짜증에 가까운 부정적 감정을 겪는 것은 게임 바깥 현재의 나다. 그리고 'GTA' 군대 2(2013년 11월 16일 방송분)에서 제공하는 게임은 '모션 인식'이라는 현실을 실제로 반영하는 작동 방식을 제공한다. 그에 따라 게임 플레이어는 게임 현실에서 벌어지는 상황처럼 현실에서 똑같이 그것을 수행·노동해야 하는데, 실제 화생방 훈련이 벌어질 때는 화생방 독가스가 살포되기까지 한다. 게임 속 상황이 현실에도 적용되

8) 세계에 자기 자신을 '앞으로 던지며' 세계를 창조해가는 실존 방식.

며 게임 속 현실에 현실이 지배당하는, 게임과 현실이 전도(顚倒)된 현상은 아이러니하다.

이 기이한 역전은 곧 <SNL>이 연기하고 있는 이들이 연기를 진행하면서 (그 과도한 설정에서) 당황스러움을 느끼는 것에서 재미가 도출되는 것과 같다. 그 때문에 게임에 집중하되 온전히 즐겁지만은 않고, 그로부터 (시청자에게) 생겨나는 재미 역시 게임 바깥에서 게임 속 현실이 유격되며 김민교가 고통을 겪는 균열의 지점들과 일치한다는 점에서 결국은 과도함, 곧 부자연스러움의 결을 드러낸다. 한편 '과도함 너머'라는 환상과 그 금기의 역치를 실험하는 이성적인 제약의 부분이 맞물리는 지점에서 공명되는 재미가 <SNL>에서, 그리고 'GTA'에서도 적용된다는 것이다. 반복하건대 'GTA'는 대부분 즐겁지 않고 곧 몰입이 깨지며, 그래서 김민교가 내가 되지 않고 김민교와 시청자로 다시 분리되며 진행된다.

반면 그 이전에 어떤 세계가 펼쳐질지 알 수 없는 세계로 진입하며 겪는 기이한 흥분의 짧은 순간들의 도입부는, 실상 방청객으로서 어떤 자극의 강도와 재미의 표현이 <SNL>에서 가능할지에 대해 갖는 기대감에 상응한다. 결과적으로 <SNL>에서 'GTA'는 <SNL>의 한 단면을 구현하며, 단순히 실시간으로 이뤄지지 않는다고 해서 주변부 코너라고 할 수 없다. 오히려 대다수 (방청객으로서가 아닌) 집에서 프로그램을 보는 시청자의 모습을 구현하고 체현하는 게임 플레이어 김민교의 모습에 시청자들은 스스로를 대입하며 그 게임 세계에 깊숙이 개입하게 된다. 'GTA'의 재미는 그럼에도 끊임없이 '반복'되며 '차이'를 낳는 역동적·생성적 구조의 게임, 그 안에 기계적 동작과 특유의 표정을 갖는 캐릭터 '내'가 다른 내가 되며 다른 내가 나를 잠식하는 롤플레잉 게임(role playing game)의 몰입적 가상현실을 안방극장으로 가져왔다는 점에서 신선하고 독특하며 동시에 공감하고 긍정할 수 있을 것이다.

현장에서의 연기가 생동감 있는 반면 여전히 배우와 관객의 이분법적 경계를 세우는 것이라면, "묘해……. 화나면서도 어깨춤을 멈출 수가 없어"라는 음악과 코너 전체를 메타(meta)적으로 언급하는 김민교의 말은 시청자 스스로에게도 매우 정확하게 '꽂히는' 말이다. 이러한 점에서 비록 'GTA'가 실패와 균열로 끝나며 게임의 공허감과 함께 무(無)의 메시지를 전하고는 있지만, 시청자를 게임 플레이어라는 몰입 주체의 역량으로 전이하는 '기이한 흥분'은 <SNL>은 물론, 여타 프로그램에서도 좀처럼 느껴보지 못한 부분이다. 그렇다면 이 기이한 흥분과 몰입 역량은 'GTA'가 <SNL>의 한층 새롭고 진보한 형식임을 증명하는 것일까.

'GTA'는 게임 속 현실과 게임을 하는 현실을 동시적이고 입체적으로 구현한다. 사실상 시청자가 그것에 참여하지 않으면서, 게임에 자신을 투여하는 현실 속 주인공에 대입해 그 현실에 들어가 있다. 어느새 그와 내가 구분되지 않는 단계, 곧 주인공의 매개 없이도 가상현실을 내가 조종하는 것 같은 흥분의 단계에 근접해 가는 것만 같다. 이는 방청객에 내 자신을 대입하며 그것으로부터 일정한 거리를 갖고 화면을 바라보는 게 아니다. 대리적인 시선과 신체의 상징 대신에 '실시간 현장'이라는 현재의 시간관념 또한 무화된 시간의 경계 없음으로 바꾼다. 더 이상 TV를 바라보는 게 아니라 내 스스로가 내 방에서 혼자 게임을 하는 착각·오인(誤認, mis-recognition)을 허용하며 가상현실 자체에 침잠하여 그 몰입이 고양됨을 의미한다. 그리고 이는 사실 그 게임을 롤플레잉 게임 형식을 빌려 자유자재로 가상현실을 바꿀 수 있는 역량을 가져갈 수 있는 것이 아니다. 오히려 그 게임 안에 구속되어 나 스스로를 탈각(脫却)하며 수동적으로 매몰되는 무기력한 자아의 단면을 구현함을 의미한다.

다시 앞서 김원해의 음흉한 미소로 돌아가면 이 게임은 실은 우리가 능동적인 게임 플레이어로서 게임에 임하게 하는 일련의 과정은 우리 자신이 이야기에 대한 깊숙한 동경을 갖고 있고, 그 이야기에 빠져 들어가며 현재·현실의 나를 잊게 된다는 '이야기 듣기'의 더 큰 틀 아래 포섭되어 있는 걸로 생각할 수 있다. 곧 처음의 능동적 역량이 모션 인식 기능과 같이 더할 나위 없는 수동성의 환경에 대한 적응으로 변화하고, 나를 구현하는 여러 캐릭터들이 만드는 현실은 부정적으로 도착(到着)하며 처음의 기대에 어긋나는 결과로 낙착된다. 새로운 현실(이야기)에 대한 욕망에 다가갔지만 그것이 내가 꿈꾸는 새로운 현실의 모습에서 미끄러짐이라는 욕망의 실패로 드러난다. 이 점은 김원해의 음흉한 미소 안에 간직된, 곧 예측된 결과이기도 하다는 점에서 여전히 짜인 하나의 콘텐츠들의 모음으로서의 <SNL>에 부합하는 하나의 코너를 바라본 것과 다름없다.

입선

막장적 현실과 극 속 아이러니

MBC 드라마 <스캔들: 매우 충격적이고 부도덕한 사건>

김버들

진실 혹은 거짓

지금의 대한민국은 역사상 가장 풍요로운 시대를 맞이하고 있다. 풍부하고 다양한 먹을거리들이 넘쳐나고 세계 최고의 속도를 자랑하는 IT 인프라가 사회 곳곳에 뻗어 있다. 누구나 의지만 있다면 자유로이 해외여행을 할 수 있고 사진이나 미식 탐방과 같은 부르주아적 취미가 보편화되었다. 길거리에는 화려한 외모의 미남·미녀들을 심심치 않게 볼 수 있고, 수많은 커피 전문점에는 부드러운 여유가 가득 차 있다.

그러나 그 이면을 자세히 들여다보면 전혀 다른 사실이 우리를 삼킬 듯이 쳐다보고 있다. 탐욕과 허영, 그리고 그에 따른 시기와 경계가 우리의 또 다른 눈이 되어 서로를 훔쳐보고 평가한다. 이를 감추기 위한 위선과 가식이 관계를 결정짓고, 우리 각자는 그로 인한 소외를 홀로 감당하며 괴로워한다.

데이비드 린치(David Lynch)의 <블루 벨벳(Blue Velvet)>을 보면 알록달록한 꽃들이 평화로운 음악에 맞추어 한들한들 춤을 추는 따뜻한 마을이 나온다. 아이들의 웃음소리와 스프링클러가 시원하게 정원을 적시는 그 마을은 '즐거운 나의 집들'이다. 하지만 그 마을의 땅 아래에는 온갖 기이한 벌레들이 꿈틀거리는 썩고 냄새나는 검은 흙뿐이다. 영화는 묻는다. 향기로운 꽃이 진실인가? 아니면 그 밑에 존재하는 찐득하고 악취가 진동하는 흙이 진실인가?

아이러니, 그리고 막장

진실과 거짓에 대한 끊임없는 물음만 존재하는 세계는 불안과 폭력을 품고 있기 마련이다. 이를 바로잡기 위해 준비된 답이란 고작 해야 비루한 유토피아적 환상이다. 유일한 사실이라면 그저 진실일수도, 거짓일수도 있다는 '아이러니'뿐이다. 그리고 이는 오늘날 극(劇)을 포함한 모든 문학예술이 이야기할 수 있는 유일한 '진실'이기도 하다.

TV 드라마는 '극본'을 기반으로 한 영상예술이기에 크게 보면 문학의 범주 안에 포함된다고 볼 수 있다. 노스럽 프라이(Northrop Frye)는 '예술이 자연을 모방(mimesis)한 것이라면 문학예술은 우리의 삶을 모방하며, 그 대상은 사실 그 자체가 아닌 바로 개연성'이라고 했다. 그렇다면 TV 드라마 역시 현실을 개연적으로 모방해야 한다. 그리고 이때 개연성의 정도는 이 '아이러니'를 극 속에 얼마나 잘 구현시켰는지에 달려 있다.

그러나 '아이러니'를 개연적으로 극화시키는 것, 이는 쉬운 듯하면서도 쉽지 않은 문제이다. '아이러니'라는 것 자체가 매우 모호하기 때문이다.

어쩌면 '아이러니' 자체를 개연적 표현의 대상으로 삼는 것 자체가 아이러니일지도 모른다. 실제로 그것이 지닌 모호성(ambiguity) 자체를 극 표현의 대상으로 삼으면 작품은 너무 추상적이거나 전위적인 작가주의로 흐를 수 있다. 이런 경우 훌륭한 작품은 나올지 모르나 대중적인 작품은 나오기 힘들다. 오히려 시청자를 피곤하게 만들 뿐이니 TV 연속극으로는 적절하지 않다. 그나마 가장 좋은 방법은 아이러니가 일어날 수밖에 없는 상황을 극중 인물들의 행동을 통해 보여줌으로써 이 아이러니를 극의 전체적인 주제로 삼는 것이다. 하지만 이 경우에도 문제는 있다. 주제의 개연성은 확보할 수 있지만, 인물의 성격 및 갈등처럼 연출된 내용은 상대적으로 비현실에 가깝게 느낄 수 있다. 그리고 극이 이러한 양상으로 치달을 때 시니컬한 시청자는 입술을 실룩거리며 이렇게 중얼거린다. "이거 막장이군!"

MBC의 36부작 주말 드라마 <스캔들: 매우 충격적이고 부도덕한 사건>은 이러한 장점과 단점을 모두 지닌 작품이다. 배경과 인물의 성격 설정 및 행동, 갈등과 같은 극 내용의 주요소들은 멜로드라마의 전형에서 벗어나지 못했으며, 그 결과 현실과의 개연성에는 확실히 거리가 있었다. 전형적인 선과 악의 이분법적 구도 안에서 선한 주인공이 악인에 의해 여러 고난과 좌절을 겪는다는 설정은 진부할 수밖에 없는 멜로드라마의 공식이다. 하지만 드라마를 보는 시청자의 대다수는 여전히 이러한 설정을 원한다. 이 역시 아이러니한 현상이다. 진부함을 무가치하게 여기면서도 그것을 원하는 대중의 심리는 어쩌면 우리 사회의 고통을 보여주는 것일 수도 있다. 항상 발전과 성취, 그리고 이를 위한 혁신만을 강조하는 사회 속에서 무조건 달려야만 하는 현실은 우리를 항상 불안하고 피곤하게 만든다. 그렇기에 아무리 진부한 설정의 드라마라도 감동을 기대할 수 있다면, 참신한 플롯의 별 감흥 없는 드라마보다 더 보고 싶을지도 모른다.

이러한 의미에서 볼 때 막장극은 그 극이 가진 단점이나 한계는 될 수 있어도 그 자체로 무조건 나쁘다고 볼 수는 없다. 아무리 무리한 설정이라도 드라마가 전개되면서 주제적인 의미에서 설득력과 감동, 우리 스스로를 돌아보게 하는 반성의 추동을 자아낼 수 있다면 이는 분명 작품성에서 성공한 드라마라고 보지 않을 이유가 없다.

<스캔들>의 진실성: 막장의 형식에 담긴 현실의 아이러니

플롯에 따라 본다면 이 드라마의 성격은 비극이라고 할 수 있다. 하지만 전형적인 비극이라고는 볼 수 없는데 그것은 결말이 해피엔딩이기 때문이다. 이와 같은 해피엔딩적인 비극은 대중적인 비극 양식에서 많이 볼 수 있다.

한편 좀 더 면밀히 분석을 해보면 이 작품은 희극적 요소도 많이 가지고 있다. 드라마 중간중간에 자주 보이는 조연들의 우스꽝스러운 모습이 그러하다. 이들 대부분이 악한 캐릭터에 속한다고 볼 때 이는 일종의 극의 긴장 완화를 위한 기분 전환용의 희화화(戱畵化)이다. 하지만 이 작품이 희극적이라고 말할 수 있는 가장 큰 요인은 악인이 회개하여 다시 올바른 길로 돌아서고 좌절과 고통을 겪던 선한 캐릭터들 역시 정당한 행복을 찾게 된다는 점에 있다. 결국 이 작품은 형식적으로는 비극의 플롯을 따르면서도 전달하려는 주제는 희극에 가까운 희비극이라고 할 수 있다.

이렇게 볼 때 이 결말은 플롯에 걸맞지 않은 작위적인 장치라고도 볼 수 있다. 또 서로 반목할 수밖에 없는 원수이면서 동시에 가족인 인물들 간의 관계나 이 관계 속에서 갈등을 해결하기 위해 그들이 취하는 행동 역시 그다지 현실적이지 못하다. 그리고 이런 작위성은 이 작품이 막장극으로 비칠 수밖에 없는 주된 요인이다. 하지만 한편으로는 바로 이런 어색한 결말과 이를 향한 내용 구성이야말로 이 작품이 시청자들의 동의를 얻고 감동을 주는 데 가장 큰 역할을 하고 있다.

지독한 악인인 장태하(박상민 분)는 자신의 야망과 탐욕을 채우기 위해 장인을 사지로 내몰고 그의 재산을 강탈한다. 이에 복수심을 품은 아내 윤화영(신은경 분)은 그의 아들의 존재를 숨긴 채 살아간다. 한편 장태하 소유의 건설사가 부실 공사를 한 탓에 건물이 무너지고, 이 때문에 하명근(조재현 분)의 어린 아들이 죽는 일이 발생하게 된다. 이 일로 하명근은 장태하에 대한 복수를 꿈꾸고, 그 결과 장태하가 자신의 아들을 처음으로 만나는 날 그 아이를 납치한다. 이 아이가 바로 하(장)은중(김재원 분)으로, 경찰이 된 그는 자신의 친아버지에게 총구를 들이밀어야만 하는 운명에 놓이게 된다.

대략적으로 정리한 인물들 간의 관계를 볼 때 이는 분명 현실에서는 일어나기가 매우 힘든 경우이다. 가족이 '정의'라는 이름 아래 서로를 처단하는 일은 지독한 전체주의 국가나 사회주의적 이념만이 진리로 통하는 사회가 아닌 이상 존재하기 힘들기 때문이다. 게다가 더욱 작위적인 것은 이들 사이의 갈등에 연관되어 갈등을 더욱 증폭시키는 인물들 역시 거의가 가족이라는 점이다.

이와 같은 협소한 인물들 간의 관계 설정은 매우 억지스러운 면이 있기 때문에 멜로드라마적 환멸을 불러일으키기 쉽다. 하지만 동시에 이는 비극적 감정을 오로지 극만의 방식으로 가장 효과적으로 드러낼 수 있는 장치이기도 하다. 아리스토텔레스가 『시학(Poetica)』 14장에서 언급했듯이 "연민과 공포라는 비극의 감정은 어떤 인물이 자기 가족을 죽이거나 돌이킬 수 없는 해를 가할 때" 가장 감동적으로 구현되기 때문이다. 단, 이는 (작품 속 하은중과 장태하처럼) 해당 인물이 알지 못한 채 행해졌다가 나중에야 가족 관계였다는 게 밝혀질 때 효과가 극대화된다. 그리고 이러한 비극의 효과는 역설적으로 그 결말이 해피엔딩일 때 가장 적절하고도 유효하게 이루어지기 마련이다".[1] 그러므로 이 작품 속 인물들의 작위적인 관계 설정은 오히려 작품의 플롯이 전달하는 비극적 심리의 가치를 증폭시키는 매우 중요한 장치라고 보는 편이 더 적절하다.

하지만 이러한 심리적 가치의 효과적 증폭을 위해서는 연민과 공포라는 비극의 감정들 사이의 균형을 적절히 유지하는 것이 중요하다. 만약 이 둘 중 어느 하나에 감정이 너무 쏠리면 신파적으로 흐르거나, 아니면 극 내내 지나친 긴장이 유발되기 때문이다. 이 작품은 후자에 해당한다. 즉, 악역의 캐릭터가 상대적으로 너무 강하여 불안과 공포가 끊임없이 가중된다. 물론 중간중간에 고주란(김혜리 분)이나 강주필(최철호 분) 등을 통해 코믹한 상황이 연출되지만 결과적으로 이는 지나친 긴장을 억지로 완화시키려는 고육지책으로밖에 비치지 않는다. 만약 이 드라마가 장편극이 아니었다면 이런 긴장이 훨씬 덜 피곤하고 효과적으로 전달되지 않았을까?

그러나 주제 전달적인 측면에서 봤을 때 이러한 인물들 간의 관계 설정과 그들이 보이는 행동은 매우 개연성 있는 아이러니로 승화되고 있다. 애초에 이 비극적 갈등의 원인은 좌절되고 소외된 경험에서 벗어나려고 몸부림치는 한 인간(장태하)의 탐욕과 무자비였고, 이를 시작으로 기막힌 사건들이 꼬리에 꼬리를 물고 이어졌다. 그런데 이는 우리가 사는 현실과 이상할 정도로 닮아 있다. 얼핏 진부한 멜로드라마적 설정으로 보이는 강한 자의 무자비한 횡포와 이에 무력하게 당하거나 맞서는 약자의 해소되지 않는

1) 아리스토텔레스, 『시학』, 김재홍 옮김(고려대학교 출판부, 1998).

분노는 현재 우리가 느끼고 있는 이 사회의 모습이다. 즉, 드라마 속에서나 있을 법한 일을 현실에서 심리적으로 경험하고 있는 것이다. 인구의 절반에 가까운 46.7%가 스스로를 하층민이라고 인식한다는 조사만 봐도 우리가 피부와 마음으로 느끼는 양극화와 갈등, 소외는 통계적으로 계측되고 사회학적으로 현상화된 것보다 훨씬 심각하다는 걸 알 수 있다. 이러한 이유로 우리는 무엇이 진실이고 거짓인지 구분할 수 없는 채로 진실이면서 거짓인 세계를 살아가고 있는 것이다. 이 같은 아이러니의 경험으로부터 발생되는 감정은 그 강렬함에서 멜로드라마의 그것과 닮았다. 이렇게 볼 때 이 작품의 무리한 관계 설정은 사실 무리한 것이 아닌지도 모르겠다. 왜냐하면 그 속에서 끊임없이 뿜어져 나오는 감정은 우리가 이 사회를 살면서 느끼는 것과 비슷한 강도이기 때문이다.

이런 이유로 <스캔들>의 형식은 작위적이고 개연성이 적지만 그 속에서 반향되는 반성적 주제는 진실에 매우 가깝다. 또 이 진실은 시청자가 그 극에 심리적으로 직접 참여하여 공감적으로 발견되는 것이기에 시청자에게 매우 능동적인 주제라고 할 수 있다. 게다가 이는 근본적으로 극의 내용보다는 그로부터 유도되는 강렬한 파토스에 기반을 둬서 결과적으로 매우 생생한 주제일 수밖에 없다.

덧붙여 결말을 다시 한 번 짚고 넘어갈 필요가 있는 것 같다. 결론부터 말하면 이 해피엔딩적 결말은 두 가지 이유에서 매우 성공적이다. 우선 앞에서 아리스토텔레스의 말을 인용하며 밝혔듯이 가족 관계를 기반으로 한 비극의 효과는 그 결말이 해피엔딩일 때 가장 극대화된다. 끊임없이 이어졌던 긴장이 가장 깨끗하게 해소될 수 있기 때문이다. 그런데 이 경우 주제가 윤리적으로 시사하는 바가 강할수록 더욱 성공적이다. 반전이 대세라지만 이 드라마처럼 윤리성과 결부된 감정이 끊임없이 이어지면 시청자가 기대하는 방향으로 결말이 나는 편이 더 낫다. 왜냐하면 감정의 고조만 지나치고 그것의 해소가 없다면 결국 불쾌감만 남기 때문이다.

막장과 아이러니를 극복하는 하나의 가능성: 용서

무엇보다도 주목해야 할 것은 이 결말이 유도되는 데 주된 열쇠로 작용한 하은중의 태도 변화, 즉 용서이다. 우선 극 자체만으로 봤을 때 이 용서 덕분에 극 내내 유발된 폭력과 소외, 그로 인한 분노의 감정이 환기되고 해소될 수 있었다. 특히 절정은 어린 은중이가 자신을 기다리며 썼던 황제펭귄 부자가 그려진 편지를 본 장태하가 뜨거운 눈물을 흘리며 자백하러 가는 장면이다. 끝까지 아버지를 믿고 기다린 아들에게 결국 달려온 그를 보고, "아버지, 지금 제 심장이 막 뛰어요. 그 소리가 들리세요? 아버지!" 라고 하은중이 말하는 부분에서 극 내내 숨을 조였던 긴장이 터질듯이 정화(淨化)된다. 이때의 정화, 즉 카타르시스는 앞에서 언급한 비극의 감정 중 장태하에 대한 '연민'이 극대화됨으로써 그가 준 '공포'라는 감정이 극적으로 해소된 것이다. 그 결과, 극 종반까지 지나치게 공포와 불안 쪽에 치우쳐 있던 감정이 균형을 이루고, 시청자 역시 그를 '용서'할 수 있었다.

용서를 통한 아이러니의 감정적 해소

드라마 속 설정이 막장일 수밖에 없는 것은 어쩌면 현실이 그렇기 때문인지도 모른다. 옳고 그름이 뒤죽박죽인 사회, 약자의 논리와 강자의 논리가 팽팽하게 대치된 사회는 두 개의 태양이 존재하는 세계와 같다. 양립하기 힘든 가치와 규범 들이 동등한 위계로 존재할 때 이는 결국 내용 없는 무력한 상대주의, 즉 아노미의 상태로 빠지기 쉽다. 셰익스피어(William Shakespeare)는 『햄릿(Hamlet)』에서 "시는 그 거울을 자연을 향해 건다"라고 했다. TV 드라마도 큰 범주에서는 바로 이 시, 즉 문학예술에 속한다고 볼 때 드라마 속 막장의 모습은 어쩌면 현실의 아이러니를 반영한 것일지도 모르겠다. 마이클 샌델(Michael Sandel)이 『정의란 무엇인가?(justice)』에서 논의하는 주제 역시 이러한 아이러니였다. 과연 옳은 것은 무엇인가? 프래그머티즘에 기반을 둔 자유주의(강자의 논리)인가? 아니면 칸트적 목적주의(약자의 논리)인가?

이런 혼란한 상황에서 <스캔들: 매우 충격적이고 부도덕한 사건>은 하나의 불완전하지만 인간적인 가능성을 보여주었다. 하은중은 왜 용서를 하는가를 묻는 강주필에게 다음과 같이 말했다. "살아야 하니까요. 앞으로도 살아가야 하니까 용서를 하는 것입니다." 어쩌면 이 말이 우리가 할 수 있는 유일한 대답일지도 모른다. 왜냐하면 하은중의 용서 덕분에 주변이 변하는 모습을 냉소적으로 바라보면서도, 내심 이를 바라고 간접적 위안을 얻는 것이 이 드라마를 통해 바라본 우리의 모습이기 때문이다.

입선

시사 프로그램의 유쾌한 변화

이정환

정치에 대한 이야기를 한다는 것

"입은 화의 문이요, 혀는 몸을 베는 칼이다. 입을 닫고 혀를 깊이 간직하면 몸이 편안하여 어디서나 안온하리라." 연산군의 유명한 말이다. 이 말에는 자신을 비판하면 죽이겠다는 연산군의 강한 의지가 담겨 있다. 당시에는 권력에 대한 말이 금기시되었고, 뜻있는 몇몇 충신의 말 외에는 폭군에게 아첨하는 말들만 오가게 되었다. 하지만 그로부터 500여 년이 지난 지금 정치에 대한 대화는 일상이 되었고, 일상화를 넘어 필수적으로 해야 하는 정도이다. 연산군 때처럼 정치에 대한 얘기가 없으면 정치가 변혁할 수 없으며, 나아가 사회, 국가가 변화할 수 없다. 그런 정치로 흘러 들어가는 이야기들을 모아주는 것이 방송의 역할 중 하나이다.

2011년 12월 1일, 케이블 TV에 종합편성 채널들이 새로 개국했다. 'TV 조선', 'JTBC', '채널 A' 등이다. 이 세 방송사의 뿌리는 조선일보, 중앙일보,

동아일보라는 보수 신문사이다. 따라서 방송사의 정치적 색깔이 시작부터 상당히 우편향되어 있었고, 지난 2년간 보여준 행보도 이와 다르지 않았다. 그러다 보니 보수 성향의 중년·장년층이 이 방송사의 주 시청자가 되었고 진보 성향의 청년층을 시청자로 잡는 데는 실패했다. 더군다나 개국 초기에 야심 차게 추진했던 대형 프로젝트들의 흥행 실패로 방송사들은 금전적으로 상당한 타격을 입었고, 이후 울며 겨자 먹는 식으로 돈이 덜 들어가는 프로그램 위주로 제작할 수밖에 없었다. 그렇게 해서 종합편성 채널(이하 종편)에서는 자금이 덜 들어가는 스튜디오에 주요 인사들을 모아놓고 시사 토론을 하는 프로그램을 다수 편성했고, 곧 이러한 프로그램이 난무하게 되었다. 이 프로그램들은 방송사의 우파적인 성향과 결합해 보수 성향의 논객들이 나와 보수 성향의 발언을 하는 모습을 일관적으로 보여준다. 그 결과, 진보 성향의 시청자들은 채널을 돌렸고 설상가상으로 출연 논객들의 수준 낮은 유치한 발언은 그나마 남아 있던 시청자의 등을 돌리게 했고 비평가들의 눈살도 찌푸리게 만들었다. 이러한 세태 속에서 가장 먼저 변화를 취한 것은 JTBC이다. 진보 성향의 손석희를 뉴스 앵커로 앉히고 천편일률적인 시사 대담 프로그램에 변화를 주기 시작했다. 그러한 노력 중 하나가 바로 <썰전>이다.

답답한 뉴스를 깨라, '하드코어 뉴스 깨기'

대부분의 종편 뉴스 프로그램은 방송사의 성향과 남아 있는 주 시청자들의 성향에 맞는 보수 논객을 모시고, 정치에 대한 내용을 한 주제당 8~9분씩 논의한다. 기존 지상파 뉴스에서는 볼 수 없는 형식이라는 점에서 긍정적인 면이 있었다. 하지만 TV를 오래 보는 장년층 시청자에게는 맞을지 몰라도 청년층은 꼭 진보 성향이 아니더라도 지루하기 짝이 없었다. 반면 JTBC의 <썰전>에서 정치, 시사문제를 다루는 '하드코어 뉴스 깨기'는 기존 시사 프로그램의 틀을 벗어났다. '하드코어 뉴스 깨기'는 기존 시사 프로그램에 '재미'라는 요소를 더했다. 뉴스 앵커가 아닌 방송인이 사회를 보고, 보수 성향의 논객만 있는 것이 아니라 보수와 진보에서 각각 한 명의 논객이 나와 있다. 한쪽 성향의 논객이 주야장천 자신의 논리를 펼치는 것보다 성향이 다른 논객들이 자신의 의견을 개진하고 상대방의 의견을 반박하는 것이 훨씬 다양한 이야기를 이끌어낼 수 있는 것은 당연지사다. 그리고 10분가량 한쪽의 이야기를 듣는 것보다 양쪽 이야기를 번갈아 듣는 것이 더 오래 즐길 수 있다. 이러한 포맷은 <100분 토론>, <심야 토론> 등과 같은 기존 지상파의 시사 토론 프로그램과 비슷하다고 볼 수 있다. 하지만 <썰전>은 60~100분이 아니라 어느 정도 적당한 30분쯤으로 시간을 맞추고 있다. 그리고 기존 토론 프로그램에서는 중앙에 사회자가 있고 사회자 양쪽으로 패널들이 앉아 있다. 즉, 패널들은 사회자를 가운데 두고 멀리 떨어져 있다. 하지만 '하드코어 뉴스 깨기'에서는 조그만 삼각형 탁자에 사회자와 각 패널들이 아주 좁은 거리를 두고 앉아 있다. 또 기존 토론 프로그램에서는 토론자들이 자신의 의견을 발표하듯이 얘기했다. 발언 시간에는 제한이 있으며 각 패널들이 말을 섞으며 토론하는 것은 말을 잘 알아들을 수 없고 음향이 물린다는 이유로 배제되었다. 반면 <썰전>은 제한 시간이 없고 패널들 간 말이 복잡하게 섞여도 제지하지 않는다. 좁은 책상만큼 좁혀진 거리는 모여서 토론한다는 느낌을 준다.

사회자, 패널들 간의 물리적 거리, 패널들의 제약 축소 등으로 토론은 더 역동적이 되었고 사회자, 패널들의 특성은 이를 더 배가시켰다. 사회자 김구라는 특유의 입담과 비유법으로 딱딱한 논제들을 부드럽게 이끌고 나간다. 보수 성향의 패널로는 전 국회의원인 강용석이 나온다. 강용석은 아나운서 발언, 개그맨 고소 등으로 대중에게 많이 알려졌으며, 지금은 국회의원이나 변호사보다는 방송인으로 우리의 인식에 박혀 있다. tvN <강용석의 고소한 19>에서는 조금은 허술하고 친근한 이미지가 있지만, <썰전>에서는 변호사의 법률적 지식과 전 국회의원으로서의 인맥, 각종 정치 야사로 프로그램에 세부 사항을 추가시켜준다. 진보 쪽 패널인 이철희 두문정치전략연구소 소장은 강용석과 대비되는 현 야권의 입장을 대변하며 강용석의 말에 딴죽을 걸며 의견 대립의 발동을 걸기도 한다. 김구라, 강용석보다는 시청자에게 덜 알려져 있지만, 여권에 대한 그의 날 선 비판은 이 프로그램의 재미 요소이기도 하다.

각각의 개성이 뚜렷한 출연진은 각자의 의견이나 논리가 상대방에 의해 조목조목 반박된다. 서로 각을 세우며 부딪치는데, 이때 부딪치면서 일어나는 스파크가 이 프로그램을 더 빛나게 한다. 서로 의견을 맞추며 같은 뜻으로 결론이 나면 '1+1 = 1'이라는 결과가 나오겠지만, 대립 의견들이 계속 쌓이면서 '1+1 = 2+a'라는 시너지 효과가 나는 것이다.

정치권을 다 아우르는 정치 이야기?

'하드코어 뉴스 깨기'는 정치, 시사를 다루고 전혀 다른 성향의 두 패널이 격렬히 토론을 벌인다. 하지만 어떻게 보면 단지 주어진 현안에 대한 강용석, 이철희 개인의 의견과 그에 대한 토론이 오갈 뿐, 강용석과 이철희가 여권과 야권 전체를 대변하기에는 논리의 비약이 있다고 볼 수 있다. 강용석이 여권 쪽의 사람, 이철희가 야권 쪽의 사람임에는 틀림없지만 자칫하면 시청자들이 강용석이나 이철희의 발언을 마치 전체 여권과 야권의 의견으로 확대해석할 수 있다. 그리고 그에 대한 해석을 무리하게 실제 정치 현안에 적용시킬 위험성도 있다.

김구라, 강용석, 이철희, 이 트로이카가 서로 격렬히 토론하며 방송을 이끌고 있지만 '대다수 국민이 원하는' 큰 틀을 벗어나지 못한다. 강용석, 이철희 두 패널은 지극히 개인적인 생각을 말하지만, 방송이란 틀과 자신들이 몸담고 있는 여권·야권의 틀 안에서 제한적인 발언을 한다. 자신이 속해 있는 정치권의 생각과 자신의 개인적인 생각이 대체로 같겠지만 다른 부분이 있을 경우, 그리고 이 생각이 방송을 통해 발언될 경우 자신이 속해 있는 정치권으로부터 반발을 산다. 일례로 <썰전> 19회에 방송된 강용석의 "2007년 정상회담에서 노무현 대통령이 NLL을 포기한 것이라 볼 수 없다"라는 발언은 진보 진영에서는 환영을 받았지만 강용석이 속한 보수 진영에게는 반발을 샀다. 이런 점에서 아무리 <썰전>이 정통 시사 프로그램이 아니고 기존 시사 프로그램보다 흥미 요소가 많이 들어갔더라도 다루는 내용이 정치적으로 민감한 소재가 많다 보니, 정치권이 이 프로그램을 주목하고 있으며 방송이 정치권의 영향에서 자유로울 수 없음을 알 수 있다.

또 이 프로그램은 구조적으로 비주류 계열이 논의 안으로 들어오는 것을 막고 있다. 강용석과 이철희가 대변하는 정치권에 속하지 않은 사람들의 의견은 소외되는 것이다. 지금 우리 사회의 가장 주된 균열선은 보수와 진보라고 할 수 있고 '하드코어 뉴스 깨기'에서는 강용석과 이철희가 각각의 진영을 대표한다고 볼 수 있다. 하지만 이철희보다 더욱더 진보에 치우친 사람들인 통합진보당, 진보정의당 등의 이야기는 다룰 수 없다. 이는 프로그램 구조의 결과일 수도 있고 국민 대다수 여론의 결과일 수도 있다. 진보 쪽의 이야기가 필요한데도 우리나라의 진보가 현재 많이 위축되어 있고 최근에는 종북주의 논란 때문에 진보에 대한 인식이 안 좋으니, 시청률이 목적이고 시청자의 성향에 맞춰야 하는 방송에서는 이들의 이야기가 소외되는 것이다.

정치 얘기를 하는 예능 프로그램?

<썰전>이 지금은 교양 프로그램으로 분류되지만, 방송 초기에는 예능 프로그램으로 분류됐다. <썰전>이 방영되는 시간은 목요일 오후 11시로 지상파 방송에서는 KBS <해피 투게더>, SBS <자기야>와 맞붙는다. 다른 종합편성 채널에서는 TV 조선의 <스포츠 판>, MBN의 <리얼 다큐 숨>과 같은 시간대이다. 오후 11시라는 시간이나 상대하는 프로그램을 보면 <썰전>은 정치 현안에 대한 시사 프로그램이 아닌 예능 프로그램의 기대를 갖고 기획된 것이라 볼 수 있다. <썰전>은 기존 토론 프로그램이나 시사 담론 프로그램보다 연성화되어 있다. 패널들이 서로 말다툼하는 장면은 분명히 흥미로운 부분이긴 하다. 하지만 그 때문에 시청자들이 프로그램이 진중하지 못하다는 인상을 받을 수 있다. 현안을 폭넓고 깊게 이해하고 싶은 사람들에게 <썰전>은 마치 술자리에서 하는 정치 얘기나 토론처럼 보일 수 있다. 즉, 제작자는 프로그램을 정치를 섞은 예능으로 만들었는데, 일부 시청자들은 재미를 가미한 시사 프로그램을 기대했을 수 있고, 이 기대는 충족되지 못했다는 것이다. <썰전>의 1부인 정치·시사 위주의 토크 프로그램 '하드코어 뉴스 깨기'의 성격 자체도 그러한데, 그 후에 방송되는 2부 '예능심판자'가 이를 더욱 심화시킨다. 정치 이야기를 하다가 성격이 다른 예능 이야기로 넘어가는 것이니 2부 '예능심판자'가 1부 '하드코어 뉴스 깨기'뿐만 아니라 <썰전> 전체의 무게를 가볍게 하는 데 일조한

다. 1부에 출연한 김구라와 강용석이 2부에서도 나오기 때문에 두 코너가 완전히 분리되어 있다는 느낌을 갖기 힘들다. 더군다나 '예능심판자'의 형식을 보면 이러한 느낌은 더욱 짙어진다.

토론 형식을 이식한 연예 프로그램 '예능심판자'

1부에서 옹기종기 모여 정치·시사를 토론하던 형식을 2부에서는 주제만 바꾼 채 그대로 옮겨온다. 2부가 예능을 주제로 한 '예능심판자'라는 점에서 이런 토론 형식은 신선하다. KBS의 <연예가중계>, MBC의 <섹션 TV 연예통신> 같은 기존의 지상파 연예 프로그램은, 뉴스에서 다루기 힘든 예능과 문화계 소식을 뉴스, 예능 인사의 인터뷰 등으로 전달한다. 하지만 '예능심판자'는 이런 뉴스 형식이나 인터뷰를 배제하고 큰 주제 하나를 가지고 토론한다. 토론하거나 논의하는 진행 방식은 기존 연예 프로그램에서는 볼 수 없었다. 이런 점은 시청자들에게 신선하게 다가왔고, 예능이란 주제를 조금 더 심도 있게 다룰 수 있다는 점에서 긍정적이다. 시사 프로그램의 형식을 연예 프로그램에 이식한 것이라 볼 수 있고 확실히 좋은 시너지를 내고 있다고 본다. 그리고 출연진 또한 '예능심판자'에 깊이와 전문성을 더해주고 있다. 연예계 마당발인 김구라와 문화 평론가 허지웅, 그리고 주제와 관련한 법률적인 지식을 알려주는 강용석, 전문적인 지식이나 야사, 예능감 있는 입담을 고루 갖춘 패널들이 있어 프로그램의 깊이와 재미, 이 두 마리 토끼를 다 잡을 수 있었다.

하지만 패널들이 깊이와 재미를 이끌어내는 데는 성공했지만 다양성을 보여주는 데는 실패했다는 점이 아쉽다. 현재 '예능심판자'에 나오는 패널은 김구라, 강용석, 이윤석, 박지윤, 허지웅, 김희철 총 5명이다. 연령별로는 김구라, 강용석, 이윤석이 40대, 박지윤, 허지웅, 김희철이 30대이다. 하지만 김희철은 30대 초반이란 점에서 20대와 생각이 비슷하다는 점을 감안하면 연령 구성은 괜찮다고 본다. 그러나 5명 모두 '연예계'의 틀 안에 있는 사람들이다. 김구라, 박지윤, 이윤석, 김희철은 데뷔할 때부터 방송인이었으며, 강용석과 허지웅은 방송이 본업은 아니었으나 많은 방송에 출연하면서 지금은 방송에 익숙해진 사람들이다. 이렇게 다들 방송 산업에 종사하고 있다 보니 말하는 주제에 대해 전형적인 이야기가 이뤄지며, 새로운 시각에서 주제를 바라보기는 힘든 실정이다. 즉, 기존의 연예 프로그램보다 깊이와 재미는 있지만 그것은 연예 프로그램의 확장일 뿐, 새로운 선을 긋지 못한다는 얘기이다. 출연자의 성별이나 직업군을 다양하게 하면 좀 더 다채로운 논의가 이루어질 것이라 본다.

'뒷담화'를 넘어서는 '앞담화', 다채로워져라

정치와 연예, 이 둘은 우리나라 국민이 가장 관심 있어 하는 분야라고 할 수 있다. <썰전>은 이 두 가지 분야를 흥미롭고 맛깔나게 다룬다. 그리고 지상파가 아니기에 지상파가 갖고 있는 공정성의 한계에서도 어느 정도 자유롭다고 할 수 있다. 뒷담화는 사람들이 얘기하면서 다룰 수 있는 최고의 소재 중 하나이다. 그리고 뒷담화할 때 자신들이 원하는 바, 생각하는 바에 다른 사람들이 동조하면 희열과 즐거움을 느낀다. <썰전>은 그러한 것을 시청자들에게 잘 이루어주는 프로그램이다. '하드코어 뉴스깨기'나 '예능심판자' 모두 한 주제를 놓고 사람들이 의견을 주고받는다. 의견을 주고받을 때 개인의 관념과 주장이 드러난다는 점에서 뒷담화와 비슷하지만, 방송이란 틀이 있고 전국의 시청자, 그리고 다루는 소재와 주제의 당사자 역시 이 방송을 본다는 점에서 뒷담화가 아닌 '앞담화'라 할 수 있다. 그리고 <썰전>은 지난 한 주간에 일어난 정치, 연예 소식을 다룬다는 점에서 피드백에 중점을 둔 프로그램이다. 앞으로의 정치, 연예계가 나아가야 할 길을 피드백이란 형식으로 나타내고 있고, 이것이 앞담화와 합쳐져 실제 정치, 연예계에 영향을 끼치고 있다. <썰전>이 갖고 있는 에너지가 방송 밖으로 뻗어나가 정치, 사회를 변혁시키기 위해서는 지금보다 더욱 다양성을 갖추고 그 다채로움에서 나오는 새로운 에너지를 만들어 낼 필요가 있다.

입선

아름다움이 아름다워져야 할 시간

Story on <Let美人 3> 비평

김성준

뷰티푸어

10세기 중국에서는 전족이 유행했다. 여성들은 작은 발을 강요당했고, 몸은 자라나도 발이 커져서는 안 되었다. 그들은 장성한 후에도 걸을 수 없었기에 남성에게 철저히 의존할 수밖에 없었다. 그래도 어쩌겠는가. 작은 발이 미의 기준이었다는데.

14세기 유럽에서는 굽이 28cm에 달하는 초핀(chopine) 구두가 유행했다. 요즘의 킬힐은 감히 옆에 서기도 민망한 높이다. 초핀 구두를 신은 귀부인은 항상 남성의 부축을 받으며 걸어야 했다. 그래도 어쩌겠는가. 무시무시한 구두를 신어야 아름다워 보인다는데.

코르셋은 여성의 장기에 40kg에 달하는 압박을 가했다. 장기간 코르셋을 착용한 여성들은 갈비뼈가 뒤틀리기도 하고, 장기에 심각한 손상을 입기도 했다.

여성들은 미모가 주는 프리미엄을 누리기 위해, 또는 용모의 추함에서 비롯되는 페널티를 피하기 위해 사회적 강요를 받아들여야만 했다. 사회는 남성에게 그러하듯 여성에게도 점수를 매기는 데 익숙하며, 여성들은 사회적 과락을 면하기 위해 발을 동여매거나 초핀 구두를 신거나 죄수들이 입을 법한 구속복을 코르셋이란 이름으로 감내해야 했다.

본질은 지금도 변하지 않았다. 아름다움은 여전히 사회계층의 시그널이자 계층 상승의 추동력으로 남아 있다. 중산층에 진입하려고 애쓰는 사람들이 베이비푸어, 워킹푸어, 하우스푸어, 카푸어, 실버푸어를 극복해야 하듯이 미모의 트로피를 거머쥐려는 여성은 뷰티푸어(beauty poor)의 고난을 감내해야 한다.

그들은 기꺼이 참아낸다. 더 나은 삶을 위한 노력들이 우리의 행복에 기여한다면 미모를 향한 그들의 분투 또한 나무랄 게 아니다. 선천적인 아름다움만이 진정한 미모라는 선입견은 폭력적이다. 누구나 아름다워질 권리가 있으며, 노력에 의해 그것이 가능하다면 마다할 이유가 없다. 미모가 "여성에게 유난히 가혹하게 적용되며, …… 사회가 제시하는 매력적인 모습에 맞추고 인위적으로 위장하기 위해 다양한 제품과 전문가의 도움을 받는 것"이라는 수전 손택(Susan Sontag)의 비판은 잠시 제쳐두자. 아름답지 못해서 괴로운 우리가 아닌가. 아름답지 못함은 인종이나 학력 못지않게 상당한 차별의 원천이 아닌가.

<Let美人>, 타이타닉의 구명정

<Let美人>의 지원자들은 슬픈 사연을 갖고 있다. 남자보다 더 많은

털이 난 여인, 기형적인 턱으로 외출도 못하는 여인, 얼굴뼈가 녹아 허물어진 여인, 지독하게 썩은 치아와 부정교합 탓에 21년이라는 세월을 잃어버린 여인, 출중한 노래 실력을 가졌음에도 단지 아름답지 못하다는 이유로 "병풍 뒤에 숨어서 노래 부르라", "헬멧을 쓰고 노래하라"라는 비웃음을 들어야 했던 가수 지망생. 이들이 허영심 때문에 <Let美人>에 출연했다고 생각하는 시청자는 없을 것이다. 남보다 더 예뻐지기 위해 자신의 사연을 판다고 힐난하는 시청자도 없을 것이다. 저들의 사연을 보는 동안 우리는 그 아픔에 깊이 공감하며 어떻게든 도와주고 싶어진다. 그리고 서글픈 질문을 던진다. 왜 생김새나 몸매 때문에 인간은 차별받아야 하는가!

피부색으로 사람을 달리 대하는 인종차별은 분명 사악하다. 인종차별을 당한 사람은 가해자에게 거세게 항의한다. 그러나 외모 차별은 독특한 양상을 띤다. 피해자들은 분노하는 대신 슬퍼하고, 슬퍼하다가 결심한다. 그래, 나도 예뻐져야겠어! 뼈라도 깎을 테야!

아름다움이란 상대적이며 겉모습보다는 내면을 가꾸라는 진부한 이야기를 하자는 게 아니다. 이런 이상을 실천하고픈 사람조차도 입사 원서에 붙일 증명사진은 포토샵까지 동원하여 최대한 아름답게 꾸며야 하지 않는가. 하이힐을 신는 여성의 80%가 척추나 족부 질환에 시달리든 말든 어쩔 수 없다. 아름다움의 규범을 지키지 못하면 루저가 된다. 그래서 킬힐을 신은 모델이 밀라노의 런웨이에서 넘어졌을 때 킬힐에 대한 반성 대신 '힐 신고 걷기 워크숍'이 열리는 건 되레 자연스러워 보이기까지 한다.

현실이 이렇다면 <Let美人>은 하나의 대안일 수 있다. 외모로 사람을 평가하는 편견을 바꾸지 못한다면, 차별의 피해자들이 항의나 개혁 대신 '개조'를 원한다면, 그들이 차별을 받지 않도록 돕는 것도 하나의 방법일 수 있다. 결핍 때문에 고통받는 사람들에게 도움의 손길을 주는 게 선행이라면 <Let美人>은 분명 어떤 면에선 선한 프로그램이다.

<Let美人>에는 매주 두 명의 지원자가 등장하여 자신의 사연을 소개한다. 숱한 질곡과 설움이 시청자와 MC들의 눈물샘을 자극한다. 이 눈물에는 가식도 과장도 없다. 시청자의 눈물이 펑펑 쏟아질수록 지원자는 더욱 간절해진다. 제발 저를 택해주세요! 그 호소에는 진정성이 있다. 그녀는 더는 외모 페널티를 겪고 싶어 하지 않는다.

장외에는 무수한 차기 지원자들이 줄을 서 있다. 각자 자신의 아픔을 나열하며 부디 기회를 잡을 수 있도록 시청자 게시판에서 기도를 드린다. 그만큼 아름다움을 절실히 원하는 여성들이 많다. 외모 때문에 수모를 겪느니 상당한 위험을 감수하더라도 수술대에 오르겠다고 결심을 한다. 누가 이들을 탓하거나 말릴 수 있을까.

<Let美人>을 보노라면 마치 침몰하는 타이타닉의 승객 같은 처절함이 엿보인다. 그들은 이대로 가다가는 여자로서의 인생이 좌초할 것을 스스로 잘 알고 있다. 그러나 구명정이 부족하다. 선택의 시간에 우리는 냉정해질 수밖에 없다. 아름다움이란 그 자체로 희소성을 의미한다. 모두가 아름다워질 수는 없다. 그렇다면 누가 선택의 축복을 받을 것인가? 그리고 선택의 권력은 누가 행사하는가?

구명정에 태울 사람은 누가 결정하는가?

타이타닉이 침몰하고 있다. 애석하게도 구명정은 모든 승객을 태우기에는 턱없이 부족하다. 자, 문제를 풀어보자. 누구부터 구해야 할 것인가? 그리고 그 결정은 어떻게 정당화될 수 있을 것인가?

물론 저런 류의 질문엔 정답이 있을 수 없다. 그래서 난감하다. 누구는 선택받고, 누구는 배제될 수밖에 없다. 자원은 인간의 욕망에 비해 언제나 부족하다.

그 무수한 구원 요청 중에서 단 두 명만이 매주 방송에 오른다. 그들은 자신의 기구한 사연과 슬픔을 과시해야 하는 역설을 떠안는다. 더 슬퍼야 동정을 받고, 더 동정을 받아야 구원받을 수 있으므로. 슬픔이 커야 희망도 커지고, MC들이 눈물을 더 쥐어짜야 지원자는 웃을 확률이 높아진다.

애석하게도 한 명은 '메이크 오버(make over)'의 혜택을 누리지만 또 다른 한 명은 집으로 돌아가 패자부활전을 노려야 한다. 축 처진 어깨로 발길을 돌리는 여인을 보는 내내 마음이 편치는 않지만 어쩌겠는가, 우리네 사는 풍경이 온통 경쟁인 것을. 미모라는 희소성은 그 본질상 필연적으로 경쟁을 예고하는 것이다. 그러니 한 명 통과, 한 명 탈락이라는 살벌한 방식은 관대하게 넘어가줘야 하지 않을까. 더군다나 미모를 갈망하는 지원자의 열망만큼이나 제작진에게는 시청자에게 선사해야 할 재미가 절실할 테니 말이다.

문제는 구명정에 태울 사람을 왜 의료진의 독단으로 선택하는가이다. 의료진은 전문적인 지식을 갖고서 지원자에 대한 의학적 소견을 피력한다. 그러나 그들이 할 수 있는 건 거기까지다. 의학적 소견이 지원자의 고통을 측정하는 도구일 수는 없다. 그런데도 <Let美人>은 전문가의 권위에 기대어 편의적인 방식을 택했다. 시청자 배심원단이 존재한다면, 그들의 의견을 반영해준다면 과정의 공정함이 좀 더 확보될 수 있지 않을까.

그러나 어쩔 수 없는 소외

카를 마르크스(Karl Heinrich Marx)에게 소외(alienation)란 인간이 만든 생산

물이 인간으로부터 분리되어 자립하면서 발생한다. 즉, 생산물이 인간에게 낯선 존재, 대립적인 존재가 될 뿐 아니라 더 나아가 인간을 억압하여 종속시키는 힘으로 작용한다. 소외된 인간은 주체성과 자율성을 상실한다. '미(美)' 역시 한 사회가 합의한 어떤 생산물이다. 종적으로는 역사의 변천에 따라, 횡적으로는 동시대의 각 문화권에 따라 미의 기준이 조금씩 다른 것은 상식이다. 우리가 아름다움이라고 판단 내리는 대상은 우리의 의식과 문화와 욕망이 빚어낸 생산물이다. 그리고 그 생산물로서의 아름다움은 결국 우리를 소외시킨다. 아름다움 앞에서 주체성과 자율성은 없다. 포기하든지 복종하든지 양자택일의 선택지만 놓여 있다.

<Let美人>은 외모 때문에 불편과 차별을 겪는 여성들에게 도움을 주는 프로그램이다. 그런데 이런 목표를 둔 <Let美人>의 야심은 자못 거창하다. "오디션을 통해 선발된 지원자들의 인생을 바꿔주는 메이크오버쇼!" 바로 이게 문제다.

가령 이렇다. 심각한 충치를 21년간 방치할 수밖에 없어 본인의 삶도 썩었다고 생각하는 어느 지원자를 보자. 그녀에게는 충치 치료가 필요하다. 그런데 <Let美人>은 내친 김에 그녀를 아예 딴 사람으로 바꿔놓았다. 이마부터 시작해서 전신 지방 흡입까지 총비용 9,074만 원! 지나치게 큰 가슴 때문에 고통받던 지원자는 건강상의 이유로 선정되었다. 그러나 그녀 역시 피부 관리로 마무리되는 변신을 체험한다. 총비용 6,345만 원!

<Let美人>이 건전할 수 있는 이유는 기형이나 질병 때문에 곤경에 처한 여성을 도와준다는 데 있다. 그러나 막상 수술대에 올려놓고 보니 온갖 의술이 총출동하여 아예 사람을 탈바꿈시켜 놓는다. 마치 연예인이 된 듯한 그녀들은 모델처럼 걸어 환골탈태를 뽐낸다. 여기저기 터지는 탄성! 놀라움! 기쁨의 눈물! 더 예뻐지니까 더 좋은 게 아니냐고? 그렇게

간단하게 볼 문제는 아닌 듯하다.

<Let美人>은 성형, 피부, 치과 처치를 통해 여성을 변신시킴으로써 아름다움의 표준을 제시한다. 그리고 누구나 대가만 지불하면 그 표준에 도달할 수 있음을 넌지시 알린다. 표준적 아름다움을 획득하지 못한 여성은 빈곤하거나 노력이 부족하거나 게을러서 자신을 가꿀 수 없는 패자가 된다. 모두가 소비자일 수밖에 없는 현대사회에서 아름다움 역시 소비의 대상이다. 패션, 화장, 성형수술, 피부 관리 등 모든 미용에는 비용이 든다. 그러니 아름다움은 사회계층을 상징하는 강력한 표식이 될 수 있다. <Let美人>은 인생 역전이 불가능하지 않음을 똑똑히 보여준다. 비용과 시간은 얼마가 필요한지까지 친절하게.

아름다움이 인간을 복속시키고, 인간은 아름다움 앞에서 주체성과 자율성을 뻗어보지 못하는 사태. <Let美人>이 그 주범이라는 건 아니다. 다만 우리의 일그러진 초상화를 그대로 보여줄 뿐이다.

'나'는 소중하다

소외된 우리는 미(美)를 통제할 수 없다. 그저 뒤처지지 않게 쫓아가야 한다. 르네 지라르(Rene Girard)는 『낭만적 거짓과 소설적 진실(Mensonge romantique et verite romanesque)』에서 나의 욕망이 아닌 타인의 욕망을 욕망하는 것이 속물적 욕망이라고 규정한다. 그리고 과도하게 타인의 욕망을 욕망하면서도 자신이 원하는 걸 알지 못한 채 영원히 욕망의 삼각형에 구속되어 있는 자를 속물이라고 정의한다.

<Let美人> 지원자들이 속물이라는 말은 아니다. 그녀들이 기적적으로 변하는 과정을 군침 흘리며 바라보는 우리의 시선이 위험하다는 것이다.

그 시선은 협소한 욕망의 삼각형에 갇혀 스스로를 옥죈다.

비만이 아닌데도 다이어트에 열중하다 거식증에 걸린 여성, 단기간에 아이돌급 몸짱이 되려고 스테로이드 약물을 섭취하다 건강을 해치는 남성, 수능도 보기 전에 성형외과부터 기웃거리는 여고생은 어떤 시선으로 스스로를 바라보는가. 혹시 그것은 자신의 시선이 아니라 타인의 욕망은 아닌가. 타인이 쳐놓은 시선의 거미줄 또는 정교하게 마케팅된 욕망의 코르셋에 갇힌 것은 아닌가. '나'를 바라보는 성숙한 시선이 여물기도 전에 타인의 시선이 그려놓은 아름다움은 우리 의식 속으로 광범위하게 침투한다.

그러니 <Let美人>은 신중해야 한다. 사회학자 소스타인 베블런(Thorstein Veblen)의 지적처럼 아름다움의 사회적 복제와 모방이 '과시적 소비'와 다르지 않다면, 아름다움을 다루는 프로그램은 비판적 성찰을 망각해선 안 된다. 단순히 "여러분, 더 아름다워지고 싶다면 그렇게 하세요! 노력하면 누구나 미녀가 될 수 있답니다!"라는 메시지만 던지는 데 그쳐서는 안 된다. 지원자의 기적 같은 반전 앞에서 MC들의 호들갑과 경탄이 불편한 이유는 여기에 있다. MC들의 감탄은 지원자의 기형과 고통이 치료된 데 있는 게 아니라 그녀들이 마침내 미녀로 등극했다는 데 초점을 맞추기 때문이다. 시청자의 시선은 MC들의 환호를 좇으며 어느덧 스스로를 돌아본다. 그리고 느낀다. 나는 저 여성에게 역전당했다는 것을. 그리고 결심한다. '더 아름다워질 수 있다는데 어느 정도의 위험쯤은 감수해야 하지 않겠어?'

그러나 애석하게도 위험부담에 대한 경고는 희박하다. 수술 때문에 자칫하면 목숨을 잃을 수도, 심각한 부작용에 시달릴 수도 있음을 시청자들은 알아야 한다. 탐스러운 사과에 독이 들어 있다는 것도 알아야 한다. 위험부담이 따르는 선택에 대해 시청자는 균형 잡힌 판단을 내릴 수 있어야 한다. 그것이야말로 나를 제대로 아끼는 방식이다.

아름다움이야말로 아름다워질 수는 없는가

20세기 초엽 미국 모델의 평균 신장은 162cm였고, 평균 체중은 62kg이었다. 100년이 흐른 지금은 보통 사람조차 저런 '뚱뚱한' 몸매를 거부한다. 외모가 직업적 특성과 무관한 사람까지 미디어에 노출된 연예인을 보며 스스로를 채찍질한 덕분이다. 장차 우리는 과연 몇 킬로그램이 되어야 만족하겠는가?

물론 미모 지상주의에 <Let美人>을 비롯한 미디어가 전적인 책임을 질 수는 없다. 그러나 미디어의 막대한 영향력을 고려할 때, 우리 사회가 아름다움을 다루는 방식에 성찰이 필요한 것만은 사실이다. 이것이 <Let美人>이 아름다움과 우리 자신을 바라보는 시선을 다룰 것을 주문하는 이유이다.

그러나 <Let美人>은 '닥터스'를 성형외과, 피부과, 치과, 드물게 정신과 의사로만 채워 넣었다. 이들은 용모를 바꿔놓을 수는 있어도 우리의 시선까지 고쳐주진 못한다. <Let美人>이 진정 아름다움을 추구하는 프로그램이라면 이제 우리의 시선도 한결 곱게 고쳐주었으면 한다. 아름답지 못하다고 평가받는 사람들의 '문제적인' 얼굴과 체형에만 주목할 게 아니라 그들을 병들게 한 근본 원인에 대해서도 메스를 가할 때다. 단순히 살을 뺄 것을 요구할 게 아니다. 비만의 다양한 원인을 진단해서 뚱뚱한 사람은 게으르지도 의지가 약하지도 않음을 알려야 한다. 이랬던 사람이 저렇게 됐다는 식의 자극적인 선전에 기대서도 안 된다. 지원자를 굳이 표준화된 미녀로 바꿔놓아서도 곤란하다. 그런 방식은 아름다움을 소유하지 못한 사람들에게 수치심과 박탈감을 안길 뿐이다.

닥터스의 인적 구성의 다양화, 문제 진단의 다각적 시각은 외모 때문에 겪어야 하는 사회적 폭력에 접근 가능케 한다. 우리는 <Let美人>을 통해 한 개인이 기적을 선물로 받는 것보다 도처에 널린 폭력이 성형되기를 더욱 바란다. 그렇지 않고서는 <Let美人>의 선택을 받지 못한 지원자와 부러운 눈길로 바라보는 많은 시청자들은 영원한 루저로 남아야 하기 때문이다. 이제는 아름다움 그 자체가 아름다워져야 할 때이다. 물론 이는 아름다움을 바라보는 시선이 바뀔 때 가능한 얘기다.

입선

여성 혐오로 독해한 SBS 드라마 <야왕>

윤광은

이와오 수미코(岩男壽美子)는 "텔레비전 드라마의 내용은 시청자에게 영향을 주고 시청자의 요구를 반영하며 때로는 요구와 의식을 미리 제시하는 점에서 시대를 비추는 거울"이라고 말한 바 있다. TV는 생활 세계의 거울이요, 쇼윈도다. TV 드라마에 영화와 같은 진취적인 서사와 형식의 실험은 드물지만, 관습성과 통속성 위에서 사회 흐름 및 대중 욕망과 일상적으로 조응한다. TV와 대중은 오늘날 상호작용하고 있다.

언젠가부터 우리 사회의 전통적인 가부장 제도가 흔들리고 있다. 고용 불안과 함께 결혼 시장의 진입 장벽은 높아졌다. 여성 사회 진출 보장의 제도화와 군 가산점 제도 등의 논점을 통해 성별 간 갈등이 부상하기도 한다. 온라인 커뮤니티와 오프라인 시민단체 일각에선 여성 우대로 인한 남성 '역차별'을 성토하는 노성이 팽배하다. 근래 방영된 일군의 드라마는 의미심장한 징후를 품고 있다. 거기서 남성과 여성의 위상은 도치돼 있으며, 남성적 자조와 환상이 이지러져 있다. 2013년 상반기에 방영된 SBS 드라마

<야왕>은 그런 재현 트렌드의 최전선에서 여성 혐오(misogyny)의 편린을 드러낸다. 이제 <야왕>의 텍스트 분석을 통해 TV 서사와 대중의 무의식이 어떻게 동행하는지 살펴볼 것이다.

변주되는 장한몽 서사, 그리고 남성 포르노그래피

1913년 소설 『장한몽』이 발표되었다. 우리가 알고 있는 '이수일과 심순애'다. 이 둘은 사랑했지만 여자는 부를 가진 남자의 품으로 떠난다. 애정과 재물이 밀고 당기는 트라이앵글 안에 남겨진 남자는 배신의 아픔에 사무친다. "김중배의 다이아 반지가 그리도 좋더냐?"

1978년 MBC 주말 드라마 <청춘의 덫>이 전파를 탔다. 역시 남자와 여자가 있었고 둘은 사랑했지만, 이번엔 남자가 여자를 떠난다. 다이아몬드에 눈이 멀었던 심순애는 스스로 뉘우치고 성공한 정인에게 돌아갔지만, 1970년대 한국에서 윤희(<청춘의 덫> 여주인공)가 자수성가할 방도는 없다. 그녀는 이수일처럼 일확천금을 상속받을 수 있는 적자도 아니다. 여자는 의연하게 삶을 건사하는 대신 복수를 택한다. 똑같이 사랑으로 권세의 동아줄을 엮고, 천벌이 아닌 사람의 벌을 집행한다. 그러나 안타깝게도 시대는 윤희의 징벌을 허락하지 않았다. 반인륜적이며 사회 정서를 해한다는 이유로 드라마는 강판되었다. 1995년엔 KBS 주말 드라마 <젊은이의 양지>가 방영되었다. 또다시 남자가 배신했고, 버려진 여인은 그저 무능하고 가련했다. 야비한 과거를 꼬리 밟힌 남자는 죗값을 치르고 추락한다. 1999년엔 <청춘의 덫>이 돌아왔다. 못 다한 이야기의 끝에서 남자는 회개하고, 여자는 확고한 신분 상승을 이룬다. 둘은 서로의 자리를 인정하고, 갈등과 미움을 봉합한다.

『장한몽』은 한국 근대 초기 신파극의 원조다. 『장한몽』 서사는 면면하게 되풀이되며 변주되었다. 산업화와 민주화의 안정적 이행을 거치지 않은 '압축 근대' 사회의 여전한 반(反)근대성의 방증이라 볼 수 있을까. 서사의 전승 속에 이뤄졌던 남녀 역할의 맞바꿈이나 상이한 결말은 젠더(gender)와 섹슈얼리티(sexuality)의 변천을 반영한 것이다. 1999년 <청춘의 덫>이 제출한 나름의 진보적인 결론은 그래서 시사하는 바가 있다.

<청춘의 덫>이 『장한몽』의 남녀 역할을 뒤집고 신파극을 복수극으로 이끌었다면, 2000년대에는 또다시 반전이 발생한다. 그 시발점이 2010년에 방영된 SBS 드라마 <나쁜 남자>라 말하고 싶다. 뒤이어 2012년 KBS <착한 남자>, 2013년 SBS <야왕>, KBS <상어>가 등장했다. 이 드라마들은 공히 복수극이며 '나쁜 남자'(또는 착한 남자)들은 복수를 위한 사다리로 상류층 여인을 유혹한다. 연인의 배신이냐, 아니면 가부장 제도에서 버림받은 원망이냐의 동기가 다를 뿐이다. 이제 『장한몽』 서사는 또 다른 원형을 받아들여 포섭한다. 배신당한 남자가 신분을 숨긴 채 밑바닥에서 귀환하는 복수극이란 점에선 『몽테 크리스토 백작』을 닮았다. 남성적 매력으로 여성들을 농락한다는 점에선 '카사노바'의 자식이다. 특히 <야왕>은 이러한 세 가지 원형에 충실하게 복무하고 있다.

남성 복수극의 주인공은 유능하고 매력적이다. 그들은 매혹적인 아우라와 능란한 연애 테크닉을 겸비하고 있다. 부도 지위도 없이(또는 그에 의지하지 않고) 치명적인 매력으로 상류층 여성을 유혹한다. 여기서 이성을 유혹하는 매력 자원은 합목적성의 삽과 괭이이거나 부와 지위를 끌어오는 갈고리다. 드라마 <야왕>의 서사는 복수극의 플롯과 만나 카타르시스에 종착한다. <야왕>에선 복수의 대상이 자신을 버린 여성이며, 명확한 응징에 성공한다. 이것이 가부장 제도의 균열에서 비롯되었다는 점을 주목해야 한다.

여성 혐오, 그리고 가부장제

가부장 제도는 권위에 의해 작동한다. 그 핵심은 혈연 단위 집단과 부계 전승의 권력, 재산의 상속이다. 가부장제는 전통적이고 봉건적인 제도이다. 한편 근대적 의미에서 가부장 제도는 결혼 계약의 산물이다. 회의적으로 말하면 '내 여자'에 대한 권리 보장이며, 다르게는 자유로운 만남과 이별의 가능성이 있는 결합이다. 우리는 두 관점 모두를 활용하여 드라마 <야왕>을 가늠할 수 있다.

치정 복수극 <야왕>에는 가난한 남자 '하류'와 더 가난한 여자 '주다해'가 있다. 여자는 아름답고 총명하지만 표독한 성정과 위험한 야망을 품고 있다. 남자는 여자를 위해 헌신하며 '호스트'로 일하길 불사하지만, 여자는 남자를 배신하고 자신의 꿈을 이뤄줄 다른 남자의 품으로 떠나간다. 하류와 주다해는 각각 전근대와 근대의 시공을 겹쌓아 가부장제를 전유한다. 주다해는 가부장 제도를 위협하지만, 해체를 도모하는 인물이 결코 아니다. 더 크고, 더 많고, 더 강한 가부장의 권력을 원하는 인물이다. 그녀에게 사랑은 삶을 도모하는 계약이며 거래이다. 반면 하류에게 결혼은 법과 합리가 아닌 인륜이며 천륜이다. 두 사람이 혼인신고 없는 사실혼 관계라는 설정을 보아도 이는 명약하다. 드라마 <야왕>의 결혼은 계약이 아니다. 인연이며 의리이다.

전근대적 중매결혼은 도덕과 관습이었다. 거래의 자유가 낮은 대신 사회 구성원들에게 이익 분배가 보장되었다. 자본주의 시대의 가부장제는 물질적 토대에 기초한다. 성과 사랑은 자유 시장경제의 상품이다. 결혼 시장의 성세는 번창하고 있다. 가부장이 제공하는 급부가 클수록 그의 권위는 굳건해지며, 가족의 결속도 단단해진다. 문제는 사회의 경제적 조건이 점점 더 하향 평준화되고 있다는 사실이다. 남녀의 사회적·경제적 지위는 똑같이 척박해지는데, 가족 부양의 고정점은 여전히 남성 가장에게 부착돼 있다. 전근대의 관념과 근대의 개념은 혼종되어 있고, 결혼의 효과는 비대칭적으로 작동한다. 예컨대 '취집(시집이 취직)'은 있어도 장가가 취직일 순 없다. 가난한 남자 하류가 내세울 수 있는 것은 오직 사랑과 헌신, 가치와 당위이다. <야왕>은 불황의 질곡 속에서 가부장 제도 재생산 대열에서 낙오할 수 있다는 두려움을 토해내고 있다.

한편 의미심장한 것은 하류의 복수가 개시되는 어떤 임계점이다. 경제적인 착취와 외도, 별거, 살인죄의 전가. 주다해의 숱한 패악에도 인내하던 하류는 그들의 딸 은별이 교통사고로 사망하자 드디어 심판을 집행한다. "주다해, 내가 널 죽일 거야." 극의 정황상 은별이 숨진 책임을 온전히 주다해에게 물을 수가 없는데도 말이다. 가부장 제도가 여성에게 마련한 자리, 어떤 상황에서도 방기해선 안 되는 최후의 보루는 가족 성원을 생산하고 양육하는 어머니의 역할, 즉 모성이다. 주다해는 가부장제의 역린을 거슬렀다. 그것이 주다해의 죄목이다. <야왕>은 가족 단위 시청자들이 딛고 있는 근본적인 합의 위에 복수극의 무대를 설치한다. 이것은 상징적 질서를 일탈한 '괴물'을 처단하는 전근대적 가부장의 단죄이다.

'여성-괴물' 주다해: 남근 선망과 이빨 달린 질

전통적 프로이트 이론에서 거세하는 자는 아버지이며, 어머니는 거세된 자이다. 프로이트는 논문 「메두사의 머리(Medusa's Head)」에서 이렇게 말한다. "…… 메두사의 잘린 머리의 경우에 해석은 쉽게 그 자신을 드러낸다. …… 이는 거세되었기 때문에 위협하고 쫓아내는 존재로서의 여성에 대한 재현이다." 남성을 향한 여성의 적개심을 야기하는 것은 '페니스(penis) 선망'이다. 이것은 성별 관계 안에서 지워지지 않는다. 바버라 크리드(Barbara Creed)는 『여성-괴물(The Monstrous-Feminine)』에서 프로이트의 이론에 도전하며 '이빨 달린 질', 바기나 덴타타(vagina dentata)를 내세운다. 바버라 크리드에 따르면, 여성이 두려운 것은 그녀처럼 거세될 수 있기 때문이 아니다. 그녀가 거세하기 때문이다. 바버라 크리드는 공포 영화가 '거세당한 존재로서의 여성'과 '거세하는 자로서의 여성' 모두를 재현하는 경향이 있다고 말한다. 전자는 "상징적으로 거세되었기 때문에 사이코 괴물"로 변한다. 다시 말해 자신의 "정당한 운명을 부당하게 박탈"당했다고 여기기 때문에 괴물이 된다. 후자는 병리적 광기에 찌든 여성이거나 자신을 성폭행한 자들에게 복수하는 여성이다.

이런 도식을 따를 때 주다해는 남근 선망과 바기나 덴타타를 공히 답습하고 있다. 고아원에서 자랐으며 지독한 가난에 시달린 성장 배경은 상징적으로 거세당한 여성 괴물의 관습적 재현과 닮았다. 주다해의 결핍은 권력을 추구하는 강력한 동인이다. 그녀는 어떤 여성성이라 공인되는 것과 거리가 먼, 남성적 욕망에 사로잡힌 인물이다. 자신이 거세되었다는 것을 인정하지 않으며 가부장제의 '호명(interpellation)'을 거부한다. <야왕>에는 통속적인 남근의 기호가 노골적으로 등장한다. 예컨대 하류가 처음 몸담고 일하는 곳은 커다란 '마구간'이다. 주다해는 여기서 양부를 살해하고 암매장한다. 그 기억은 악몽처럼 귀환하고 그녀는 도망친다. 남근에 대항하며 영향권에서 벗어나려 한다. 백도경은 백학그룹의 장녀이자, 자신의 아들(이지만 동생이라 호적에 등재시킨) 백도훈에게 거의 동물적인 모성을 퍼붓는 인물이다. 그녀는 '승마 클럽' 사업에 빠져 있고, 승마를 낙으로 여기며, 자신의 '애마'를 신주단지 모시듯 아낀다. 말하자면 남근 숭배이다. 그녀는 투철한 모성의 담당자이자 가부장의 충직한 하인이다. 주다해와 사사건건 대립하는 인물이 백도경이란 사실은 의미심장하다.

다른 한편 주다해는 바기나 덴타타로서의 면모를 가지고 있다. 거세하는 자로서 여성을 말하는 슬래셔 무비(slasher movie)는 대개 성적으로 학대받은 여성 사이코패스의 복수극을 다룬다. 주다해도 어린 시절 양부에게 성적으로 학대당했다. 극 후반으로 갈수록 이해할 길 없는 정신병리적 악인으로 변해가는 일면 또한 마찬가지다. 무엇보다 자의든 타의든 그녀가 거듭해서 '남근'들의 목숨을 앗아가고 있다는 점을 봐야 한다. 그녀의 마지막 종착지 석태일은 전통적인 가부장의 언동을 재현하는데, 주다해와 손잡은 뒤론 비굴한 하수인으로 전락하고 주다해의 수중에 놀아난다. 거세당한 남근이다. 우리는 주다해가 무너진 가부장 제도의 피해자란 사실을 기억해야 한다. 그녀는 고아였다. 그녀의 양부는 올바른 가장의 역할을 저버린 비열한 남근이다. 가부장 체제가 정상적으로 작동했다면 주다해의 일그러진 욕망도 없었을 것이다. <야왕>은 또 다른 의미에서 복수극이다. 자신을 버린 가부장을 향한, 거세하는 '여성－괴물' 주다해의 복수다.

드라마는 어떻게 현실과 공명하는가

드라마 <야왕>은 오늘날 가부장 제도의 쇠락을 투사한다. <야왕>의 가족들은 모조리 모성이 정상적으로 작동하지 않거나 편부 가정이다. 여기서 괄호가 쳐져 있는 것은 여성, 아내, 모성의 자리다. <야왕>은 주다해를 부정적인 여성상의 전형으로 묘사하는 한편, 그 대립 항에 이상적인 여성상을 붙박아둔다. <야왕>에서 유의미하게 관측되는 편집 기법을 꼽자면 인물 간 숏의 전환이다. 주다해를 잡은 장면이 끝나면 대개는 꼭 석수정의

숏이 따라 붙는다. 석수정은 순종적이고 다정하며 시아버지(차심봉)에게 싹싹한 '개념' 여성이다. 이 숏의 이행은 '여성－괴물'에서 현모양처로의 이행이다. 반면 백지미는 알콜 중독에 도박 중독, 사치와 낭비를 하고 나이를 먹고도 오빠의 호주머니만 노린다. 주다해와 암암리에 공모하여 가족을 무너트릴 궁리를 하는 가부장제의 트로이 목마다.

<야왕>의 결말은 여러모로 곱씹어볼 의미가 있다. 하류의 복수는 드디어 성공한다. 드라마는 주다해를 죽여버린다. <야왕>은 1회가 23회로 연결되는 플래시백－액자 구조를 취한다. 드라마 1회가 시작하며 하류와 주다해는 청와대에서 대면한다. "주다해, 다 내려놓고 네가 있던 원래 자리, 달동네로 돌아가." 하지만 악녀는 돌아가지 않는다. 욕망을 포기하지 않고 질주하다 기진하여 쓰러진 채 불귀의 객이 된다. 드라마는 이 흉흉한 결말을 무마하기 위해 애써 온기 어린 후일담을 제시하려 든다. 아빠와 엄마, 은별이. 세 가족이 살던 달동네 집에서 하류의 환상이 재생된다. 은별이가 엄마를 찾는 순간 이미 죽어버린 주다해가 환하게 웃으며 문을 연다.

가장이 그리도 지키려 했지만 지킬 수 없었던 '단란한 가족'은 모든 것이 부서진 후에야 허락된다. 좀 더 어둡게 말하면 떠나간 여자의 숨통을 끊어서라도 '원래 자리' 달동네로 끌고 올 만큼 이 원념은 지독하다. 이것은 가부장제의 대안적 질서가 부재한 현실을 반영하는 분열적 결말이다. <야왕>은 현실의 도피처로 이상화된 관념, 해피엔딩을 택하지 않는다. 처음부터 그럴 생각이 없다. 전근대적 향수와 근대적 곤경 속에 가부장제는 위기를 맞고, (예비) 가부장은 낙오의 위협에 처해 있지만 대안을 찾을 수도 없는 것이다. 그러므로 목적은 재건이 아니다. 심판이고 복수이며, 처단이자 원한의 발출이다.

드라마는 자기 세계의 독립성을 묵인받고, 구태여 형식성을 질문받지 않는다. 관객들은 <악마를 보았다>에서 배우 최민식의 소름 끼치는 악역 연기에 감탄하지만, 시청자들은 인물 주다해의 표독함에 혀를 찬다. 이것은 일상성과 구술성의 총아, TV 매체 고유의 속성이다. 근래엔 연예 저널리즘의 난립으로 스트레이트 기사가 쏟아져 나오고 있다. <야왕>이 방송되는 밤마다 포털 사이트엔 호외가 넘친다. 오늘은 그 여자가 무슨 죄를 지었는지, 그 남자는 어떻게 칼을 갈고 있는지. 이야기는 '뉴스'가 되고 '사건'이 된다. 물론 사람들은 결코 현실과 드라마를 착각하지 않는다. 요는 이것이 현실은 아닐지라도 현실과 가까운 곳에 병존하는 완결된 세계로 소비된다는 것이다. 보도와 댓글은 즉각 되먹임을 나누며 퍼져 나가고 상호작용을 강화한다. 대니얼 부어스틴(Daniel J. Boorstin)이라면 틀림없이 이미지의 '거울 효과(mirror effect)'라 불렀을 자기 반영성이 강화되고 있다. 현실과 드라마는 지척에서 서로의 숨결을 뿜고 들이킨다.

SBS 드라마 <야왕>은 TV 드라마의 상업 트렌드가 어떠한 무의식을 기반으로 형성되는지 말해준다는 점에서, 제작자와 소비자에게 자신이 딛고 선 좌표를 인식케 하는 흥미로운 사례라 할 만하다. 가부장제의 심연과 우리 사회 내면을 들여다보는 통로를 제공한다는 점에서 TV 매체의 이데올로기성에 좀 더 주목할 것을 요청한다. 텔레비전 드라마를 "시청자에게 영향을 주고 시청자의 요구를 반영하며 때로는 요구와 의식을 미리 제시하는 점에서 시대를 비추는 거울"이라 평가한 이와오 수미코의 말은 오늘날에도 전적으로 옳고 유효하다.

입선

미디어, 군복을 입다

tvN <푸른 거탑>과 MBC <일밤-진짜 사나이> 비평

안효섭

짬타이거, 군대리아, PX, PT 체조…….

올해 방송계에서는 이런 단어를 심심치 않게 볼 수 있었다. 남자들의 전유물이라 생각했던 '군대'가 예능 프로그램의 핵으로 떠오르게 되었다. 전혀 새롭지 않았던 군대라는 소재는 지상파와 케이블의 다양한 시도를 통해 가장 새로운 소재가 되었고, 이것은 하나의 열풍이 되었다. 올해 TV는 군복을 입었고 그 군복에 시청자들은 열광했다.

그러한 열광을 주도하고 있는 TV 프로그램은 tvN <푸른 거탑>과 MBC <일밤-진짜 사나이>이다. <푸른 거탑>은 이른바 군디컬 드라마를 표방하며 등장한 프로그램으로, 본래는 tvN 예능 프로그램인 <롤러코스터>의 작은 코너였다. <푸른 거탑>은 군대라는 이색적인 소재를 공감대 있게 풀어내면서 이후 독립 프로그램으로 편성되었고 높은 시청률로 시청자들의 관심을 받고 있다.

<푸른 거탑>은 독특한 인간 군상들이 등장하여 이야기를 풀어나간다. 늘 불평이 많고 엉뚱한 말년 병장 최종훈, 카리스마 있고 다혈질인 분대장 김재우, 사이코라 불리는 상병 김호창, 허세 가득한 일병 백봉기, 늘 어리바리한 이병 정진욱과 신병 이용주 등은 군대에서만 볼 수 있는 각양각색의 상황과 맞닥뜨리게 된다. 군대라는 특수한 상황에서 인간 군상들이 부딪히고 갈등을 빚는 과정은 시청자들에게 묘한 카타르시스를 준다. 군대이기에 가능한 독특한 내용들이 대중의 관심을 사로잡고 있다는 점은 이것이 보편적으로 통할 수 있다는 가능성을 보여줬다. 이렇게 <푸른 거탑>은 주변부에 머물렀던 '군대'를 대중적 콘텐츠로 바꾸어 주류 문화의 한 축으로 이동시킨 최초의 시도라고 할 수 있다.

이러한 흐름 속에서 '군대' 열풍을 더욱 가속화한 프로그램은 단연 MBC의 <일밤-진짜 사나이>이다. <일밤-진짜 사나이>는 '리얼 입대 프로젝트'를 표방하며 가수, 배우 등의 남자 연예인들이 실제로 군부대에서 5박 6일 동안 전입과 전출의 형식으로 군 생활을 직접 경험하는 예능 프로그램이다. 국방부의 지원과 협조를 통해 각 부대의 특성에 맞게 훈련에 참여하고 현역 복무 중인 장병들과 함께 생활하는 <일밤-진짜 사나이>는 가장 가깝게 군대를 보여준다고 할 수 있다. 기본적인 제식과 사격, 각종 공용화기 훈련, 경계 근무부터 시작하여 유격 훈련, 수색병 교육과 가교 설치와 같은 부대 특성에 맞는 훈련 등에 이르기까지 '군대'이기에 볼 수 있는 장면들을 과감하게 보여준다. 그리고 <일밤-진짜 사나이>는 여기에 생활관에서 현역 장병들과 직접 소통하고 부딪히는 과정을 덧붙여 낸다. <일밤-진짜 사나이>에도 <푸른 거탑>과 마찬가지로 다양한 유형의 인물들이 등장한다. 완벽한 군기를 추구하는 일병 김수로, 늘 어디서나 긍정적인 일병 류수영, 중년의 나이에도 굴하지 않으려는 일병 서경석,

어리바리한 구멍 병사 1호 일병 손진영, 외국인 구멍 병사 2호 일병 샘 해밍턴, 그리고 열혈 체력왕 이병 장혁과 모든 게 신기한 이병 박형식까지. <일밤-진짜 사나이> 출연자들은 열외 없이 현역 장병들과 함께 훈련하고 내무생활을 함으로써 연예인이 아닌 영락없는 군인으로 행동한다. 이러한 모습은 단순한 일회성 체험이 아니라 일체된 구성원으로서 직접적인 동화를 시도한 것이다. 이 덕분에 MBC의 <일밤-진짜 사나이>는 경쟁 프로그램인 SBS의 <일요일이 좋다-런닝맨>, KBS의 <해피 선데이-1박 2일>을 누르고 동 시간대 시청률 1위를 기록하게 되었다.

<푸른 거탑>과 <일밤-진짜 사나이>는 예능 프로그램에 대한 새로운 시사점을 남기고 있다. 그것은 '군대'라는 콘텐츠를 재발견한 결과라고 볼 수 있다. 이전의 프로그램들은 대부분 <우정의 무대>처럼 직접 군부대에 찾아가 군 장병들을 위문하거나 리얼 버라이어티 형식의 일회성 체험으로 접근한 경우가 대부분이었다. 그런데 <푸른 거탑>과 <일밤-진짜 사나이>는 '군대'라는 소재를 오히려 방송 프로그램의 전면에 내세웠다. 군대에서만 겪는 훈련과 생활을 대중에게 특별함과 신선함으로 포장하여 재미와 감동을 만들어낸 것이다. 이로써 '군대'는 기획의 일부가 아니라 하나의 흐름으로 미디어에 등장하게 되었다.

군대는 매력적인 소재이다. 보편적인 사회 체계의 문화와는 다른 매우 독특한 문화를 엿볼 수 있기 때문이다. 철저한 명령 체계 속에서 선임과 후임이 존재하며 그에 따른 위계질서는 엄격하게 적용된다. 모두가 똑같은 군복을 입고 일체의 행동이 요구되며 사적인 행동은 용납되지 않는다. 그렇게 꽉 잡힌 군기 속에서 통제가 이뤄지는 군대와 그 속에 피어난 문화는 일반적인 사회의 문화와는 다르며 독특하다. <푸른 거탑>과 <일밤-진짜 사나이>는 이런 '군대'만이 보여주는 독특함에 주목한다. 군대를 예능

의 영역으로 끌어들임으로써 각각의 차별화된 캐릭터를 구축하고 서사를 제시하면서 접목해나간다. 이런 결합은 '군대'를 시청자들에게 색다른 콘텐츠로 보이게 했고, 시청자들의 기저에 있는 관찰에 대한 욕구를 건드리기에 충분했다.

실제로 <일밤-진짜 사나이>의 경우 여성 시청자들의 관심을 한 몸에 받고 있다. 군대에 대한 경험이 없는 시청자들에게 군대는 엿보고 싶은 호기심의 대상이다. 직접적으로는 볼 수 없고, 지극히 남성적인 영역에 대한 관찰을 <푸른 거탑>과 <일밤-진짜 사나이>가 간접적으로 가능하게 해준다. 이들 프로그램에서 관찰되는 남성성은 그동안의 인식에서 봐왔던 극단적이고 마초적인 남성성에서 부분적으로 탈피했다. 이들 프로그램은 시청자들이 이전의 군대에 갖고 있는 거부감을 적극 수용하고, 따라서 '부드럽게' 다듬어진 남성성의 군대를 보여준다. <푸른 거탑>의 어리바리한 신병 이용주, <일밤-진짜 사나이>의 이병 박형식 등에서 볼 수 있는 캐릭터는 이러한 다듬어진 남성성을 드러낸다. 때로는 어린 소년 같으면서도 강한 남자처럼 행동하려는 이중적인 모습은 시청자들이 갖고 있는 거부감을 상쇄시켰다. 이들은 군대에 대한 여성 시청자들의 관찰 욕구를 극대화시킴으로써 프로그램에 더욱 매료될 수 있도록 한다.

그와 동시에 다른 시청자들에게 익숙한 영역에 대한 정서적 공감을 불러일으킨다. 군대를 경험한 예비역들에게 이들 프로그램은 색다른 공감을 제공하는 장치가 된다. '리얼'을 강조하는 프로그램의 특성상 단순히 군대를 흉내 내는 데 머무르지 않는다. 실제의 체험을 있는 그대로 보여주면서 기억 속에 놓인 군대를 현실의 표면으로 끌어올린다. 그것은 곧 동일한 경험을 한 시청자들에게 정서적 공감을 이끌어낸다. <일밤-진짜 사나이>는 실제의 체험을 통한 공감을 기반으로 삼는다. 출연자들은 장병들과 마찬가지로 임무를 수행한다. 똑같이 땀을 흘리고 똑같이 진흙에서 구른다. 군대를 경험한 시청자에게 이들 프로그램의 출연자는 공통된 경험을 불러일으키고 상기시켜주는 또 다른 '자아'로 비치는 것이다.

시청자들의 공감과 관찰적 호기심을 바탕으로 시작된 <푸른 거탑>과 <일밤-진짜 사나이>는 미디어가 군대에 대한 거부감을 낮추고 친밀감을 높인다는 점에서 큰 효과를 거두었다. 군대는 사회보다 발전이 더디고 고루한 곳이라는 인식이 만연해 있었고, 그에 따라 거리감이 존재했다. 하지만 이들 프로그램에서 그간의 편견을 깨는 발전한 군대의 모습을 확인할 수 있다. <일밤-진짜 사나이>에서 나타나는 군대의 모습은 발전하고 있는 요즘 군대의 현주소이다. 가령 생활관에는 IPTV가 설치되어 있고 잠자리는 침대식으로 바뀌었으며, 식단은 장병의 기호에 맞춰 다양해졌다. PX나 체력 단련실과 같은 군대 내부의 복지시설도 결코 뒤떨어지지 않음을 보여줌으로써 군대에 대한 편견을 해소하고 있는 것이다. 그뿐만 아니라 출연자들이 받는 훈련도 마찬가지다. 출연자들은 K-9 자주포 사격이나 남한강 도하 작전 등 대규모 훈련을 받고, 카메라는 이들 훈련을 스펙터클하게 담아낸다. 이러한 스펙터클은 강한 군대의 위용을 드러내고 시청자들에게 강인한 군대에 대한 이미지를 심어준다.

그렇지만 무엇보다도 <일밤-진짜 사나이>가 보여주는 가장 큰 효과는 군대에 대한 거리감을 좁혔다는 것이다. 그것은 출연자들이 장병들과 동화되는 과정에서 발견할 수 있다. <일밤-진짜 사나이>의 초점은 일차적으로는 출연하는 연예인에게 맞춰져 있지만, 같은 생활관에 있는 실제 장병들에게도 맞춰져 있다. 특수한 환경에서 각자의 사연을 가진 채 열심히 군복무 중인 이들을 클로즈업한다. 때로는 예능에 특화된 캐릭터로 만들기도 하지만, 때로는 누군가의 아들이거나 남자 친구임을 강조하면서 각자의 서사를 프로그램에 녹여낸다. 그러한 서사는 프로그램의 진정성을 보여준다. 그들이 전시에는 적에게 총을 겨눠야 하는 군인이지만 한편으로는 주변에서 흔히 볼 수 있는 친근한 아들이자, 남자 친구, 오빠임을 부각시킨다. 또 같은 맥락에서 <일밤-진짜 사나이>는 출연자들과 실제 장병 사이의 인간적인 유대를 강조한다. 화생방 훈련을 받으면서 분대원 모두가 서로 손을 맞잡는 장면을 연출한다거나, 면회 온 아내를 위해 출연자 및 중대원들이 합심하여 프러포즈를 성사시킨다. 때로는 체육대회와 장기자랑을 통해 모두가 열광적으로 즐기는 모습을 여과 없이 보여준다.

마찬가지로 <푸른 거탑>에서도 대개 인간적인 부분을 느낄 수 있는 서사들이 극화된다. 선임들이 양보한 휴가증으로 휴가를 다녀온 백봉기 일병과 그의 모친이 보내온 소포는 군대라는 공간에서 떨어져 있어 함께할 수 없는 가족 간의 안타까움을 극대화해서 보여준다. 또 군대에서는 무서운 선임이었지만 사회에서는 여전히 밑바닥일 수밖에 없었던 전역자와 예비군 훈련을 다룬 이야기에서는 군인에게 느낄 수 있는 미묘한 연민과 측은함을 나타내 시청자들에게 심리적 동질성을 부여한다.

궁극적으로 <푸른 거탑>과 <일밤-진짜 사나이>는 시청자들에게 군대에 대한 관심을 불러일으켰다. 이러한 관심은 하나의 실체적인 현상을 만들게 된다. 그 현상의 결과, 시청자들은 이들 프로그램을 매개로 끊임없이 군대에 대한 경험담을 토로하거나 궁금증을 마구 쏟아내면서 군대에 대한 하나의 담론을 형성한다. 그렇게 형성된 담론은 그동안 '신성한 국방의 의무'라는 이름으로만 전해진 모호한 수사를 더욱 구체적으로 풀어내고 내면화한다. 즉, 매우 진화된 형태로 군대에 대한 긍정적인 인식이 발생하는 것이다. 과거의 일방적이고 강요된 홍보가 아니라 예능 프로그램의 친근함을 무기로 군대를 알리고 부정적인 이미지를 바꿔나간다는 점에서 이들은 의도하든, 의도하지 않았든 순기능적인 측면이 있다. 이렇듯 <푸른 거탑>과 <일밤-진짜 사나이>는 단순한 예능 프로그램 이상의 파급력을 보여주면서 멀게만 느껴졌던 군대를 일반 대중에게 가깝게 인식시키고 긍정적인 의미로 바꾸어놓는 데 일조했다.

그러나 <푸른 거탑>과 <일밤-진짜 사나이>의 열풍에서 간과해서는 안 될 부분이 있다. 바로 실제 현실과 미디어에서 연출된 화면 사이에는 간극이 있다는 점이다. 미디어를 통해 연출되는 화면은 실제를 본뜬 또 하나의 세계이다. 이 세계는 실제 현실을 그대로 살렸다고는 하나 그 안에서 의도적으로 덧붙이거나 배제되면서 연출자의 의도에 의해 새롭게 재창조된다. 그것은 연출자의 개인적인 판단일 수도 있고, 때로는 정치적·경제적 상황에서 기인하기도 한다. 결국 연출자가 어떤 방향으로 비추느냐에 따라 세계는 다양하게 구축되고 결과적으로 시청자들은 그러한 방향에 맞춰 세계를 받아들인다. 즉, 실제 현실과 방송으로 구축된 세계는 간극을 보이지만 시청자들은 그 간극을 알지 못한 채 무비판적으로 수용할 수 있다.

<푸른 거탑>과 <일밤-진짜 사나이>는 실제 군대의 현실을 정면으로 보여준다. 그러나 간혹 방송된 모습과 실제 경험 사이의 괴리감 속에서 일부 시청자들은 실제로 경험하지 못한 현실이라고 인식하기도 한다. '리얼 입대 프로젝트'를 내세우며 등장한 <일밤-진짜 사나이>에서는 끈끈한 전우애와 믿음, 그리고 세련된 환경에서의 강인한 남성성이 드러난다. 하지만 시청자들이 실제로 경험한 군대는 그와는 정반대의 측면이 더욱 강했던 것이다. 계급으로 극명하게 갈리는 군대에서 행해지는 왜곡된 관습과 열악한 환경, 부실한 의료 체계, 불합리한 관행 등은 여전히 실제 현실에 남아 있다. 그러나 <일밤-진짜 사나이>는 실제 현실의 모습을 부분적으로 배제하고, 남은 부분들을 미화하여 환상으로 만들고 있다. 여기에서 <일밤

-진짜 사나이>의 모순이 발생한다. 군대의 생생한 모습을 보여준다는 취지에서 '리얼'을 강조했지만 화면으로 비치는 것은 결국 '리얼'이 아닌 미화된 환상이다. 물론 그러한 연출이 군대에 대한 긍정적인 인식을 가져오는 데에는 성공했다. 하지만 의도적으로 현실이 배제되고 좋은 모습만 포장시켜 보여준다는 비판에서는 한계를 보이고 있다.

아이러니한 것은 드라마의 형식을 적용한 <푸른 거탑>이 실제 체험을 표방한 <일밤-진짜 사나이>보다도 더욱 높은 현실감을 보인다는 점이다. <일밤-진짜 사나이>는 부대를 5박 6일 동안 돌면서 그 특성에 맞는 훈련과 임무를 거시적으로 경험하는 데 초점을 맞춘다. 반면 <푸른 거탑>의 서사는 잘 알려지지 않은 군인들의 내무생활에 초점을 맞추고 있다. 드라마라는 장르적 특성을 갖춘 <푸른 거탑>은 황당무계하면서도 과장된 설정들이 있지만 <일밤-진짜 사나이>에 못지않은 현실감을 느끼게 해준다. 그것은 <푸른 거탑>이 비록 과장된 설정일지라도 시청자들에게는 강렬하게 각인되어 있는 내무생활의 한 단면을 그대로 보여주기 때문이다. 내무 사열을 앞두고 모자라는 속옷을 채우기 위해 몰래 훔쳐오거나, 대대장의 진급을 위해 관심 사병의 부조리한 행동을 묵인하는 등의 상황이 희극의 형태로 펼쳐지지만 군대를 경험한 시청자들의 입장에서는 그것이 가장 극명한 군대의 현실이 된다. 이른바 만들어진 현실이 보는 이로 하여금 실제의 현실을 능가할 수 있음을 보여주는 대목인 셈이다.

<푸른 거탑>과 <일밤-진짜 사나이>를 통해서 '군대'는 본격적인 콘텐츠가 되었고 그 결과 시청자들의 눈길을 사로잡는 데 성공했다. 실패할 것이라는 초반의 우려와 달리 이들 프로그램은 예능의 영역에서 '군대'를 자연스럽게 안착시켰다. 이들 프로그램은 특정한 사회 메커니즘으로 작동되는 군대라는 공간에 새롭게 서사를 재조직하거나, 체험을 통해 군대를

보여준다. 그리고 시청자들에게 군대에 대한 호기심과 경험을 통해 익숙해진 정서적 공감을 느끼게 한다. <푸른 거탑>과 <일밤-진짜 사나이>는 빠르게 발전하고 있는 군대의 모습을 극대화하여 보여줌으로써 그간의 불신을 잠재우고, 군에 대한 신뢰를 이끌어내는 등 긍정적인 효과를 거두었다. 그러나 다른 한편으로는 이들 프로그램이 실제의 현실과는 다소 괴리되고 미화된 모습만을 강조하면서 불편한 정서를 확대·재생산할 수 있다는 우려가 있다.

미디어는 이제부터 고민해야 한다. 카메라로 군대를 비추는 것은 양날의 검을 만지는 것과 같다. 군대는 끊임없이 발전하고 있지만 여전히 정체되어 있다. 또 군대는 누구에게는 익숙하지만 다른 누구에게는 불편한 구석이 있다. 어쩌면 <푸른 거탑>과 <일밤-진짜 사나이>는 이러한 양가성의 문제에서 아슬아슬한 줄타기를 하고 있는지도 모른다. 이들 프로그램이 단지 예능 프로그램의 시각에서 피상적이거나 미화된 인식으로 군대를 바라보는 데 그쳐서는 안 된다. 미디어는 군대를 어떻게 바라보고 있는가, 또 무엇을 생각할 것인가. 이러한 본질적인 질문을 끊임없이 던져야 한다. 해답은 멀리 있지 않다. 군대에 대한 미디어의 진정성 있는 세밀한 관찰과 성찰이 바탕을 이룰 때 이것은 해답이 된다. 그리고 그 해답은 이 아슬아슬한 줄타기를 비로소 멈추게 할 수 있다.

입선

우리는 이혼할 수 있을까?
<우리 결혼했어요>

박지윤

2008년 추석 특집 파일럿 프로그램으로 시작한 <우리 결혼했어요>(이하 <우결>)는 5년째 방송되며 MBC의 장수 예능 프로그램으로 자리 잡았다. 프로그램이 시즌 4까지 진행되는 동안 30여 쌍에 달하는 커플이 가상의 결혼을 했고, 그 결혼 생활은 짧게는 두 달에서 길게는 1년 넘게 유지되었다. 결혼은 <강호동의 천생연분>이나 <연애편지> 같은 '커플 매칭'과는 경중이 다른 문제이다. 제작진 역시 이를 잘 알고 있다. 그들은 자신의 기획 의도를 "가상 결혼 생활을 통해 연애와 결혼에 대한 현실적 고민의 해답을 찾는 것"이라 밝힌다. 스타들의 가상 결혼 생활을 보며 시청자가 연애에 대한 공감과 결혼의 설렘을 느끼며, 그 리얼함을 통해 자신이 가진 현실적 고민에 해답을 얻기를 원한다는 것이다. 그러나 지금의 <우결>을 보며 자신의 연애 또는 결혼 문제에 대한 명쾌한 솔루션을 얻을 시청자는 그리 많지 않을 것 같다. 왜냐하면 <우결>은 언제부턴가 '현실적 고민'

자체가 사라지고 그 곳에 '가상의 고민'이 들어왔기 때문이다.

<우결>의 가상은 얼마나 리얼한가

물론 처음부터 '현실적 고민의 해답'이 아예 없었던 것은 아니다. 시즌 1에서 가장 인기를 얻었던 서인영과 크라운제이, 정형돈과 사오리, <우결>의 시들하던 인기를 다시 끌어올린 시즌 2의 김용준과 황정음은 결혼에 대한 현실적인 문제를 상징적으로 보여줬다. 서인영과 크라운제이는 남녀가 일상적으로 벌이는 신경질적인 충돌을 가감 없이 드러냈고, 많은 시청자가 이에 공감했다. 프로그램이 방송된 날, 시청자 게시판에서 이루어지는 남녀 시청자들의 제2차 전쟁은 프로그램을 보는 또 다른 재미였다. 정형돈은 장기간 혼자 산 노총각이 결혼에 적응하지 못하는 모습을 여과 없이 보여줘 남성들의 공감을 얻었다. 그러나 배우자로 출연한 일본인 사오리를 전혀 배려하지 않고 가부장적인 태도로 일관하는 모습은 많은 여성들에게 노여움을 샀다. 그들은 결국 '이혼'이라는 파격적인 모습으로 하차를 했다. 김용준과 황정음은 프로그램 합류 시기에 이미 3년을 사귄 실제 연인이었다. 그 덕분에 오래 사귄 커플이 결혼을 준비하고, 결혼 생활을 이어나가며 부딪치는 모습을 사실적으로 보여줄 수 있었다. 이 시기에 형성된 시청자와의 강한 공감대가 이후 <우결> 위기설이 있을 때마다 실제 커플 투입을 통해 진정성을 되찾자는 생각으로 굳어졌다고 본다.

하지만 시즌 1, 2의 현실성은 많은 허구성을 전제한 것이기도 했다. 프로그램 안에서 갈등 해결 방식은 언제나 남성이 이벤트를 통해 여성의 서운함을 달랜다거나 하는 수준에 그쳤을 뿐이다. 시청률이 하락하거나 소재가 진부해질 경우 또는 프로그램 안팎의 문제가 제작진의 힘으로 해결되지 않을 때는 즉시 커플이 교체되었다. 그러나 출연진은 제작진에 의해 '결혼'하지만, 하차할 때는 '이혼'하지 않는다. 그들은 '아름답게' 이별을 맞이한다. 추억이 깃든 장소를 다시 찾아가거나 사진으로 자신들의 역사를 돌아보며 눈물짓는다. 그들의 가상 결혼 생활 도중에 어떤 다툼이 있었고, 문제가 어떻게 해결되었는지는 결코 중요하지 않다. 리얼한 가상에서 결혼 생활이 어땠든 간에, 그들은 예쁘게 헤어져야만 하는 것이다.

결혼이 왜 아름다워야만 하는가

'아름다움'에 대한 제작진의 강박은 시즌을 거듭할수록 더욱 심해지는 것처럼 보인다. 투입된 새로운 커플들은 점점 더 아름답고, 더 젊어졌다. 아이돌과 배우가 커플을 이루었고, 그들에게 결혼과는 별 관련이 없는 데이트 미션이 주어지기 시작했다. 그들은 꼭 껴안고 번지점프를 하고, 같이 운전면허를 따고, 친구를 집에 초대해 파티를 했다. 또 여행을 가고, 화보를 찍고, 놀이공원에 갔다. 당연히 아름다울 수밖에 없는 미션을 수행하는 선남선녀의 모습이 방송의 주를 이루었다. 즉, 그들은 '가상 결혼'이라는 프레임 안에서 보여주기 위한 연애를 시작했고, 시청자도 이를 '수용 가능한 비즈니스'로 인식하게 되었다. 그들이 정말 연인 같은 행동을 해도 그 모습을 포착한 카메라가 있다는 사실을 시청자가 너무 잘 알고 있기 때문이다.

그러나 이와 같은 시청자와 제작진의 약속에 균열이 생긴 대표적인 에피소드가 있었다. 프로그램 안에서 이준과 수갑을 차고 다닐 정도로 가까운 모습을 보인 오연서가 실제 생활에서 그녀의 진짜 연인과 어울리는 장면이 공개되었을 때, 시청자는 커다란 배신감을 느꼈다. 왜냐하면 그들이 프로그램이 약속한 비즈니스의 장을 깨트렸기 때문이다. 이후 프로그램의 진정성에 대한 논란이 일었다. 그럼에도 흥미로운 점은 프로그램을 하차해야 했던 이준과 오연서 커플마저도 헤어짐은 아름다웠다는 것이다. 그들은 벌어진 사태를 진지하게 이야기하고, 처음 만났던 장소에서 눈물을 흘리며 헤어졌다. 그 어떤 상황이 와도 출연진은 잘 짜인 판 안에서 예쁘게 사랑하다가, 때가 되면 예쁘게 헤어지면 되는 것이다. <우결>을 지탱해온 최소한의 리얼은 여기서 사라진다.

결혼은 그렇게 아름답기만 한 것이 아니다. 실제로 한국 사회의 이혼율은 꽤 높은 편이다. 그러나 <우결>의 제작진은 주 시청자인 10~30대 여성의 눈앞에 또다시 새로울 것도 없는 결혼과 연애에 대한 환상을 늘어놓고, 마치 사랑이 모든 힐링을 가능하게 한다는 것처럼 포장한다. 하지만 시청자들도 이를 잘 알고 있다. 프로그램 속 커플을 지켜보는 것은 마치 내 친구 커플이 페이스북에 올린 사진에 '좋아요'를 누르는 것처럼 심드렁한 행위에 그치는 것은 아닐까? 페이스북의 '좋아요'가 사실 '확인했다'는 표시에 지나지 않을 때가 있듯이, 시청자 역시 <우결>을 흘러가듯 당연하고 무심하게 바라보고만 있는 것이다.

<우결>은 무엇을 가리고 있는가

'삼포세대'라는 말이 있다. 현재의 20대는 세 가지를 하기가 쉽지 않은데, 그것은 바로 연애, 결혼, 출산이다. 이는 낮은 취업률과 경제적 불황을 반영하는 말이다. <우결>은 당신의 힘든 삶을 사랑에 기대라고 말한다. 그러나 출연진의 가상 결혼, 가상 연애에는 프로그램의 주 시청자인 삼포세대의 현실이 반영되어 있지 않다. <우결>은 결혼 전후의 인생을 사랑

뒤에 숨긴다. 혼수, 신혼집, 임신과 출산, 시댁과의 갈등, 만약을 위해 혼인 신고를 미루는 일, 그리고 이혼과 같은 결혼 후에 일어날 수 있는 수많은 선택은 프로그램에서 배제된다. 출연진은 결혼하자마자 잘 꾸며진 넓은 집에 입주한다. 실제 결혼에서 가장 큰 문제인 돈은 프로그램 속 결혼에 절대 영향을 주지 못한다. 그들은 풍족하게 연애하고 넉넉한 결혼 생활을 한다. 또 최고급 신혼여행을 떠나고 좋은 집에서 산다. 최근에 커플들은 '우결 마을'에 입주해 이웃사촌으로 생활하는데, 교외의 넓은 전원주택에서 텃밭을 함께 가꾸고 바비큐 파티를 하며 친목을 도모한다. 마치 사회가 '요즘의 연애는 이랬으면' 하고 기대하는 모든 판타지를 충족하는 완벽한 픽션을 쓴 것처럼 느껴진다. '너희가 이렇게 사랑하고 살면 이 사회는 행복할 거야' 하고 말이다. 그러나 결혼 적령기의 우리 중 대부분은 <우결>처럼 사랑하고 결혼할 만한 돈이 없다.

그러나 동시에 이와 같은 허구성은 최근 20~30대의 연애가 '보여주기'에 집착한다는 점과 유사하다. <우결>처럼 우리도 주변인들에게 아름다운 모습만을 보이고 싶어 한다. 끊임없이 커플을 부러워하고 솔로인 상태를 부끄러워한다. '뭘 어떻게 해도 안 생겨요', '커플 지옥, 솔로 천국'이라는 말은 흘러간 유행어가 됐지만 매년 회자되며 많은 이들의 공감을 불러일으킨다. '연애 중'이라는 상태를 SNS의 대문에 걸어놓고, 연인과 함께한 일상을 끊임없이 지인들에게 노출시킨다. 사랑에 관한 명언에는 댓글이 차고 넘친다. 솔로는 언제나 연애하고 싶어 하고, 커플은 언제나 자신이 연애 중임을 주변에 주지시킨다. 왜 그럴까? 세상이 아무리 험할지라도 연인과 함께하는 한 나는 불안하지 않다고 강변하는 것은 아닐까. 또는 나의 연애는 아름다우며 이 덕분에 나의 생활이 만족스럽다는 것을 보여주기 위함은 아닐까. 개인의 인생을 둘러싼 사회적 균열과 불안을 연인이라는 타자의 존재로 덮는 것이다.

<우결>이 현실적 고민을 드러내겠다는 기획 의도와는 달리 연애와 결혼의 아름다운 면만을 드러낼 수밖에 없는 이유도 이와 같을 것이다. 완벽한 조건을 제공받은 스타의 가상 결혼 생활이 너무나 리얼해서 현실과 별반 다르지 않다면, 그들 또한 누가 밥값을 내는가의 문제로 속을 끓이고 다투게 된다면, 시청자는 '가상'을 통해서조차도 숨 쉴 수 없기 때문이다. SNS라는 가상의 세계에 아름답게 포장된 일상을 보일 수밖에 없는 시청자들 또한 스스로 수용 가능한 비즈니스를 하고 있는 것과 별반 다르지 않다. 현실의 압박과 어려움에서 벗어나고픈 탈출구가 필요한 사람들에게 <우결>은 보기 좋고 즐길 만한 완벽한 가상현실이기 때문이다.

하지만 그것이 전부여서는 안 된다. 지난 9월 새로 시작한 시즌 4는 아직까지는 예전 모습을 답습하는 것처럼 보인다. 잘생긴 피아니스트와 여배우의 상류층 결혼 생활, 20대 연상 연하 커플의 활동적이고 자유분방한 연애 스타일이 추가되었을 뿐이다. 그러나 최근 방송분에서 윤한과 이소연이 현실과 프로그램을 혼란스러워하는 모습이 등장하면서 <우결> 시즌 4는 추진력을 얻었다. 초반에 시청자들에게 매력적으로 다가왔던 가상과 현실 사이의 모호한 감정이 살아났기 때문이다. 태민과 나은은 유일하게 하차하지 않고 시즌 4로 넘어온 커플이다. 20대 초반의 설레는 연애를 보여주는 풋풋한 모습이 보기 좋은데, 순수하고 솔직한 모습이 시청자들에게 호감을 주었다. 정준영과 정유미는 독특한 캐릭터 덕에 반전의 재미를 주고 있다. 제작진이 준비한 가이드라인은 전혀 상관하지 않는 정준영과 그런 정준영에 당황하는 정유미의 행동이 의외의 장면을 만들어낸다. 얼핏 이전 시즌에서 흔히 봤던 캐릭터 같지만, 시즌 전환과 동시에 교체된 제작진의 프로그램 쇄신 의지를 보여주는 듯하다.

<우결>은 무엇을 드러내야 하는가

그렇다면 새 제작진은 앞으로 <우결> 시즌 4를 통해 무엇을 보여주어야 할까? 새로운 <우결>이 성장하기 위해서는 현실을 직시해야 한다. 모순적이게도 '가상 결혼'이라는 콘셉트는 앞서 말한 대로 현실과 괴리가 있지만 한편으로는 현실과 가깝게 맞닿아 있다. 이는 프로그램이 지닌 강력한 장점이자 단점이다. <우결>은 제작진이 '가상'을 어떻게 풀어내느냐에 따라, 사람들이 보고 싶어 하는 판타지를 사실적으로 표현할 수 있는 태생적 잠재력을 지녔다. 현재 방송되고 있는 세 커플의 외양적 면면은 이전처럼 아름다운 판타지에 가깝다. 하지만 앞서 언급한 대로 자세히 들여다보면 각자 나름의 특징을 가진다. 그들 또한 배우자의 오래된 이성 친구 때문에 혼자 고민하고, 짓궂은 장난에 눈물 흘리며 취미가 맞지 않아 부딪친다. 이런 모습 때문에 발생하는 둘 사이의 문제를 또다시 억지로 아름답게 봉합하려 한다면, 시즌 4의 미래는 밝지 않을 것이다.

방송이기 때문에 결혼 생활에 필요한 물적 조건이 충족된 상태라 하더라도 결혼과 연애에 수반되는 충돌은 피할 수 없다. 그 충돌을 시청자에게 어떻게 보여주고 출연진은 이에 어떻게 반응하는지, 방송이 무엇을 어떻게 표현할 것인지 고민할 지점은 충분히 많아 보인다. <우결>은 두 명의 연예인을 가상 결혼으로 부부가 되게 하고, 결혼 생활을 지속할 수 있게 도와준다. 이제까지처럼 가상 결혼 생활이 나아갈 방향과 자세한 방법을 제시하는 게 아니라, 자신들이 만들어놓은 '가상현실'에서 출연진이 '실제로' 어떻게 살아가는지를 보여주는 것이 제작진이 할 일이 아닐까? 단순한 관찰에 그쳐서는 안 되겠지만 시청자가 보기를 원하는 '리얼한 판타지'를 사실적으로 보여주기 위해서는 이전과 같은 제작진의 과도한 개입은 불필요하다고 본다.

새 제작진의 지휘하에 있는 <우결> 시즌 4에서 새로운 커플의 가상 결혼 생활이 어떻게 지속될지 더욱 궁금하다. 그들이 현실에서 도피하여 결혼의 허물을 가리고 그림 같은 사랑을 할지, 때로는 궁상맞고 힘들어도 서로의 얼굴을 보며 웃는 모습을 보여줄지는 알 수 없지만 말이다. 새 커플들은 과연 시청자가 보고 싶어 하는 가상 결혼 생활을 보여줄까? 그들은 어떻게 헤어질까? 과연 그들은 이혼할 수 있을까? 그동안 <우결>은 폐지 위기를 겪으며 지속되었다. 최근 방송분이 호평을 받고 있는 지금 시점에, <우결>이 지난 문제점을 수정하고 다시 전성기를 맞이할 수 있을지 기대해본다.

입선

드라마 속 '드라마(drama)'

tvN 드라마 <나인: 아홉 번의 시간여행>의 드라마적 힘과 한계

김준희

드라마의 힘에 빠지다

지금으로부터 약 10년 전이었을까. 친구가 내게 『피아노의 숲』이란 만화책을 권해준 적이 있다. 피아노를 통한 한 소년의 성장 만화였는데, 내가 피아노를 좋아하는 것을 알고 일부러 추천해준 것이다. 그때 난 친구에게 이렇게 말했다.

"피아노 만화지만 정작 피아노 소리는 들을 수가 없잖아. 그걸 뭐 때문에 보냐."

찾아보기 귀찮아서 대충 둘러댄 말이었지만 그 말을 하고 나 스스로도 꽤나 일리가 있다고 생각했다. 피아노를 좋아하는 내가 피아노 소리도 들을 수 없는 피아노 만화를 도대체 왜 본단 말인가. 그러나 올해 초 우연한 기회에 『피아노의 숲』을 읽게 된 나는 그제야 당시 내가 어떤 착각에 빠져 있었는지 알 수 있었다.

피아노 만화라지만 피아노가 중요한 것이 아니었다. 나는 『피아노의 숲』에 한동안 푹 빠져 있었는데 나를 그렇게 만든 것은 이 만화가 지닌 드라마(drama)의 힘이었다. TV 프로그램을 지칭하는 드라마가 아니라 '극적인 사건이나 상황'이라는 사전적 의미로서의 드라마, 바로 '이야기'의 힘이다. 피아노는 소재에 불과할 뿐, 그것을 둘러싸고 벌어지는 인물들의 이야기와 그 속의 갈등이 이 만화의 심장이었다. 설정이나 전개가 신선하진 않았지만 큰 문제가 되지 않았다. 강력한 설득력과 공감대로 무장한 드라마는 작품 전체에 싱싱한 혈액을 공급했고, 작품 속 인물들을 내 옆에서 살아 숨 쉬는 인물로 만들었다.

그리고 지난 3월, 나는 tvN의 드라마 <나인: 아홉 번의 시간 여행>을 봤다. 근래 접한 드라마 중 가장 완성도가 뛰어난 작품이었다. 독특한 설정들이 신선함을 자아냈고 내용 구성이 짜임새가 있어 산만하지 않았다. 변화무쌍한 전개와 반전 때문에 보는 내내 지루할 틈도 없었다. <나인>은 케이블 드라마라는 한계 때문에 비록 평균 1.9%(AGB 닐슨 기준)의 시청률을 기록하는 데 그쳤지만 시청자들의 반응은 여느 히트 드라마 못지않게 뜨거웠다. 한 포털 사이트에서 네티즌 평점이 무려 9.9점에 달해 화제가 되었고[1)]평론가들은 이 드라마를 2013년 상반기 최고의 드라마로 꼽는 데 주저하지 않았다.[2)] 나는 <나인>을 보면서 문득 『피아노의 숲』이 떠올랐다. 『피아노의 숲』을 읽을 때와 마찬가지로 작품 속에 깊이 빠져든 것이다.

TV와 만화라는 매체적 특성을 차치하더라도 <나인>은 소재나 장르

---

1) http://www.tvreport.co.kr/?c=news&m=newsview&idx=325761

2) http://news.kukinews.com/article/view.asp?page=1&gCode=kmi&arcid=0007296456&cp=nv

면에서 여러모로 『피아노의 숲』과는 다른 작품이다. 그러나 <나인>과 『피아노의 숲』이 이토록 깊이 사람을 끌어당기는 이유가 서로 다른 데에 있다고 생각하지 않는다. 내가 <나인>을 보며 인상 깊게 느꼈던 것은 단 하나, 바로 드라마의 힘이다. 허구의 이야기가 진실이 되는 순간 밀려드는 그 힘은 『피아노의 숲』을 읽을 때처럼 나를 다시 한 번 끌어당겼다.

드라마의 힘이란 『피아노의 숲』이나 <나인>만이 갖고 있는 특징이 아니다. 소재와 장르, 매체를 불문하고 이야기를 다루는 모든 좋은 작품들 속에는 언제나 공통적으로 강렬한 드라마가 있다. 사람을 매혹하는 드라마의 힘은 어쩌면 2,500년 전 인간이 처음으로 연극을 공연하던 순간부터 시작되었는지 모른다. 고대 그리스인들이 디오니소스에게 제사를 올리며 자신들의 삶을 모방한 연극을 통해 삶의 흥분과 열정을 표출하던 그때의 힘은 2013년의 <나인>까지도 이어지는 것이다. 아무리 수많은 작품이 탄생하고 서로 다른 내용을 다뤄도 그 속의 드라마는 언제나 변함이 없다.

드라마가 펼치는 연기: 허구를 진실로

그러나 모든 드라마가 성공적인 것은 아니다. <나인>은 드라마의 힘의 정체가 대체 무엇인지, 무엇이 어떤 힘을 발휘하게 하는지 보여주는 좋은 예다.

<나인>의 주인공 선우는 히말라야에서 사고로 죽은 형을 조사하다가 우연한 계기로 과거로 돌아갈 수 있는 9개의 향을 손에 넣게 된다. 이 향은 1개를 피울 때마다 정확히 20년 전 과거로 30분간 돌아갈 수 있다. 선우는 20년 전 죽은 아버지에 이어 형까지 죽고 본인마저 뇌종양에 걸려버린 절망적인 상황에서 향을 통해 지나간 과거를 바꾸려고 한다. 그러나

향을 통해 바꿔버린 과거가 자꾸만 현재에 의도하지 않은 결과들을 가져오면서 모든 것이 엉키기 시작한다. 특히 사랑했던 여자 민영이 이전의 모든 기억을 잃은 채 의붓 조카가 되어 나타나자 선우는 괴로움에 빠진다. 그러나 여전히 돌아가신 아버지를 살려야 하기에 선우는 또다시 과거로 향하고 향을 통해 자꾸만 꼬여가는 운명과 끊임없는 투쟁을 계속해나간다.

<나인>의 장르는 판타지이다. '과거로 돌아갈 수 있는 향'이라는 존재는 현실에서는 물론 있을 수도 없고 설명될 수도 없다. 그러나 드라마의 본질은 원래 허구다. 모든 드라마는 허구에서 시작하지만 허구의 이야기를 사실적으로 전달하여 결국 시청자들에게 진실한 영향을 끼치는 것, 그것이야말로 드라마의 궁극적 목적이자 힘이다. 드라마 속 모든 설정과 요소, 전개는 이 목적을 위해서 기능한다.

말하자면 드라마가 일종의 '연기'를 펼치는 것이다. 배우가 그럴듯한 표정과 몸짓을 통해서 꾸며낸 감정들을 진실하게 표현해내듯 드라마는 일관적 논리와 그 속의 개연성을 통해 허구를 진실로 만든다.

<나인>의 드라마적 힘은 수많은 기어가 한 치의 오차도 없이 맞물려 돌아가는 듯한 특유의 개연성에 기초한다. 개연성이 없는 것은 오로지 '향'이라는 기본적 세계관뿐이다. 이 세계관 속에서 이야기는 매우 논리적으로 진행된다. 인물들의 모든 행동 하나하나에는 충분한 이유와 동기가 부여되어 있고, 그러한 행동이 또 다른 행동을 부추기면서 전체 드라마가 앞으로 나아간다. 놀라운 것은 그런 개연성이 주요 이야기뿐만 아니라 작고 세심한 이야기에도 작용하고 있다는 점이다. 예를 들어 아버지가 죽던 날 밤 어린 선우가 아버지의 병원에 갔던 이유는 춘천 여행을 위한 돈을 빌리기 위해서였다. 그리고 굳이 그렇게 돈을 빌리면서까지 춘천 여행을 가려고 했던 것은 자신이 좋아하는 여학생과의 여행이었기 때문이

다. 그리고 바로 그 여자애를 좋아했기 때문에 크리스마스 날 어머니와의 약속을 깨뜨리게 되고, 이때의 미안함이 20년 후의 선우가 과거로 돌아가 어머니를 위로하는 계기가 된다.

이렇듯 이야기의 흐름에 충분한 개연성이 부여되면 시청자들은 각각의 상황을 납득하고 그 상황에 처한 인물들의 감정과 행동을 점점 따라가게 된다. 나아가 인물과 인물의 상황을 이해함으로써 각각의 사건이 드라마 내에서 앞으로 불러올 영향에 대해 호기심을 느끼는 것이다.

물론 <나인>에도 억지스러운 면이 있다. 어린 선우가 미래의 선우가 건넨 앞으로 누군가 죽는다는 말만으로 그 '누군가'가 자신임을 추리해낸다는 부분은 다소 무리가 있다. 또 하필 옷장 틈새에서 미래의 자신이 우연히 떨어뜨린 약봉지를 주워 20년 후에 자신이 뇌종양에 걸릴 것임을 알아낸다는 설정도 못내 찜찜하다. 그래도 작품 전체의 논리적 흐름을 깨지 않는다면 한두 개의 튀는 상황은 큰 문제가 되지 않는다. <나인>에는 무수히 많은 이야기가 맞물려 돌아가고 있고 전체의 짜임새가 워낙 뛰어나다. 그렇기에 몇몇 의혹들 앞에서도 시청자들은 너그러울 수 있다. 작가의 영리함을 칭찬할 수밖에 없는 부분이다.

살아 있는 '인간'을 만들라

시청자들이 이야기를 진실로 받아들인다는 것은 사건의 흐름에 몰입이 되었을 뿐만 아니라 등장인물에게 공감하고 있음을 뜻한다. 그리고 이들의 생각과 감정에 공감할 수 있다는 것은 허구적 이야기 속 가상의 인물들이 화면 속에서 튀어나오는 것을 의미한다. 같이 눈물을 흘릴 수 있고, 환호를 보낼 수 있는 살아 있는 인간이 창조되는 것이다. 드라마는 이때 비로소 생명을 갖게 된다.

작가가 인물들에게 생명을 불어넣기 위해서 가장 먼저 하는 것은 그들을 위한 나름의 사연을 마련해주는 일일 것이다. 한 인물이 서럽게 울고 있다고 해서 그 슬픔에 단번에 공감할 수 있는 것은 아니다. 우선 그 인물의 슬픔을 이해할 수 있을 만한 사연이 필요하다. 예컨대 선우의 형, 정우는 왜 아버지를 죽였을까? 아버지가 정우에게 커다란 정신적 충격과 모욕감을 주고 어머니를 해하려 했기 때문이다. 그렇다면 아버지는 왜 그런 행동을 했을까? 그는 정우가 자신의 자식이 아니라는 의혹을 줄곧 갖고 있었고 정우의 나약한 성격을 평소에도 몹시 싫어했기 때문이다. 시청자들이 드라마 속에 그려진 이러한 사연을 충분히 이해할 때 정우의 비극에 공감하게 된다. 사연이 없다면 정우는 그저 아버지를 살해한 패륜아에 그쳤을 것이다.

각 인물들의 사연은 드라마 속에서 서로 부딪치면서 갈등을 일으키고 이 갈등은 다시 인물들의 변화를 촉구하며 새로운 이야기를 만들어간다. 이 과정에서 인물들은 계속 새로운 사연을 덧입어가며 더 입체적이고 복잡해진다. 선우를 예로 들면 정우에 대한 선우의 감정은 처음엔 단순한 것이었다. 그는 형을 좋아했고 형의 방황을 안타까워했다. 그러나 아버지를 구하려는 선우의 사연과 아버지를 죽인 형의 사연이 부딪히는 순간 선우와 정우의 관계는 복잡해진다. 선우는 정우를 용서할 수 없다. 그러한 증오의 한편에는 여전한 애정이 남아 있다. 이로써 선우는 단순히 형을 좋아하던 동생에서 애증의 딜레마로 고민하는 입체적 캐릭터로 변모한다.

인물들이 입체적이 되는 과정은 우리가 인간으로서 지금껏 살아온 과정을 상기시킨다. 유아였을 때 우리는 좋으면 좋고 싫으면 싫을 뿐이었다. 매우 단순했다. 그러나 사회에서 수많은 관계를 맺고 수많은 경험을 하면서 복잡해지기 시작했다. 작가는 인간의 이런 복잡함에 대한 섬세한 감각이 있어야만 인물에게 인간으로서의 생명력을 부여할 수 있다.

<나인>에서 각각의 인물은 저마다 복잡다단한 사연들로 얽혀 있다. 선우와 민영, 선우와 정우, 심지어 그다지 비중 있는 인물이 아닌 국장과 선우 사이에도 나름의 사연이 있다. 이 모든 사연 속에서 인물들은 서로 자극하며 인물과 이야기를 점점 더 복잡하게 '인간적으로' 만들어간다.

다만 한 가지 안타까운 것은 <나인>이 너무 외적인 행동과 사건 전개에만 초점을 맞춘 나머지 인물들의 섬세한 심리를 다루는 데는 소홀했다는 점이다. 특히 선우는 그가 처한 여러 극적인 상황들을 감안할 때 사랑과 증오, 희망과 절망처럼 용솟음치는 무수한 감정을 표현할 수 있었다. 그러나 작품 속에서 선우는 대부분 냉정하고 차분했으며 구체적 행동을 하는 데 바빴다. 인물을 좀 더 입체적으로 완성할 수 있는 좋은 기회를 놓치고 만 것이다. 이 약점은 결국 인물의 인상을 약화시켜서 시청자들이 드라마에 몰입하고 공감은 할지언정 가슴 깊은 곳을 울리는 정서적 임팩트는 얻지 못하는 결과를 낳았다.

드라마에 담긴 '의미'

잘 짜인 이야기와 인물들이 갖고 있는 풍부한 사연을 통해 순항하던 <나인>은 마지막 엔딩부에 가서 커다란 무리수를 시도한다. 마지막 향이 다 타버렸지만 선우는 이전처럼 현재로 되돌아가지 않은 것이다. 꼬인 과거의 실타래를 간신히 풀고 어린 선우도 위기에서 구해냈으니 이제 현재로 되돌아가 민영과 결혼식을 올리기만 하면 되는 해피엔딩을 앞둔 순간이었다. 작가는 바로 그 순간에 자신이 이전까지 구축해두었던 세계관의 논리를 무너뜨리고, 과거 속에 갇힌 정우는 최 회장의 차에 들이받혀 죽음을 맞이하게 된다.

이 장면은 논리적으로 사건을 진행시켜온 지금까지의 이야기 진행을 보았을 때 몹시 부자연스럽다. 만약 애초부터 마지막 향은 이전의 향과 달리 과거에 건너온 사람을 현재로 보내지 않는다는 설정이었다면 그 점이 이전에 미리 암시가 되어 있어야 했다. 이번 상황은 다분히 의도적인데, 작가가 자연스러운 논리적 전개만으로는 강조할 수 없는 메시지를 전달하기 위해 일부러 그런 상황을 만들었다고밖에 볼 수 없다. 또 죽어가는 선우가 친구 영훈에게 마지막으로 "내가 왜 돌아갈 수 없는지 이제야 알 것 같다. 향이 바로 나였어"라는 메시지를 남기면서 작가의 의도는 분명해진다. 작가는 선우의 입을 통해 영훈이 아니라 사실은 시청자들에게 메시지를 남기고 싶었던 것이다.

내가 주목하는 것은 작가가 시청자에게 전하려던 메시지가 무엇이냐가 아니다. 중요한 것은 '작가는 왜 굳이 메시지를 필요로 했는가?'라는 질문이다. 이 질문은 <나인>이라는 작품을 통해 드라마가 가진 속성을 파악하는 데 도움을 준다. <나인>은 그저 아무런 뜻 없이 흘러왔다 사라지는 재미있는 이야기가 아니라 작가가 특정 의도와 메시지를 갖고 그런 방식으로 구성해낸 이야기이다. 작가가 그저 자연스럽게 해피엔딩으로 끝나는 결말을 피하고 싶었던 까닭은 그 엔딩이 <나인>의 전체 주제와 메시지를 효과적으로 드러내지 못한다고 판단했기 때문이다.

이제 중요한 것은 드라마에 담긴 '의미'이다. 잘 만든 드라마는 시청자를 몰입하게 만들고 등장인물에게 공감하게 함으로써 허구의 이야기를 진실로 받아들이게 한다. 하지만 시청자들이 왜 그 허구의 이야기 속에 빠져야만 하고, 그것이 대체 어떤 의미가 있는지에 대한 답은 드라마에 없다. 의미란 언제나 내 자신이 발을 딛고 서 있는 현실과 삶 속에서만 도출되기 때문이다.

드라마 속을 허우적대다가 다시 현실에 발을 디디는 순간에야 내가 겪은 허구적 이야기가 어떤 의미를 갖고 있는지 알 수 있다.

어떤 이는 <나인>을 통해서 운명 앞에서 무력할 수밖에 없는 인간을 읽어낼지 모른다. 아무리 운명을 바꾸려 해도 운명은 결국 싸워야 할 대상이 아니라 자기 자신일 뿐이다. 그래서 벗어날 수 없다. 과거에 갇힌 선우가 죽기 전 향이 바로 자신이었다고 깨닫는 것은 아마도 이와 무관하지 않을 것이다. 어떤 이는 <나인>의 송재정 작가가 밝힌 대로 선우에게서 신으로부터 불을 훔쳐 달아나 인간에게 건네준 신화 속 프로메테우스를 모티브로 찾아낼지도 모른다. 물론 어떤 이는 <나인>을 통해 그저 순간의 재미와 스트레스 해소만을 경험했을 수도 있다. 어쨌든 이 한 편의 드라마를 몸소 겪은 사람들은 이야기 속에서 나름대로 얻은 것을 토대로 현실로 돌아온다. 만약 <나인>을 보기 전과 보고 난 후가 아주 조금이라도 다르다면 하다못해 기분이 좋아졌거나 서점에서 그리스 신화 책을 고르게 됐다면 그것이 이 드라마의 의미이다. 그래서 드라마는 이야기가 끝났다고 해서 모두 끝난 것이 아니다.

작가가 드라마에 끊임없이 메시지를 부여하는 까닭은 드라마를 통해 소통을 꿈꾸는 욕구이다. 그러한 작가의 마음이 시청자들에게 전달될 때 드라마는 한낱 스치는 꿈이 아니라 현실에 실존하는 이야기가 된다. 그리고 현실에 영향을 끼친다. 그것이 2,500년 전 제의의 연극부터 지금까지 전해져 내려오는 드라마의 힘이다. 드라마의 힘은 단순히 이야기에 몰입하는 것으로 끝나지 않는다. 현실에 영향을 끼칠 때 비로소 그 힘은 진짜 의미를 지닌다. <나인>이 앞으로 이 현실 속에서 어떻게 존재할지는 지켜볼 일이다.

입선

언론의 무거운 책임을 다하는 <먹거리 X파일>

이성중

오늘도 이영돈 PD는 소비자들의 바른 먹거리 소비를 위해 직접 한번 먹어본다. 그는 <이영돈 PD의 먹거리 X파일(이하 <먹거리 X파일>)>이라는 프로그램을 진행하며 주된 먹거리의 생산, 제조, 유통 과정의 문제점을 고발한다. 웰빙 열풍과 함께 제대로 된 먹거리에 대한 관심이 커짐에 따라 소비자들은 <먹거리 X파일>에 반응하기 시작했고, 그 파급력은 실로 대단하다. 매회 올바른 생산, 제조, 유통 과정을 고집하는 양심적인 식당이 '착한 식당'으로 선정되면, 그 식당은 항상 실시간 검색어의 상위권을 차지한다. 시청률도 항상 3%대를 유지하면서 종편 교양 프로그램 중 최고 시청률을 기록하고 있다. 이영돈 PD의 "제가 한번 먹어보겠습니다"라는 멘트는 타 방송사에서 개그 소재로까지 이용된다. 이렇게 큰 반향을 이끌어 낼 수 있었던 것은 프로그램이 소비자의 먹거리 선택에 실질적인 도움을 주기 때문이라고 생각한다. 양질의 음식이 판매되고는 있지만 그중에서 바른 먹거리를 찾아내는 것은 쉽지 않다. 음식의 생산, 제조, 유통 과정이 베일에 싸여 있기 때문에 고객들은 선택을 망설일 뿐만 아니라 광우병 사태, 방사능 괴담 등 식자재에 문제가 있다는 뉴스를 들으면 혼란스럽기까지 하다. 이런 상황에서 소비자들이 먹거리를 잘 알게 하고, 올바른 판단을 내려 올바른 소비 행위를 하도록 돕는 프로그램이 시청자들의 이목을 끄는 것은 당연한 일일지도 모른다. 이에 필자는 '<먹거리 X파일>은 시청자에게 어떤 존재인가'를 중심으로 이 프로그램의 구체적인 성공 요인을 분석하여 앞으로 방송문화가 나아가야 할 방향을 제시하려고 한다.

해산물, 바르게 알게 하다

최근 일본 후쿠시마 방사능 유출 사건이 한동안 큰 이슈였다. 원전 사고로 방사능이 바다로 유출되어 소비자들은 일본산 해산물뿐만 아니라 동해산 해산물에도 문제가 있을 것이라고 생각했다. SNS를 통해 전파된 방사능에 오염된 생물 사진은 이른바 '방사능 괴담'으로 이어졌고, 이는 소비자들의 불안감을 증폭시켰다. 문제가 심각해지자 우리나라 정부는 일본산 해산물 수입을 전면 금지하고, 해산물 품질 관리 기준을 강화하는 한편 국산 수산물에는 영향이 없다는 점을 홍보했다. 하지만 해산물에 대한 불신은 여전하다. 관련 도매·소매업자들뿐만 아니라 해산물 외식 업계가 큰 타격을 입었고 해산물 가격은 급감했다. 한국은행에 따르면 올해 11월 수산물 가격이 약 11%가량 하락했다. 방사능 괴담이 급속도로 퍼져나가는 가운데 정부가 이에 상반된 입장을 표명하니 소비자들은 혼란에 빠졌다. 이에 <먹거리 X파일>은 소비자들이 바르게 알고 소비할 수 있도록 일본 방사능 유출과 관련된 방송을 편성했다(84회). 실제로 일본에 건너가 현지 상황을 전하고 서울시 보건환경연구원에 검사를 의뢰하여 일본산, 국산, 태평양산 수산물과 맥주, 일본 된장 등의 방사능 수치를 검정했다. 검정 결과에 대한 전문가의 의견도 방송되었다. <먹거리 X파일>은 방사능의 잠재적인 위험이 있기 때문에 조심해야 하는 것은 맞지만 무조건적으로 해산물 소비를 멈추는 것은 과잉 반응이라는 결론을 내렸다. 방송이 나간 뒤 몇몇 시청자들은 휴대용 측정기를 통해 이영돈 PD가 직접 방사능 수치를 측정하는 장면을 보고 식품 검정 방식에 이의를 제기했다. 하지만 직접 측정한 것은 실제 측정하는 장면을 연출하여 사실성을 강조하려던 의도였다. 실제로는 다양한 식품을 독립된 기관에 의뢰했다는 점에서 검사 결과에는 문제가 없었다. 또 방사능 유출에 대한 잠재적 위험성을 긍정하면서 선택은 소비자들에게 맡겼기 때문에 시청자들이 바르게 알도록 하는 언론의 역할을 충분히 수행했다고 할 수 있다.

사찰 음식, 바르게 판단하도록 하다

대중적으로 유행한다는 정보를 듣고 구매하는 현상을 편승 효과라고 한다. 즉, 유행하는 상품이라는 이유로 그 상품의 소비가 촉진되는 경향을 말한다. 외식 업계에서도 이런 현상이 나타나고 있다. 인공 조미료가 가미되지 않은 사찰 음식이 건강에 좋고 다이어트에 효과가 있다는 이유로 인기를 얻게 되었다. 이에 반응하여 사찰 음식만을 제공하는 음식점들이 늘어났고 대형 마트는 사찰 음식 코너를 별도로 준비했으며 많은 소비자들이 이를 찾고 있다. 그러나 소비자들은 대부분 '진짜' 사찰 음식이 무엇인지 정확히 모르면서 그저 하나의 트렌드이기 때문에 비싼 값을 지불하면서 사찰 음식을 먹는다. 사찰 음식은 '불교 사찰에서 전해지는 음식'이라는 얕은 지식을 바탕으로 이루어지는 무비판적인 소비 행태를 <먹거리 X파일>이 점검했다(95회). 제작진이 소위 잘나가는 사찰 음식점들을 조사한 결과, 높은 가격대의 코스 요리가 등장한다는 점, 고기와 생선이 나온다는 점, 그리고 신선로, 인삼 튀김 등 진귀한 음식이 제공된다는 점을 알 수 있었다. 그러나 실제로 승려들이 즐기는 '진짜' 사찰 음식은 소박한 밥상에 향이 강하지 않은 나물이 주된 반찬으로 이루어진 단출한 음식이다(마늘이나 부추, 파 등 향이 강한 오신채는 복용이 금지된다). 사찰 음식점에서 나오는 비싼 값의 코스 요리는 소박함과 거리가 멀며 승려들에게 금기시되는 육류와 해산물도 나온다. 또 신선로나 인삼 튀김 등 사치스럽고 손이 많이 가는 요리는 사찰 음식의 단출한 면모와 상반된다. 다시 말하면 현재 소비되는 사찰 음식은 실제 사찰 음식과는 다른, 소비자들의 입맛에 맞춘 정체성 없는 밥상인 것이다. 비움의 철학이 깃든 '진짜' 사찰 음식은 건강식이며 다이어트에 효과가 있을 수도 있다. 하지만 '가짜' 사찰 음식을 소비함으로써 얻는 효과는 대중의 기대와 차이가 있을 것이다. 따라서 몸에 좋다는 소문을 듣고 맹목적으로 사찰 음식을 찾는 것은 올바른 판단이 아니다. 사찰 음식이 건강에 도움이 된다고 판단해 그것을 소비하려고 한다면 '진짜' 사찰 음식을 찾는 것이 도리이다. 무비판적인 소비 경향을 되짚어봄으로써 교훈을 남긴 <먹거리 X파일> 사찰 음식 편은 소비자들이 그저 유행에 편승하지 않고 바른 판단을 하는 데 일조했다고 생각한다.

착한 식당으로, 바르게 행동하도록 하다

현대인들은 부득이하게 음식점을 찾는 경우가 많다. 학생들은 공부를 하다가, 직장인들은 직장 생활을 하다 보면 식사를 밖에서 하게 된다. 물론 집에서 먹는 밥에 비해 외부 음식은 청결 상태가 좋지 않다는 점을 알지만,

편리하게 먹을 수 있다는 장점 때문에 음식점에는 손님들이 끊이지 않는다. 그런데 문제는 사람들이 의식하는 것보다 청결 상태가 좋지 않은 음식점들이 많다는 것이다. 동네 식당뿐만 아니라 프랜차이즈 업계도 마찬가지다. 피치 못할 사정으로 식당을 찾는 소비자들은 혼란스럽다. 이왕이면 깨끗한 음식을 편리하게 먹고 싶은데 마땅한 식당을 찾기 어렵다.

이에 <먹거리 X파일>은 '착한 식당'을 선정하여 소비자들에게 행동 방향을 지시한다. 소비자들의 제보를 받으면 제작진은 해당 음식 업계의 문제점을 확인, 고발하고 양심적으로 식당을 운영하는 곳을 발굴 및 검증하여 시청자들에게 자랑스럽게 소개한다. 개인적으로 패스트푸드를 자주 먹기 때문에 착한 햄버거 편(76회)과 착한 치킨 편(69회)이 기억에 남는다. '착한 치킨집'으로 선정된 곳은 집에서 멀지 않아서 이용하기도 했다. 필자뿐만 아니라 많은 소비자들이 <먹거리 X파일>의 소개로 착한 식당을 찾는다. 방송이 끝나면 방송에서 소개된 착한 식당에 대한 문의가 인터넷에 쇄도하고, 며칠이 지나면 착한 식당 후기가 블로그를 통해 올라온다. 단순히 일회적인 방송을 통해 착한 식당을 선정·소개하는 것이 아니다. <먹거리 X파일> 홈페이지에는 착한 식당으로 선정된 식당 상호와 영업시간 등의 정보가 게시되어 있고, 제작진은 착한 식당으로 선정된 식당들이 꾸준히 양심적으로 운영되는지 확인하기 위해 시청자 또는 전문가들과 함께 재점검에 나서기도 한다(71회, 86회 등). 이처럼 <먹거리 X파일>은 혼란에 빠진 소비자들을 위해 '착한 식당'에 대한 정보를 제공하여 제대로 된 먹거리를 소비할 수 있도록 한다. 식당을 찾는 사람들이 바르게 행동할 수 있도록 도와주는 방향등 같은 역할을 하는 것이다.

의학의 아버지라 불리는 히포크라테스(Hippocrates)는 "우리가 먹는 것이 곧 우리 자신이 된다"라고 했다. 인간에게 '먹거리'라는 것은 그만큼 중요하다. 과학기술의 발달로 식량의 대량생산이 가능해진 현재, 올바른 먹거리를 선택하기란 쉽지 않다. 선택권이 많아진 만큼 고민도 커졌다. 식품의 생산, 유통, 판매 구조가 복잡해졌기 때문에 개인이 음식을 바로 알고 음식 소비문화의 옳고 그름을 판단하는 데는 한계가 있어 외부의 도움이 필요하다. 이에 손을 내미는 '착한' 프로그램이 바로 <이영돈 PD의 먹거리 X파일>이다. 우리가 소비하는 음식과 소비 경향에 문제는 없는지, 만약 문제가 있다면 어떤 방향으로 나아가야 하는지를 친절하게 알려준다. 이처럼 대중이 요구하는 것을 충족시켜주는 책임감 있는 프로그램이 시청자들에게 찬사를 받는 것은 어쩌면 당연한 일이다. 이를 귀감으로 삼아 앞으로 방송이 나아갈 방향을 고민해보면 자연스럽게 박정희 전 대통령의 격언이 떠오른다. "바르게 알도록 하고, 바르게 판단하도록 하고, 바르게 행동하도록 하는 무거운 책임이 바로 우리 언론에 있다."

입선

슈퍼스타는 없었다

Mnet <슈퍼스타K 5>

황관우

우리 동네 가수왕을 뽑는 <전국노래자랑>이 아니다. 웬만한 자신감 없이는 짊어지기 힘들 '대국민' 오디션을 표방한 <슈퍼스타K 5>(이하 <슈스케>)는 결국 대국민에게 외면을 받았다. 결승전 시청률은 1.777%였다(TNmS, 전국 케이블 가입 가구 기준). <전국노래자랑>이 보통 10%대의 시청률이란 점을 생각하면, 단순히 시청률로만 비교했을 때 '대국민' 오디션 우승자의 노래보다 '우리 동네 가수왕'의 앙코르 곡을 5~6배는 많은 사람이 TV를 통해 보고 들었다. <슈스케> 시청률이 대폭 하락하며 이제 오디션 프로그램은 한계라는 말이 마치 군대의 '5분 대기조'처럼 일사불란하게 인터넷 뉴스 연예 면을 뒤덮었다. 하지만 <슈스케>의 뒤를 이은 오디션 프로그램인 SBS의 <K팝스타>는 첫 회 방송만으로 <슈스케>를 압도했다는 평을 받았고, 시청률 또한 상승하고 있다. 오디션 프로그램의 한계가 아닌 <슈스케>의 한계였던 것이다.

<슈퍼스타K 5>의 첫 「발걸음」[1]

시청률 4.9%로 시작은 나쁘지 않았다(닐슨코리아, 케이블 가입 가구 기준). 인터넷 기사들도 '<슈스케> 통했다', '다시 시작된 기적' 등 프로그램에 호의적인 평을 쏟아냈다. 다음 날 인터넷 게시판과 SNS에는 <슈스케>의 전성기였던 시즌 2, 3 때처럼 사람들이 이렇게 인사했다.

"어제 <슈스케> 봤어?"

CJ E&M 채널의 가장 큰 무기는 공중파에 비해 '젊고', '감각적'이란 것이다. 그런 면에서 CJ E&M의 음악 채널인 Mnet은 공룡 포털 네이버와의 연계를 통해 여러 버전의 티저 영상을 공개하고, 역시나 초반에 전진 배치되는 수준급 참가자들이 시선을 끌었다. 그러나 <슈스케>는 흥행의 요소가 다분했지만, 프로그램 스스로 시청자들을 '탈락'시키며 대중적 관심에서 점점 멀어졌다.

그 정도 개인사로는 「Papa Don't Cry」[2]

모든 오디션 프로그램 출연자늘은 몇 가지 카테고리(캐릭터)로 묶인다. 그 분야의 진짜 실력자(전공자, 준프로), 얼짱, 유명인 관련 인물, 해외 거주, 개인사, 최연소, 최고령, 재력, 가난, 코미디, 그리고 지난 시즌 탈락자 그룹이다. 톱 텐(top 10)인물을 보면 김민지(인터넷 가수: 실력자), 마시브로(유명인 관련), 박시환(개인사 + 전 시즌), 송희진(개인사), 박재정(해외 거주), 위블리(얼짱), 임순영(전공자), 장원기(준프로), 정은우(전 시즌), 플랜비(?)로 각 카

---

1) <슈퍼스타K 5>, 생방송 4라운드, 박시환 선곡.

2) 미스터 파파 음원 발표곡.

테고리를 대표하는 이들의 경연이라고도 볼 수 있다. 이 카테고리 중에서도 하나의 인물을 중점적으로 부각시키고 가장 많은 이야기를 할 수 있는 것이 개인사다. 개인사는 참가자들의 어려운 환경, 그에 대한 동정, 이를 극복한 성공 스토리라는 마치 짜인 각본대로의 연출이 가능하다.

성장통 없는 청춘이 어디 있겠냐마는 흔하지 않은, 눈물 없이 들을 수 없는 그들 이야기에 아쉽게도 시청자들은 질려버렸다. 심지어 연출진의 의도임에도 '사연 팔이'를 한다는 비난은 참가자에게 돌아간다. 연예인에게 안티 팬이야 관심을 놓지 않는 정말 '팬'의 의미가 될지 모르겠지만 오디션이 진행되는 동안 여전히 일반인인 그들에게 안티 팬은 팬이 아닌 저주다. 그 저주는 프로그램 전체에 영향을 미칠 수밖에 없다. 싫어하는 연예인이 나오는 TV를 참고 볼 이유는 없기 때문이다. 그러기엔 다른 채널에서 재미있는 프로그램이 너무 많이 방영되고 있다.

나는 프로다. 가수 인생이 「내 삶의 반」[3)]

이번 시즌은 유독 프로 참가자가 많았다. 한경일, 한스밴드 막내 김한샘, 드러머 신석철, 프로 세션 밴드 미스터파파. 이들의 참가에 진정성이 없다고는 할 수 없다. 설 곳을 잃은, 인지도가 필요한 가수에게 <슈스케>는 분명 꿈이 될 수 있다. 하지만 그 꿈은 'top 10'이 아니어도 충분했다. 시청자를 궁금하게 만드는 '떡밥' 형식의 편집 구성으로, 프로그램에 긴장감을 줄 수 있는 참가자를 제작진이 가만둘 리가 없다. 반대로 출연자 역시 포털 검색어에 오르며 다시금 사람들 입에 오르내리는 정도만으로도

---

3) <슈퍼스타K 5>, 박재한, 오디션 참여곡.

한 장의 싱글 앨범을 제작해 활동할 명분이 된다. 프로 가수의 오디션 프로그램 참가는 제작진과 불편한 동행이 되는 것이다.

의도된 '떡밥' 구성은 제작진의 의도를 파악한 시청자들에게는 단순 '꼼수'에 지나지 않는다. 더군다나 실력이 검증된 프로 뮤지션을 탈락시키는 일도 심사위원에겐 부담일 수밖에 없다. 그래서 심지어는 하드코어 록밴드와 부드러운 아카펠라 팀을 재결합시켜 생방송에 내보낸 최악의 상황으로 이어졌고, 그 결과는 생방송 1라운드 탈락이었다.

심사위원이 「Street Life」[4]

생방송이 진행되고, 국민의 선택이라는 부담스러운 타이틀을 짊어지고 'top 10'에 합류한 박시환. 하지만 생방송에서 보여준 무대(실력)는 박시환과 끝까지 경합을 벌이던 변상국의 탈락을 아쉽게 하는 대목이었다. 매 생방송 당시 트위터 여론에서 박시환은 탈락 후보 1순위였다. 그런 그가 대국민 투표를 통해 'top 2'까지 진출한 사건이 있었다. '노래 실력보다 이미지 덕이 많다'는 심사위원 이승철의 직격탄에 박시환에 대한 동정과 심사위원 본인들이 뽑지 않은 참가자는 '버려진 top 10'이라는 이미지가 시너지 효과를 내서 조그만 모닥불 같던 박시환의 팬덤에 기름을 들이붓고 만 것이다.

또 해외 오디션 프로처럼 심사위원 개인의 감정을 솔직하게 드러내는 것을 주문하지 않았나 싶은데, 우리나라 정서에는 다소 무리였던 것 같다. 이승철의 박시환 저격 심사평으로 성난 시청자들을 다잡기 위해 어떤 변화

4) <슈퍼스타K 5>, 블랙위크, 김나영 선곡.

가 있었는지는 그 주 방송, 그다음 주 방송에 대한 기사 제목만 봐도 알 수 있다.

"<슈스케> 박시환, 이승철 독설 불구 TOP 9 진출"(MBN, 2013.10.5)

"박시환「Feeling」, 독설가 이승철 '칼 품은 보컬' 극찬"(뉴스엔, 2013.10.12)

노래한「시간」[5)]

<슈스케>는 생방송 경연으로 넘어가면서 전혀 다른 프로그램으로 변모한다. VCR 분량이 전체였던 방송이 쇼 현장을 위주로 하고 VCR 구성물이 받쳐주는 형식으로 바뀌었다. 그런데 경연 무대를 준비하는 사이사이에 필요한 VCR 구성을 위해 참가자들이 혹사당하고 있단 느낌을 받게 된다. 각종 미션, CF 촬영, 개인 에피소드 등 비록 짧은 분량이지만 이들을 촬영하는 데 생각보다 많은 시간이 할애된다는 것은 방송 제작에 이해가 있는 시청자라면 알 것이다. 그렇다면 그들은 대체 노래 연습은 언제 할까?

이는 생방송 무대에 고스란히 드러난다. 생방송만 넘어가면 출연자들의 실력이 마치 지금까지는 뻥튀기였던 것처럼 어설프게 느껴지는데, 이는 연습량과 직결되는 것이 아닌가 생각된다. 또 하나는 과연 그 무대에 참가자의 아이디어가 얼마나 반영되는가이다. <보이스 오브 코리아>나 <K팝스타> 같은 경우 생방송 무대 전 VCR 내용의 대부분은 그 곡을 준비하는 과정의 스케치가 많다. 하지만 <슈스케>의 경우 전혀 생뚱맞은, 예를 들면 경연과는 아무 상관없는 '뮤직비디오 촬영'과 같은 또 하나의 에피소

5) <슈퍼스타K 5>, 생방송 5라운드, 박재정 선곡.

드를 만들어낸다. 경연을 위한 VCR이 아닌 내용이 나와서 경연 중간중간의 흐름을 끊는 것이다. 게다가 참가자가 이 무대를 위해 어떤 노력을 했는지 시청자는 전혀 확인할 수 없다. 고작 음원 사이트나 태블릿 PC 등의 PPL을 위한 노래 선곡 과정이 보이는 게 전부이다. 결국 제작진이 편곡하고 연출한 무대에 꼭두각시처럼 오르는 참가자는 아무 역량도 발휘하지 못한 채 허공에 '핸드싱크'를 하며, 손가락을 들어 문자 투표를 유도하는 참가 번호를 알릴 뿐이다.

간접광고 나가도 「떠나지마」[6]

간접광고라고 만들고 그냥 광고를 튼다. 참가자들은 상표가 노출된 부대찌개를 마치 '맛집 탐방' 프로그램에 동원된 손님들처럼 호들갑을 떨며 먹고는, 룰루랄라 신발 판매 매장으로 달려가 자기 키만 한 신발 박스를 담으며 즐거워한다. 그리고 편의점 생필품을 100만 원씩이나 구매하는데 이는 해당 사의 새로운 결제 방식 카드를 통해 이뤄진다. 그리고 뜬금없이 특정 기업의 로고송을 만드는가 하면 마지막엔 10대 참가자들이 자동차 키를 받아들고 즐거워한다.

PPL은 방송 매체 속에 의도적이고 자연스러운 노출을 말하는 광고 전략이지만 이 정도면 중간광고와 다를 바가 없다. 안 그래도 중간광고가 허용된 케이블 채널의 방송인데 PPL 분량과 중간광고를 제외하면 정작 알맹이는 얼마나 된단 말인가? 과한 PPL은 보이는 앞면에만 잼을 발라놓은 속이 텅 빈 샌드위치를 판매하는 것과 다름없다. 샌드위치 안에 잼이 없단 걸

---

6) <슈퍼스타K 5>, 생방송 3라운드, 송희진 선곡.

안 소비자는 속았다는 생각에 더는 그 샌드위치를 '돈을 주고' 사 먹진 않을 것이다. CJ E&M이 워낙에 CJ의 자사 계열사와 관련된 홍보가 많다는 점을 감안해도 이번 간접광고 비중은 분명 시청자가 불쾌감을 느낄 만큼 도가 지나쳤다.

금요일 심야 예능 「혼자라고 생각 말기」[7)]

<슈스케>와 같은 시간대에 편성된 JTBC의 심야 토크쇼 <마녀사냥> MC들은 1회를 시작할 때, <슈스케>와 동 시간대 편성이라는 점에 큰 부담을 느낀다고 말했다. 심지어 <마녀사냥> MC 중 가수 성시경은 "계란으로 바위를 깨진 못하지만 더럽힐 수 있다"라는 멘트를 했는데, <슈스케> 마지막 회에 들어서는 시청률이 역전되며 계란이 바위를 산산조각 내는 이변을 만들었다. 공중파 프로그램보다 높은 시청률을 보인 <슈스케>가 종편의 신생 예능 프로그램에 뒤처지는 최대 굴욕을 맛보게 된 것이다.

주말로 접어드는 황금 시간대를 노리는 채널은 많다. 하지만 그에 대한 견제 방안이 과연 있었을까? 앞서 설명한 대로 시청자의 이탈 요소는 늘었지만, 시청자가 이 프로그램을 꼭 봐야 하는 이유는 어디에도 없다.

"생방송 경연 동안 세 번의 탈락자는 내가 처음이다"라는 'top 4' 김민지의 탈락 소감은 이번 생방송 경연 룰이 얼마나 허술하고 타당성이 없는지를 방증한다. 심사위원과 문자 투표의 대결 구도처럼 형성돼버린 실시간 투표도 시청자가 이해하고 확신할 수 있는 형태로 개선되어야 할 것이다.

그런 의미에서 이번 시즌을 실패라고 볼 수 있을까? 시청률 하락으로

---

7) <슈퍼스타K 5>, 송희진, 오디션 참가곡.

보여준 시청자 이탈, 아무도 알지 못하는 우승자 배출이라는 프로그램에 대한 조롱과 악플, 남은 것은 오디션 프로계의 막장 드라마라는 이미지. 이 독한 말들보다 더 아픈 단계는 바로 '무관심'이다. 비록 제작진의 입장에선 뼈아프겠지만 프로그램에 대한 평을 남긴 이들은 프로그램이 다시 재미를 찾는다면 언제든 다시 TV 앞으로 모일, 다음 시즌의 잠재적 시청자들이다. 서인국, 허각, 존박, 장재인, 울랄라세션, 버스커버스커, 로이킴, 정준영 등 대중음악계를 들었다 놨다 하는 '슈퍼스타'들이 건재하는 한 <슈퍼스타K>는 쉽게 잊힐 프로그램이 절대 아니다.

입선

순수를 보고 치유를 얻다

KBS 드라마 <굿 닥터>와 MBC 예능 <아빠! 어디가?>

최정훈

"아빠가 좋아? 엄마가 좋아?" 세상에서 가장 유치한 질문을 하고 부모는 자녀의 눈을 기대 가득한 눈으로 쳐다본다. 난도 높은 이 질문에 우리 대중문화는 자신 있게 답한다. "둘 다 좋은데요."

지난 몇 년간 엄마 열풍이 대중문화 전반을 휩쓸고 지나갔다. 대중문화 평론가 김연수는 엄마 열풍의 시작을 2008년에 나온 신경숙의 소설『엄마를 부탁해』로 본다. 그렇게 불붙은 엄마 열풍은 영화 <애자>, <하모니>, <친정엄마>, 연극 <친정엄마와 2박 3일>, <엄마를 부탁해>, KBS 예능 <맘마미아>까지 현재 진행형이다. 그러자 2013년 아빠 열풍이 몰아쳤다. 바로 MBC 예능 <일밤>의 구세주로 등장한 <아빠! 어디가?>이다. 각기 성격이 다른 순수한 아이들과 아빠들의 좌충우돌 에피소드는 대중의 시선을 사로잡았다. 이러한 엄마 열풍과 아빠 열풍의 접점에는 유치한 질문을 받는 당사자가 있다. 바로 '아이들'이다.

MBC <아빠! 어디가?>는 아이들의 모습을 있는 그대로 담으려고 애썼다. 아이들의 순수한 모습은 시청자에게 어필할 수 있었고 시청률과 재미를 동시에 잡았다. 이와 함께 순수한 아이들과 호흡한 새로운 메디컬 드라마가 있다. KBS <굿 닥터>이다. <굿 닥터>는 아이들의 아픔을 다루는 소아외과에서 벌어지는 이야기로 다양한 에피소드를 따뜻하게 담아내며 호평을 받았다. 두 프로그램은 예능과 드라마로 장르는 다르지만 '순수'와 '아이'라는 공통분모가 있다. 2013년 두 프로그램은 어떤 방식으로 시청자에게 메시지를 전달했을까?

치유가 필요했다

글로벌 경제 위기, 급변하는 환율, 국내 저성장, 고용률·취업률 급감, 늘어가는 범죄율, 우울증, 자살, 학교 폭력, 아동 학대. 이는 영화에 등장하는 이야기가 아니다. 뉴스만 틀면 하루에도 여러 번 흘러나오는 우리 시대의 아픈 단상이다. 사회가 병들고 아프기 시작하자 아픔은 개인에게 전이되었고 감당하지 못할 정도의 크기가 되었다. 그러자 방송도 각성의 모습을 보였다. 시청률과 화려함에 묶여 있는 것이 아니라 사회와 개인의 문제를 함께 고민하기 시작한 것이다.

SBS <힐링캠프>와 <땡큐>는 이러한 면에서 가장 적극적인 모습을 보인 예능이다. 이경규, 김제동, 한혜진이 모인 <힐링캠프>는 그들만의 조화를 만들어냈다. 공황장애라는 자신의 약점까지 노출한 버럭 이경규의 인간적인 면모, 시청자의 마음을 대변하는 청순한 여배우 한혜진의 묵직한 돌직구, 토크 콘서트 경험이 만들어준 경청의 대가 김제동의 조화는 대중에게 어필했고, 게스트의 인간적인 모습과 고뇌까지 담아내며 사랑받았다.

그러나 영화나 드라마의 홍보, 연예인의 복귀 수단으로 이용되고 스타 게스트에 치중하며 그저 그런 토크쇼 프로그램으로 성장을 멈춘 <힐링캠프>는 기획 의도를 잃고 점차 내리막길을 걷고 있다.

<힐링캠프>의 대안으로 마련된 2013년의 새로운 예능은 <땡큐>이다. <힐링캠프>에 출연하여 다양한 해외 봉사 활동을 펼쳐 따뜻한 연예인으로 화제를 모았던 차인표가 주도적인 역할을 담당했고, 연예인에 치중되지 않은 다양한 분야의 새로운 인물 조합으로 눈길을 끌었다. 베스트셀러 작가 혜민 스님, 은퇴한 야구 선수 박찬호, 프로파일러 표창원, 비올라리스트 용재오닐, 지휘자 서희태까지 쉽게 볼 수 없는 시대의 멘토들이 함께했다. 하지만 후반으로 갈수록 연예인 치중 현상을 보이며 <힐링캠프>와의 차이가 모호해졌다. 결국 프로그램의 정체성이 흔들렸고 그렇게 <땡큐>는 1년도 안 되어 막을 내렸다.

시대의 멘토에게 이야기를 듣고 사회와 개인의 문제를 함께 고민하는 방향성까지는 아주 좋았다. 하지만 시청률을 지향하는 방송 프로그램인 만큼 사회적 의미와 방송의 성공을 함께 찾으려 들었고 점점 당초 지향했던 기획 의도를 잃었다. 결국 아무 곳에나 쉽게 틀면 나오는 흔한 연예인 프로그램이 되었다는 점에서 문제가 생겼다. 두 개의 프로그램이 공통적으로 기획 의도를 두었던 요소는 '치유'이다. <힐링캠프>와 <땡큐>가 지향한 치유 방식은 마치 강연과 같은 멘토의 말을 통해 시청자에게 치유의 시간을 제공하는 것이다. 이러한 직접적인 치유 방식은 시청률과 화제성에 치우쳐 성장하지 못하고 막을 내렸다. 그러자 간접적이지만 마음을 꿰뚫는 치유 방식으로 순수와 아이가 시청자에게 새롭게 다가섰다.

KBS 드라마 <굿 닥터>와 MBC 예능 <아빠! 어디가?>는 직접적인 치유를 취했던 기존 방식과 달리 때 묻지 않은 순수를 보여줬다. 이들은 시청자에게 지난 시절의 모습과 현재, 그리고 사랑하는 자신의 자녀를 떠올리게 하며 간접적인 치유의 방식을 택했고 성공을 거뒀다. 같지만 달랐던 두 가지의 순수 치유법을 함께 들여다보자.

누구보다 순수한 의사가 나타났다

지금까지 한국 메디컬 드라마는 전문적·정치적·인간적 요소를 다양하게 그려내며 성장했다. <종합병원>(1994), <의가형제>(1997), <해바라기>(1998), <외과의사 봉달희>(2007), <하얀거탑>(2007), <뉴하트>(2007), <종합병원 시즌 2>(2008), <산부인과>(2010), <브레인>(2011), <골든타임>(2012) 등 의학 분야를 달리하긴 했지만 각기 유사한 전문적·정치적 요소, 휴머니즘과 사랑을 아우르는 인간적 요소를 반복했다.

메디컬 드라마는 대개 방송계에서 시청률 보증수표라고 불린다. 대한민국이 갖고 있는 의사라는 직업에 대한 선망과 쉽게 접하기 어려운 수술 장면과 의학 용어는 시선을 끌기에 충분하다. 여기에 젊고 매력적인 남녀 의사들의 사랑 이야기까지 더해진다면 일정 수준의 시청률이 보장되기 때문이다. 그러나 이러한 공식이 깨져버렸다. <굿 닥터>에 이어 방영된 또 다른 메디컬 드라마인 MBC <메디컬 탑팀>의 시청률과 인기는 화려한 캐스팅과 시선 끌기에도 불구하고 고전했다. <굿 닥터>는 성공하고 <메디컬 탑팀>은 실패할 수밖에 없었던 이유와 기존 노선과 다른 <굿 닥터>만의 특별함은 무엇일까?

지금까지 메디컬 드라마에는 착한 주인공이 등장했다. <뉴하트>의 은성, <외과의사 봉달희>의 달희, <해바라기>의 수연이 대표적이다. 그들은 어떠한 외압이나 정치적 세력에도 굴하지 않고 오로지 환자를 살리겠다는 의사의 본분에 충실했다. 하지만 <굿 닥터>는 그들과는 다른 본연의 순수로 새로운 개념의 메디컬 드라마를 만들었다. 순수를 품은 <굿 닥터>의 주인공은 시온과 아이들이다.

<굿 닥터>는 사회적 약자로 일컬어지는 자폐를 앓던 장애인을 주인공으로 설정했다. 장애가 거의 완쾌되고 의학 암기와 진단에 천재적 재능을 발휘하는 캐릭터지만 사회제도적인 틀 안에서 장애는 큰 벽으로 작용했다. 이때 시온이 가진 순수는 자신의 꿈과 결합하여 힘을 발휘한다. 시온은 병원을 찾는 아이들이 일찍 죽은 형과 달리 병을 치유하고, 건강한 어른이 되길 소망한다. 시온의 이러한 따뜻한 꿈은 스스로 발전하고 성장하는 힘이 되는 동시에 어른들의 욕망과 욕심을 순화하는 치료제가 되었다.

시온은 메디컬 드라마에 흔히 등장하는 감정 없이 완벽하게만 살아온 캐릭터와 악역을 순화시켰다. 도한은 과거 자신 때문에 자폐를 앓던 동생을 잃었다는 죄책감에 갇혀 산다. 그는 시온에게 결코 변할 수 없으니 아무것도 하지 말라고 엄포를 놓지만 꿈이 있는 시온은 끊임없이 부딪쳤고 결국 도한은 시온에게 가장 큰 힘이 되어주었다. 고충만 과장은 병원에서 성공하기 위해 인맥이라는 줄을 부여잡고 어떻게 하면 좀 더 높은 위치에 올라설지만 고민하는 사명감 없는 의사로 등장한다. 하지만 시온은 고충만의 굳은살 잡힌 손을 진심으로 칭찬하며 의사로서의 자존감을 깨닫게 하는 유일한 존재가 된다.

<굿 닥터>는 시온과 아이들을 통해 꿈과 순수를 이야기했다. 소아외과의 아이들은 아팠지만 아픔이 아이들의 순수를 뒤덮지 못했고 아이들은 항상 꿈꾸고 있었다. 좋아하는 음식을 마음껏 먹고 싶은 맛있는 꿈, 부모님과 함께 재밌는 놀이를 하고 싶은 신나는 꿈, 병을 치료해서 야구 선수, 기자가 되겠다는 성숙한 꿈을 꾸며 꼭 이겨낼 수 있다는 희망을 보여줬다.

<굿 닥터>에도 메디컬 드라마에 필수적으로 등장하던 수술 장면과 정치론 등이 등장했다. 하지만 <굿 닥터>의 수술 장면은 기존 드라마가 추구한 사실적이고 세밀한 묘사를 배제하고 인물 간의 감정과 교감에 집중하는 것을 선택했으며 정치론 또한 순수라는 전체 드라마의 주제를 돋보이게 하는 보조적 장치로만 쓰였다. 이처럼 <굿 닥터>는 순수한 인물들에 집중했다. 시온과 아이들의 순수한 모습을 드러내며 미소 짓게 했고 그들의 눈에 비친 때 묻은 어른들의 모습을 돌아보게 했다.

<굿 닥터>는 자녀가 진정으로 하고 싶은 일이 무엇인지 물어보지 않고 자신이 원하는 대로 키우려는 엄마, 아동을 무차별하게 학대하며 오로지 물질적 수단으로만 이용하려는 고모, 순간의 고민이나 망설임 없이 마주치는 아동과 모두를 찌르는 살인범까지 우리 사회의 현실을 에피소드에 등장시켰다. 이처럼 장애인에 대한 편견과 문제점을 담아내며 우리가 어울려 사는 사회에 대해 함께 고민하길 권유한다. 동시에 시온과 아이들을 통해 어른들이 지금의 자신을 반성하고 잊었던 순수와 꿈을 떠올리는 기회를 가지라고 응원한다.

누구보다 순수한 아이들이 나타났다

<아빠! 어디가?>의 시작은 아빠 중심이었다. 방송 초반 아빠들의 인터뷰를 대거 활용하여 프로그램이 필요한 당위성을 설명했고, 대외적으로 경제적인 역할을 담당하느라 아이들과의 교류가 적어진 우리나라 아빠들의 지금을 보여줬다. 전통적으로 우리나라는 유교 사상을 중시했기에 아버지와 아이들의 거리는 멀게만 느껴졌다. 이와 함께 기러기 아빠와 관련된 문제가 발생하며 사태가 개선되어야 할 사회적 필요성이 커지던 시기에

<아빠! 어디가?>가 제작되었다. 어쩌면 가장 무거울 수 있는 사회적 문제를 <아빠! 어디가?>는 어떻게 돌파했을까?

이에 대해 <아빠! 어디가?>는 순수라는 답을 내놓았다. <아빠! 어디가?>가 사랑받는 이유는 순수한 아이와 따뜻한 아빠의 조합이다. 김민국, 성준, 이준수, 윤후, 송지아로 이뤄진 다섯 아이들과 아빠들은 매회 새로운 장소로 여행을 떠나며 아이들이 결코 잊지 못할 추억을 남긴다. 아이들은 여행지에서 다양한 에피소드를 통해 아빠와 몸과 마음의 거리를 좁혔고 유쾌하고 천진난만한 아이들의 모습은 시청자에게 미소를 안겼다.

아이들은 방송과 일상의 경계가 없었다. 있는 그대로의 모습을 내보였고 이는 카메라에 그대로 담겼다. 방송 초반 화제를 모았던 먹방 스타 윤후와 울보 민국이의 모습도 연출되지 않은 자연스러움 덕분에 사랑받은 것이다. 프로그램의 인기가 올라가며 담당 PD가 아이들에게 방송 후 모니터를 하지 말아달라고 한 것은 방송의 모습이 사랑받기 위해 꾸며진 것이 아닌, 순수한 아이들의 모습을 있는 그대로 담기 위한 적절한 조치였다. 이처럼 아이들이 가진 순수는 방송의 인기를 견인하는 열쇠로 작용했다.

<아빠! 어디가?>와 비슷한 포맷으로 방영된 KBS 예능 <슈퍼맨이 돌아왔다>도 화제를 모으고 있다. <아빠! 어디가?>는 6세부터 10세까지 비슷한 또래의 연령으로 구성되고 아빠와 아이의 여행이라는 특징이 있다. 반면 <슈퍼맨이 돌아왔다>는 생후 8개월 된 쌍둥이부터 11세까지 다양한 연령으로 구성되었고 일상의 육아에 중점을 두었다는 점에 차이가 있다. 하지만 두 프로그램은 공통적으로 아이들의 순수에 중점을 두고 있으며 현실의 아빠들에게 특별한 메시지를 건넨다. 프로그램 속 아빠가 아이에게 해준 행동들은 실제 현실에서 아빠가 자신의 아이에게 해줄 수 있는 어쩌면 가장 평범한 것이다. 엄마 대신 아이의 잠을 재우고 깨우며 함께 밥을

지어 먹고 즐겁게 놀고 웃어주는 것. <아빠! 어디가?>는 현실의 아빠에게 자신의 아이와 평범하지만 가장 즐거운 추억을 직접 만들 것을 권유한다.

2013년 <굿 닥터>와 <아빠! 어디가?>는 기존의 프로그램과는 다른 새로운 감정을 시청자에게 전달했다. 그것은 방송을 보며 흔히 느끼는 기쁨, 노여움, 슬픔, 즐거움을 넘어선 순수의 치유와 따뜻한 진심이었다. 자극적인 맛은 사람의 입맛을 사로잡기 쉽다. 사람들은 그 맛에 중독되어 음식 고유의 순수한 맛을 잊은 채 더 강렬한 자극을 원한다. 이미 많은 프로그램이 자극을 노출했다. 화려한 캐스팅, 엄청난 제작비, 특별한 사람들의 특별한 이야기까지. 사람들은 자극적인 프로그램, 정형화된 프로그램에 빠져 있었다. 국회보다 더한 정치론과 어설픈 의학 지식이 더해진 그저 그런 메디컬 드라마와 노출, 욕설, 가학성, 폭력성이 난무하는 예능 프로그램까지. 그러나 <굿 닥터>와 <아빠! 어디가?>는 음식 고유의 재료 맛을 논한다. 자극적인 맛이 가진 만들어진 특별함보다 깨끗한 마음이 가진 순수를 이야기하며 시청자에게 사회와 가족, 자신을 뒤돌아보길 진심으로 권한다. 이러한 따뜻한 진심이 있다면 자극적인 조미료 없이도 재료 고유의 맛으로 시청자에게 사랑받을 수 있다. 자신의 삶을 무겁게 느끼는 시청자에게 한 편의 프로그램이 치유의 기회를 제공하고 마음의 무게를 덜어줄 수 있음을 <굿 닥터>와 <아빠! 어디가?>는 보여준다.

입선

특별하지만 자연스러움: 흔남(흔해 빠진 남자)들의 전성시대

KBS 2 <남자의 자격>, MBC <나 혼자 산다>, tvN <꽃보다 할배>

이상진

흔해 빠진 남자들

우리는 흔히 텔레비전을 보며 상상을 한다. 내가 장동건이라면 또는 김태희라면. 하지만 허황된 꿈은 채널이 바뀌거나 화면이 꺼지는 순간 허탈한 일상으로 되돌아온다. 거울에 비친 내 모습에 한 번, 함께 시청하던 가족이나 지인의 모습에 두 번, 현실임을 직시하는 한숨을 쏟아낸다.

바쁜 일상에 지친 현대인에게 TV 프로그램은 잠시나마 스트레스를 날려버릴 자양 강장제나 호접지몽처럼 비록 짧지만 달콤한 꿈 같은 것이 아닐까. 어떤 이는 넓은 정원과 분수대가 있는 고급 원목 벤치에서 여유로운 커피 한 잔을 즐기고, 어떤 이는 리무진에서 내리자마자 인파들 속에서 레드카펫을 밟으며 손을 흔들기도 한다. 또 어떤 이는 비련의 주인공이 되어 불행과 행복을 넘나들기도 하고 발칙한 상상을 하기도 한다. 이것이야말로 텔레비전을 보는 소소한 재미 아니던가.

우리는 이미 알고 있다. 나는 연예인이나 대기업 재벌, 비운의 신데렐라가 아니라는 것을. 아주 잘 알기에 때로는 현실의 자아를 인정할 수밖에 없다. 그들은 내가 아니니까. 그 옛날 TV는 바보상자라고 했던가. 한 시간 가까이 웃고 우는 나를 또 다른 누군가가 지켜본다면 이보다 더 미련할 수는 없을 것이다.

때로 우리가 TV를 통해 바라는 것은 단지 특별함이 아닌 자연스러움이다. 잠시나마 내가 그 주인공이 될 수는 있지만 채널이 바뀌는 순간 주인공은 내가 될 수 없다. 특별하지만 자연스러움이란 곧 자연스러운 것이야말로 특별한 것이다.

2013년 종영한 <남자의 자격>을 비롯해 높은 시청률과 국민의 호응을 얻고 있는 <꽃보다 할배>, <나 혼자 산다>는 기존 TV 프로그램의 틀과 높은 시청률, 성공의 공식을 깨뜨린 좋은 사례다. 가장 평범한 사람들과 가장 소소한 콘텐츠로 스토리텔링을 함으로써 연예인 역시 우리와 다를 바 없는 보통 사람이라는 공감을 자아낼 수 있는 '사람 냄새나는 우리 자화상'을 그리는 점이 성공 포인트일 것이다.

HIGH-LOW

세 프로그램의 공통점은 특출한 최상급 연예인이 전무후무하다는 것이다. 화려한 과거와 성공의 기쁨은 뒤로 한 채 뒷방 늙은이로 전락한 할배, 잘하는 것보다 못하는 것이 더 많은 애물단지 중년, 겉으로 보이는 연예계 모습은 화려하지만 현실의 삶은 찌질하기 그지없는 돌싱과 노총각. 하지만 그들의 모습에서 우리는 낯섦보다 익숙함을 느낀다. 바로 우리의 일상이기 때문이다.

<남자의 자격>(이하 <남격>)의 출발은 특별하거나 화려하지 않다. <남격>의 맏형이자 자타 공인 리더인 이경규는 1980~1990년대 <일밤>의 전성기와 함께 연예계를 종횡무진했다. 그러나 유재석, 강호동 투톱 체제에 씁쓸함을 맛봤고 몇 번의 기회가 있었지만 '대박'은 쉽게 찾아오지 않았다. 그에게는 이제 내리막길이 기다리는 것처럼 보였다.

다른 출연진 역시 연예계에서 그리 오래되지도 그렇다고 새롭지도 않은, 또 잘나가지도 못 나가지도 않은 애매모호한 캐릭터였다. 그런 그들에게 '죽기 전에 남자가 해야 할 101가지'라는 주제는 오히려 <무한도전>과 <1박 2일>의 패자부활전 같은 그들만의 마이너리그처럼 느껴졌다. 첫 촬영만 하더라도 그들은 조기 종영할지 모른다는 두려움과 함께 주말 예능 버라이어티 메인을 맡게 되었다는 사실에 미묘한 감정을 느낀다. 왜냐하면 그들은 실패와 고난의 트라우마가 있고 특출한 능력도 없음을 스스로 잘 알기 때문이다.

<꽃보다 할배>의 경우 tvN의 전폭적인 지지와 KBS 2TV <1박 2일>의 전성기를 함께한 PD의 새 작품이라는 사실만으로 대중의 관심을 받았다. 하지만 과연 할배와 여행이라는 코드로 공영방송이 아닌 tvN에서 흥행을 이어갈지는 장담할 수 없었다. 이순재, 신구, 박근형, 백일섭. 그들 역시 연예계 대선배이자 베테랑이지만 평균 연령 칠십이 넘는 할배들에게 예능 신고식은 화려한 커리어에 정점을 찍을지, 아니면 종점을 찍을지 예상할 수 없는 도전이었다. 노홍철, 이성재, 김광규, 데프콘, 양요섭, 김용건, 전현무, 김민준의 독신 생활을 담는 <나 혼자 산다>는 일회성 차원으로 제작되었지만 회가 거듭할수록 뻔한 콘텐츠의 진면목을 드러내고 있다.

남자라는 코드, 그중에서도 찌질하고 비루한 중년과 할배, 그리고 노총각은 어쩌면 오늘날 대한민국 남자의 표준이 아닐까. 시청자들이 공감할 수 있었던 것은 '특별한' 연예인의 삶이 아닌 흔해 빠진 대한민국 남자들의 '자연스러운' 이야기를 담고 대변해주기 때문이다.

우리는 이경규에게 항상 버럭하지만 정년 퇴임을 앞둔 어깨 처진 아버지의 모습을, 이순재에게는 화려한 과거를 회상하며 공원에서 하루를 보내는 할아버지의 모습을, 노홍철을 통해서는 퇴근 후 아무도 기다리지 않는 컴컴한 방 안에서 소파를 침대 삼아 TV만 물끄러미 바라보는 내 모습을 발견한다.

HIGH-LOW. 대한민국 남자라면 누구나 젊고 잘나가던 'HIGH' 시절이 있었을 것이다. 하지만 나이가 들면서 화려한 커리어는 저편으로 사라지고 몸과 마음만 병든 'LOW' 시절을 보내며 이경규, 이순재, 노홍철에 공감한다. 그들에게는 잠재된 '끼'가 있다.

WIDE-NARROW

<남격>과 <꽃보다 할배>, <나 혼자 산다>는 저마다 미션이 주어진다. <남격>에서는 '남자가 죽기 전에 해야 할 101가지'를 통해 찌질이가 아닌 남자로 재탄생한다. 두 번 결혼하기, 두 번 군대 가기, 엄마 되기, 자격증, 지리산 등반, 합창단 도전 등은 어쩌면 가장 취약점이자 콤플렉스에 도전함으로써 늙고 나약하지만 강한 내면을 재발견하는 기회가 된다.

<꽃보다 할배>의 할배들은 이서진과 함께 프랑스와 타이완을 여행하면서 대선배라는 대우와 대접을 받지 않는다. 그들은 과거만을 좇는 할배가 아니다. 현장에서 직접 부딪히며 때로는 엉터리 주문으로 투덜대며 점심을

먹고, 좁디좁은 침대에서 불편한 잠을 청하고 지하도에서 길을 잃어버리는 에피소드를 통해 노년을 즐길 줄 아는 꽃할배의 모습을 발견한다. 누군가의 도움을 기다리지 않고 스스로 빠르게 변화하는 젊음의 환경에 적응하며, 늙은 노하우를 적용할 줄 아는 할배는 더는 할배가 아니다.

<나 혼자 산다>는 겉으로 보기엔 칙칙하고 꾀죄죄하지만 캐릭터 하나 하나에 다양한 에피소드가 있다. 무지개 회원들은 정기 모임을 갖고 때로는 한껏 차려입고 클래식과 레스토랑 음식을 함께하며 소통하고 공유한다. 그럼으로써 혼자 살되 멋지게 살 줄 아는 당당한 남자의 모습을 되찾는다. 그리고 매회 게스트를 통해 그들의 일상을 여과 없이 보여줘서 TV 속 연예인의 진솔한 감정과 함께 TV 밖의 내가 동일화가 된다.

WIDE-NARROW. 남자라는 동물은 호기심과 꿈을 꾼다. 그리고 그 꿈을 향해 도전하고 실패를 맛보며 자신의 정체성을 되짚어보는 묘한 구석이 있다.

이경규를 통해 중년의 사람들은 직장인 밴드의 리더가 되고 배낭여행을 하며 대학 신입생이 되는 꿈을 꾼다. 이순재를 보며 할배들은 퐁네프 다리와 에펠탑을 거닐며 외국인들과 몸짓·발짓하는 우스꽝스러운 상상을 한다. 그리고 김광규를 통해서는 탈모와 결혼에 대한 집착을 가지면서도 추운 겨울 고생하실 어머니를 위해 새집 장만을 꿈꾸는 나를 그려본다.

<남격>과 <꽃보다 할배>, <나 혼자 산다>에는 남자의 꿈이 있다. 누구나 멋있고 품위 있어 보이고 싶고 머릿속에 담아둔 꿈은 많다(WIDE). 하지만 현실은 도전도 못하는 나약한 노총각, 중년, 할배의 삶을 살아가는 쿨하지 못한 시궁창('현시창')의 모습(NARROW)이다. 이들은 우리에게 씁쓸하지만 묘한 뜨거움을 느끼게 하는 자극제가 아닐까.

DEEP-SHALLOW

남자는 단순하지만 쉽게 눈물을 보일 줄 안다. 비록 5개를 채우지 못한 96가지의 미션이었지만, 장난기 어린 중년의 깨방정과 함께 고된 여정에 뜨거운 눈물을 보인다. 아르바이트 미션에서 중국집 사장에게 호되게 당하는 앵그리 이경규의 모습과 힘에 부쳐 골골대는 김태원, 이윤석은 힘없는 중년을 잘 표현하고 있다. 한편 메인 모델이 되기 위해 피땀 어린 고된 훈련을 하고 체중 감량, 근력 향상에 성공해 윤형빈과 김국진은 메인 모델이 되었다. 하지만 함께 고생했지만 뽑히지 못한 식구들을 보며 미안함이 뒤섞인 눈물을 보인다.

촬영마다 사소한 다툼으로 화를 내고 간식 하나에 금방 마음을 여는 주인공들을 보며 우리는 멋쩍은 미소를 짓는다. 버럭 대마왕 이경규의 아빠 역할과 국민 할매 김태원의 엄마 역할, 이경규 대항마 김국진을 중심으로 한 남격은 어떤 이에게는 천방지축 난장판처럼 보이지만 어떤 이에게는 나름 역할 분담과 균형이 잘 잡힌 규칙성을 발견할 수 있다.

<꽃보다 할배> 역시 할배라고 별다를 바 없는 남자임을 일깨운다. 일흔의 고령이지만 형들에게는 애기 취급받는 막내 백일섭은 형들의 잔심부름에 잘 토라지지만, 둘째 구야 형의 따스한 손길에 이내 발걸음을 돌린다. 그리고 상대방의 말을 귀담아듣지 않고 자신만의 '마이웨이'로 이서진을 혼란에 빠뜨리는 이순재와 화투 내기를 통해 타짜로 빙의하는 네 사람의 호흡과 단결력, 조금만 불편하고 배가 고프면 화부터 내는 할배들을 보면서 우리는 리얼리티의 참 모습을 발견한다. 이것이야말로 TV 속 할배가 아닌 TV 밖의 할배다.

<나 혼자 산다> 역시 독신 생활을 하면서 나태함과 멋을 부릴 줄 아는

남자들의 솔직함이 묻어난다. 정형돈과 짜파구리를 나눠먹고 느긋하게 누워 안락한 소파에서 낮잠을 청하는 데프콘, 혼자 살더라도 깔끔이란 깔끔은 다 떠는 노홍철, 자신은 항상 '꽃중년'임을 잊지 않는 하정우 아빠 김용건의 패션 센스와 수다 본능, 고기를 굽는 데 식용유를 사용할지 안 할지 고민하는 허당 양요섭은 마치 부스스한 머리와 후줄근한 트레이닝복으로 하루를 보내는 우리의 모습을 적나라하게 보여주는 것 같다. 그러면서도 무지개 모임에 참석할 때는 품위 있는 말투와 행동을 한다. 이는 남성 역시 여성 못지않은 이중적인 모습을 보임으로써 '찌질한 노총각'이 아닌 '화려한 싱글'로 인정받고 싶어 하는 현실을 대변한다.

DEEP-SHALLOW. 깊고 얕음을 가늠하기 위해서는 제대로 들여다볼 필요가 있다. 때로는 무심하게 뛰어드는 것이 정확한 깊이를 헤아리는 답이 될 수도 있고, 때로는 도구를 이용해 측정하는 것이 현명할 수도 있다. 세 프로그램을 통해 사소한 것에도 실망하고 다툼이 일어나는 흔남(흔한 남자)의 'SHALLOW'를, 도전과 실패에는 언제 그랬냐는 듯 눈물과 격려로 보듬어주는 훈남(훈훈한 남자)의 'DEEP'을 가늠할 줄 알아야 한다. '중년, 할배, 노총각'이라는 남자를 알기 위해서는 그들의 이중성을 인정하자. 그들에게는 '꼴'이 있다.

THICK-THIN

흔해 빠진 남자들은 한계가 있다. <남자의 자격>에서 이경규는 발명가를 꿈꾸고 김국진은 전원생활을 꿈꾸지만 현실의 벽에 부딪힌다. 그들에게는 가족이 있고, 개그맨이자 MC라는 생업이 있기 때문이다. 무엇보다 나름 대한민국 A급 개그맨이라는 명예와 지위를 초보 발명가, 시골 농부와 바꾸기에는 굳은 결심이 필요하다.

<꽃보다 할배>에서도 마찬가지다. 네 명의 할배들은 여유로운 여행을 바라지만 그들 역시 가족이 있고, 연기자라는 천직이 있다. 이 모든 것과 바꾸기에 여행 코드는 쉽지 않은 꿈이다. <나 혼자 산다>에서도 누구나 호화스러운 결혼식과 행복한 신혼을 꿈꾼다. 하지만 경제적인 문제 때문에, 돌아온 싱글이라는 부담스러운 시선 때문에, 결혼과 싱글 생활을 바꾸었을 때 나타나는 선택의 문제 때문에, 쳇바퀴처럼 다시 제자리걸음만 할 뿐이다.

우리는 세상과 타협하되 조정할 필요가 있다. 꿈이란 본래 허황된 것만은 아니다. 첫술에 배부를 수 없다. 이경규는 그가 개발한 라면 메뉴를 모 식품 회사를 통해 신제품으로 출시하여 꿈을 이룬다. 김국진은 주말에만 전원생활을 하고 마을 주민들에게 강아지와 밭을 부탁함으로써 꿈을 이룬다. 할배들 역시 또 다른 계층을 대변할 '꽃보다 누나'들에게 여행의 의미를 제시함으로써 통 큰 선택을 한다. <나 혼자 산다> 멤버들 또한 전국적인 '더 무지개 라이브'를 통해 다양한 싱글들의 목소리를 경청하고 대변하여 결혼과 자기 계발에 대비하는 적극적인 자세를 취한다. 그들은 대한민국 흔남들에게 처음부터 겁먹지 않기를 조언한다. 꿈을 이룬다는 것은 사소한 편견과 불편한 시선을 탈피해서 당당한 내가 되는 것이다.

THICK-THIN. 대한민국 흔남으로 세상을 살기에는 아직까지도 두터운 장벽이 있다. 복덕방에서 장기·바둑 두는 할배, 아내와 아이들에 등 떠밀려 추운 겨울 베란다에서 담배를 피우는 반딧불이 중년, 마치 죄지은 양 우중충한 얼굴로 활력을 잃은 노총각의 모습에는 보이지 않는 현실의 무관심과 편견이 있다. 그것이 두꺼운지(THICK) 또는 얇은지(THIN) 판단하는 것은 우리의 몫이자 생각하기 나름이다. 스스로 틀을 깸으로써 자기 확신과 긍정 시너지의 잠재성을 되찾는 것이야말로 흔해 빠진 남자들이 훈남이 되는 최종 관문이 아닐까. 그들에게는 '깡'이 있다.

MUST-WILL-CAN-MUST

<남자의 자격>, <꽃보다 할배>, <나 혼자 산다>는 2013년 대한민국 흔해 빠진 남자들의 현실과 꿈을 반영하고 있다. 때로는 남자이기에, 가장이기에, 사회적 인사이기에 현실에 순응하고 꿈을 접어야 하는 허탈감은 'MUST(~해야 한다)'라는 그릇된 틀에서 출발한다. 그리고 그들의 변화를 이끈 것은 다름 아닌 'WILL(의지, ~할 것이다)'이다. 남자이고 가장이기에, 늙고 나약하기에, 못생기고 능력이 없다는 이유로 흔남들은 꿈도 꾸면 안 되는 것인가.

대한민국 남자로 살아간다는 것, 특히 '노총각-중년-할배'로 이어지는 라이프 사이클에 관심과 격려가 필요하다. 그들에게 'WILL'은 열정이자 꿈이고, 곧 살아 있는 '나'를 되찾는 것이다. 대한민국 흔남들이여, 당신이야말로 꿈을 이룰 '자격'과 '꽃'이 될 수 있는 '삶'이 있음을 명심해야 한다.

<남격>과 <꽃보다 할배>, <나 혼자 산다>의 캐릭터는 가공된 것이 아닌 우리의 가장 적나라한 현실을 반영한 표준 집단과도 같다. 그들은 프로그램을 통해 MUST의 짐과 편견을 내려놓고 WILL을 통해 'CAN(~할 수 있다)'이라는 꿈을 이룬다. 내 삶의 과거와 현재의 전성기를 되찾고 치유를 통해 미래의 더 나은 나 멋진 훈남이 될 수 있음을, 당연히 남자라면 그렇게 해야 한다는 긍정의 'MUST'를 발산하는 것이야말로 이 프로그램의 '특별하지만 자연스러운 매력'이 아닐까. 특별하지만 자연스러움, 자연스러움이야말로 정말 특별한 것이다.

입선

막장 드라마 보며 막장 맛을 그리워하다

MBC <오로라 공주>와 KBS <개그콘서트> 중 '시청률의 제왕'

김수천

"막장~(더 주세요)." 시끌벅적한 음식점에서 누군가 종업원을 향해 외친다. 마침 식당 일각에 설치된 TV에서는 <오로라 공주>가 방영되고 있었다. 그 순간 몇몇 손님들의 입가에 옅은 미소가 번졌다. 단지 막장을 더 달라고 주문했는데, 절묘한 타이밍과 합쳐지면서 다른 손님들의 입꼬리가 길어지게 만든 것이다. 알다시피 막장(-醬)은 숙성 기간이 열흘 남짓한 단기 숙성 장(醬)이다. 다른 장들이 오랜 숙성 시간을 거쳐 그 맛과 영양을 내는 것에 비해 막장은 짧은 시간에 만들어지다 보니, 그 품격을 논하자면 다른 장에 비해 격이 조금 떨어진다. 막장(갈 때까지 간) 드라마 또한 휘발성 강한 에피소드와 비현실적인 설정 때문에 드라마의 품격이란 면에서는 한 단계 낮은 평가를 받는다. 이런 점에서 막장과 막장 드라마는 공통점을 가진 듯하다.

그럼에도 막장은 영양이 풍부해 건강에 이로울 뿐만 아니라 맛 또한 좋아서 많은 사람들의 사랑을 받는다. 반면 막장 드라마는 다수의 시청자에게 공분(公憤)을 사고 한국 드라마의 질까지 떨어뜨린다는 혹독한 평가를 받는다.

이쯤에서 문득 궁금해진다. 대체 왜 다수의 시청자들은 막장 드라마에 공분할까? 그럼에도 일부 막장 드라마는 어떻게 시청률 고공 행진을 기록하고 있는 걸까? MBC에서 100부작으로 기획되었다가 시청률이 상승하자 150회로 연장 방영되고 있는 <오로라 공주>는, 높은 시청률에도 불구하고 '진격의 막장 드라마'라는 오명 아닌 오명을 덮어썼다. 게다가 일부 시청자들의 조기 종영 요구와 해당 작가의 퇴출 서명운동에까지 휘말린 상태다. 대체 왜일까?

궁금증을 풀기 위해서는 먼저 막장 드라마의 정의부터 정리할 필요가 있다. 대중문화 사전의 정의를 빌리자면 "보통의 삶에서 일어나기 힘든 자극적인 상황이나 일들이 동시다발적으로 일어나는 드라마. 황당한 설정과 소비성 강한 에피소드의 연결로 시청자들에게 사건과 내용을 이해하고 성찰할 시간을 주지 않는 드라마"라고 정의되어 있다. 좀 더 구체화시켜 보면 '불륜, 퇴폐, 저속'의 큰 테두리 안에 '비속어 남발', '폭언과 폭력', '무분별한 남녀 관계' '무분별, 무절제' 등이 곁든 드라마가 막장 드라마다. 여기에 <개그콘서트>의 코너인 '시청률의 제왕'에서는 '자극적 상황을 연발하는 개연성 없는 구성과 전개', '막말 같은 대사', '연기력 떨어지는 아이돌 투입', '끼워 맞춘 느낌이 강한 PPL' 등을 막장 드라마의 요소로 들며 조목조목 구체화시켜 희화화한다. 시청자들의 비난과 질타가 이러한 점에 집중되어 있고 공감대를 형성하는 것으로 보아, 이 모든 것들의 집합체가 막장 드라마가 아닐까 싶다. 정의 자체가 다소 포괄적이고 모호한 점이 있을 정도로 사실 막장 드라마라는 조어가 탄생한 것은 그리 오래전이 아니다. 하지만 왠지 검은 테를 두른 느낌이 강한 '막장 드라마'라는 단어는 이제 우리에게 익숙하다 못해 친숙하고, 친숙하다 못해 식상하기까지 하다.

사실 시청자들의 비난이 막장 드라마에만 가해지는 것은 아니다. 멜로드라마는 우연의 남발과 삼각관계, 신파로 귀결된다는 점에서, 사극 드라마는 시대정신 부합 여부와 고증, 그리고 픽션과 논픽션의 경계의 모호성에서, 장르 드라마는 외관만 특정 장르를 표방했을 뿐 내면은 모두 남녀상열지사 사랑 타령이라는 점에서 강도의 차이가 있을 뿐 언론의 매질과 시청자들의 꾸중은 항상 있었다. 하지만 막장 드라마에 대한 언론 매체의 비난 수위와 시청자의 불만 강도는 그 정도가 다르다. 심지어 퇴출까지 운운하고 있으니 말이다. 현재 논란의 중심에 있는 <오로라 공주>(임성한 극본, 김정호·장준호 연출)를 면밀히 살펴보면, 앞선 막장 드라마의 정의와 사실관계에 부합하는 면과 반하는 면을 모두 갖춘 양면적 드라마다.

자세히 살펴보면 <오로라 공주>는 그 출발선인 인물의 구도가 안정적이고, 스토리의 뼈대가 탄탄하다. 우선 주인공의 캐릭터가 참신하다. 주인공 오로라는 부잣집 늦둥이 막내딸로 수려한 외모와 똑 부러지는 성격에 자신의 배우자는 자신이 직접 찾아나서는 당찬 매력을 가진 여성이다. 라디오에서 흘러나오는 황마마의 목소리와 그가 쓴 책을 읽고는, 일방적으로 자신의 남편감으로 지목하고 그 목표를 쟁취하기 위해 과감히 돌직구를 날린다. 쉬울 것만 같았던 상황은 의외로 여러 가지 시비와 우여곡절로 어느새 풀카운트의 위기에 봉착한다. 하지만 그녀는 마지막 회심의 일구로 자신의 사랑을 삼진으로 잡아내는 데 결국 성공한다. 그동안 시대의 변화와 사회 분위기에 발맞춘 여성 중심의 드라마는 많았다. 하지만 똑똑하고 잘난 데다 어디 하나 모자람 없는 여성이 자신의 배우자를 직접 찾아 선택하고 결정한다는 캐릭터 설정은 신선하고 매력적으로 다가왔다.

드라마의 구도는 오로라(전소민)와 황마마(오창석)를 중심축으로 전소민의 일명 별나라 오빠 셋(왕성, 금성, 수성)과 황마마의 일명 몽 자매(시몽, 미몽, 자몽) 누나 셋이 양쪽 동수로 균형이 맞춰 안정된 진형을 갖추고 있다. 이들은 비록 조연이지만 이름만큼이나 개성 강한 역할로 정반합(正反合)에 기반을 둔 드라마의 이야기 전개를 충실히 보조해나간다. 또 주인공을 중심으로 붙는 삼각관계의 보조자로 박지영(정주연)과 설설희(서하준)의 배치 또한 균형과 조화를 이룬다. 거기에 오로라의 아버지 오대산(변희봉)과 왕여우라 불리는 왕여옥(임예진)의 과거 불륜 사실, 왕여옥의 첫째 딸(남편 전처의 딸)인 박주리(신주아)와 오대산의 둘째 아들인 오금성(손창민)과의 불륜 사실이 깔려 묘한 극적 긴장감을 생성한다. 이러한 드라마의 구도와 설정은 그 자체만으로도 재미가 느껴질 정도로 좋았고, 많은 기대를 품게 했다.

하지만 기대는 그리 오래가지 못했다. <오로라 공주>는 스스로 자신이 만들어놓은 늪에 빠지길 자청했다. 황당하다 못해 당황스러운 에피소드(과도한 미신, 죽음, 환영 등)와 납득하기 힘든 대사("암(세포)도 생명인데" 같은)들은 극의 집중도를 야금야금 갉아먹기 시작했다. 또 각종 건강 정보와 생활 정보를 제공해 '인포메이션 + 드라마'의 역할을 하려는 욕심은 그 정도가 지나쳐 제작진의 의도와는 달리 시청자들을 가르치려는 느낌으로 변질되어 극에 대한 몰입을 방해했다. 점입가경으로 무려 10명의 주변 인물이 납득하기 힘든 이야기로 갑작스러운 죽음(오로라 부모와 왕여옥)을 맞이하고, 뜬금없는 이민(오로라 오빠 셋과 시누이 셋)과 여행(왕여옥의 첫째 딸)으로 드라마에서 사라졌다. 하물며 이제는 설설희와 떡대(오로라가 키우는 개)마저 죽음이라는 방법을 통해 하차할 것이란 정보가 언론을 통해 흘러나오고 있다. 기본적으로 극의 형태만 놓고 볼 때, 주변 인물들이 주인공의 상황과 동선에 맞춰 사라지거나 들어오는 것은 원만한 극의 흐름을 위해 어쩔 수 없는 부분으로 간주되기도 한다. 하지만 적어도 납득이 말마따나 납득이 되어야 납득을 하든지 말든지 할 것 아니겠는가. 제작 현실을 감안해 많이 양보하더라도 시청자들에게 이를 받아들일 최소한의 시간적 여유는 줘야 하지 않나 하는 진한 아쉬움이 남는 대목이다. 덧붙이면 드라마는 인물이 만들어가는 이야기인데, 아무리 그 역할이 보조적이라 해도 시청자들은 해당 인물에게 관심을 집중하고 정을 붙인다. 그것 또한 드라마를 보는 재미 중 하나이다. 그런데 이를 갑작스레 끊어버리면 시청자가 받는 허탈함과 허망함은 곧 분노가 되어 돌아오기 마련이다. 또 적잖이 사용된 환영, 영혼, 운명 등 현대사회에서 다수가 비과학적·비현실적으로 받아들이는 미신적 상황을 남발하여 시청자를 미혹했다. 혹자는 평가가 너무 심하다, 또는 드라마는 드라마일 뿐이라며 항변할지도 모른다. 맞는 말이다. 드라마는 개연성을 갖춘 허구의 이야기다. 하지만 그것을 단순히 허구의 이야기이니 현실과 결부시키지 말라고 하기에는 드라마가 미치는 사회적 영향과 파장이 너무 크다. 일례로 1992년 4월 MBC에서 방영된 미니 시리즈 <분노의 왕국>은 현 일왕 아키히토의 즉위식에서 벌어진 허구적 저격 장면 때문에, 일본 정부의 공식 항의를 받았다. MBC는 이를 일축했지만 한국 총영사관 내에 일본 우익 단체 소속의 청년들이 난입하는 등 파장은 쉽게 가라앉지 않았다. 이 사건은 드라마가 그 자체로서는 허구일지언정 방영 후 사회에 미치는 영향은 단순히 허구로 끝나지 않음을 단적으로 반증해주었다.

이러한 몇몇 장점과 치명적인 단점에도 불구하고 <오로라 공주>는 스스로의 존재 가치를 시청률을 통해 입증했다. 시청률이 드라마의 평가 잣대가 되면 안 되지만, 대중문화라는 측면에서 외면하거나 무시할 수만은 없는 요소이다. 칭찬을 하면서 보건 욕을 하면서 보건 간에 해당 드라마를 시청한다는 것은 대중적 관심을 얻는 데 성공했다는 얘기다. 그래서일까, 한국인이 원래 좋아하는 드라마가 막장 드라마라는 목소리를 내는 사람도 있다. 사실일까? 잠시 과거 드라마를 살펴보면, <갈대>(남지연 극본, 표재순 연출, MBC), <아빠>(나연숙 극본, 고성원 연출, TBC)는 조기 종영이라는 철퇴를 맞았고, <개구리 남편>, <청춘의 덫>, <불새>, <모래성>, <홍어> 등은 '불륜, 퇴폐, 비속'이라는 소위 사회 삼악(三惡)이라는 비난의 잣대에서 자유롭지 못했다. 물론 이 드라마들이 모두 막장 드라마는 아니다. 하지만 '선정성'과 '폭력성'에 대한 질타는 시대에 따라 정도의 문제가 있었을 뿐 여전히 곱지 못한 시선을 받았던 건 부정할 수 없다.

다행히(?), 당연히(?) 세월이 지난 지금의 평가는 사뭇 달라졌다. 어쩌면 앞선 파격 설정의 드라마들이 시청자에게 모종의 학습 효과를 주었는지도 모르겠다. 하지만 이런 드라마들이 당대의 시청자에게 충격과 혼란을 일으키며 이목을 집중시키고 논란을 일으켰지만, 시대의 변화와 함께 드라마의 자율성과 허용 범위를 많이 향상하고 넓히는 데 기여했다는 점도 인정해야 한다. 그러니 한국 사람이 단순히 막장 드라마를 좋아한다고 말하기보다는 시쳇말로 욕하면서 보고, 욕하면서 배우게 되는 애증(愛憎)의 관계라고 말하는 편이 맞겠다. 그럼 <오로라 공주>는 어떤 점에서 시청자의 이목을 사로잡았을까?

그 해답을 <개그콘서트>의 '드라마의 제왕'에서 찾아보자. '드라마의 제왕'은 시청자들이 그동안 막장 드라마를 보며 겪은 불쾌했던 기억에서 별다른 어려움 없이 공감대를 이끌어내는 데 성공한다. 그러한 공감대에 과장된 설정을 더해 웃음을 유발시킨다. <드라마의 제왕>(장항준·이지효 극본, 홍성창 연출, SBS)의 주인공 앤서니 김(김명민)을 연상케 하는 개그맨(박성광)이 한쪽에 마련된 시청률 그래프를 상승시키기 위해 황당한 요구를 연발하고, 이를 무대 중앙의 개그맨들이 아무 저항 없이 이행하면서 웃음의 절정에 도달한다. 개연성이 없으면 없을수록, 황당하면 황당할수록 시청자들의 웃음과 박수 소리는 더욱 커진다. 몇 회 반복된 패턴이 이어지다 보면 식상할 만도 한데 그 내용은 언제나 새롭게 느껴진다.

그것은 이야기의 전개 과정이 예측 불허성에 기인하기 때문이다. 뒤가 빤히 보이는 예측 가능함에서 오는 식상함이 아니라 어디로 튈지 모르는 일종의 '낯설게하기' 효과가 시청자들의 긴장감을 극대화시키고, 기발한 의외성은 웃음을 이끌어내는 데 성공을 거두고 있는 것이다. "럭비가 다른 구기 종목보다 재밌는 이유가 어디로 튈지 몰라서다. 코미디는 럭비공 같아야 한다"라는 미국 코미디언의 말은 이런 맥락을 잘 대변해준다. <오로라 공주> 역시 '모진 시월드(시집)와 동정심 느껴지는 며느리의 대립'이라는 공감대가 검증된 클래식한 설정에 예측 불허성의 긴장감과 의외성까지 내포한다. 이런 점이 <오로라 공주>의 시청률 상승에 한몫하고 있다.

하지만 드라마와 코미디는 많은 유사점에도 불구하고 확실히 다른 장르다. 코미디보다 현실성 강한 드라마에 시청자들은 마냥 웃음과 박수만을 보내지는 않는다. 시청자들은 때론 공감하고 긴장하면서도, 동시에 어이없음과 개인적 불만을 넘어서 공분을 표출한다. 하지만 아이러니하게도 시청자들의 이런 반응은 시청률로 연결되고, 그 시청률은 고스란히 막장 드라마의 전개 바퀴를 더욱 힘차게 돌리는 불편한 동력이 되어 시청자에게 다시 돌아오는 악순환 구조가 반복된다.

막장 드라마는 그동안 빠른 성장세를 보였다. 그 형태는 단순한 고부 갈등과 불륜을 넘어 복잡다단한 형태로 변형과 발전을 거듭하고 있다. 지금 이 시점에 <오로라 공주>가 그 방점을 찍었을 뿐, 빠른 시일 내에 또 다른 막장 드라마가 <오로라 공주>를 능가할 것이란 불길한 예감은 유행가 가사처럼 왠지 틀릴 것 같지 않다. 하지만 작은 희망이 보이는 것은 이전의 막장 드라마가 많은 면에서 어설픔을 보였다면, 지금의 막장 드라마는 꽤 탄탄한 구성과 스토리 기반을 갖추고 있다는 것이다. 여러 우려와 공분에도 불구하고 막장 드라마는 당분간 그 명맥을 당당히 유지할 것 같다. 그렇다면 시청자들은 막장 드라마에서 어떤 점이 유익하고 어떤 점이 해악인지 가려내는 변별적 시선과 안목을 갖추어야만 하지 않겠는가. 이런 의미에서 좀 더 공론화된 장소에서 객관성을 유지한 막장 드라마에 대한 다양한 의견이 필요한 시점이다.

쉽고 빠르다는 디지털 시대에 드라마는 원하든 원하지 않든 이에 동승해야만 한다. 어쩌면 디지털 시대에는 막장 드라마가 좀 더 어울릴지도 모르겠다. 하지만 빠른 숙성을 자랑하는 막장마저도 열흘 남짓의 시간이 있어야 제대로 된 영양과 맛을 낼 수 있듯이, 시청자가 막장 드라마의 맛을 제대로 느낄 수 있는 소통의 시간이 반드시 필요하다. 지금까지 그것을 간과한 <오로라 공주>가 부디 남은 기간은 숙성 시간을 지켜 막장 맛을 제대로 살린 막장 드라마로 마침표를 찍길 바라는 마음이다. 애청자로서.

입선

여기는 불통, 목적지는 소통

드라마 <너의 목소리가 들려>

김영은

"나는 이 세상에서 가장 멋있게 생겼다. 나는 무엇이든 할 수 있다. 나는 혼자가 아니다."

2010년 서울의 한 소년 법정에서 오토바이를 훔쳐 달아난 혐의를 받은 소녀에게 불처분 결정과 함께 '위의 말을 소리 내어 크게 따라 할 것'이라는 판결이 내려졌다. 소녀는 판사의 말을 따라 하다 끝내 눈물을 흘리고 말았다. 평소 모범생이던 소녀는 1년 전 남학생 여럿에게 집단 폭행을 당한 뒤 마음을 잡지 못하고 방황하다가, 끝내 비행 청소년의 길에 접어들어 법정에 소환된 상태였다. 판사는 "가해자로 재판장에 왔으나 이렇게 삶이 망가진 것을 보고 누가 쉽사리 가해자라 하겠는가. 마음 같아서는 꼭 안아주고 싶으나 너와 나 사이에 법대가 가로막고 있어 이 정도밖에는 못해주겠다"라며 소녀의 손을 잡아주었다.

올 상반기 언론과 SNS를 통해 번져나간 이 미담에 수많은 사람들의 감동의 찬사가 쏟아졌다. 미담에 열광하는 사회는 필연적으로 그늘의 존재를 반증한다. 세상이 각박할수록 사람들은 일말의 따뜻함을 갈구하며 위안을 얻으려고 하는 법이다. 하물며 법정 미담이라면 어떠한가. 이는 사법 권위가 신뢰성을 위협받고 있음과 동시에 엄정한 법 집행을 바라는 대중의 분명한 요구를 반영한다. 소외 계층, 사회 분열, 갑과 을, 학교 폭력, 자살 등 한 해를 장식한 키워드들을 아우르는 대명사는 단연 '불통'이다. 미담에 목마른 불통의 시대에 처방전을 자처하고 등장한 드라마가 바로 <너의 목소리가 들려>(이하 <너목들>)이다. 7.7%의 저조한 시청률로 수목극 꼴찌로 시작해 단숨에 왕좌를 차지하며 23.1%의 최고 시청률을 기록하기까지, 시청자들은 <너목들>에 너그럽게 화답했다. <너목들>의 처방전이 효과가 있었던 것일까?

우리는 모두가 불완전한 사람들

주인공들의 닉네임은 '결함'이다. 여주인공 장혜성(이보영 분)은 과거 억울한 누명으로 퇴학을 당한 경험이 있는데도 타인의 억울함을 외면하고 돈을 좇는 세속적 인물이다. 안정적인 밥벌이를 위해 국선 변호사에 지원했다는 그녀에게 변호사로서의 사명감은 찾아보기 힘들다. 박수하(이종석 분)는 타인의 눈을 보면 생각을 읽을 수 있는 기이한 초능력을 지녔지만 이 초능력은 미성숙한 소년의 치기 어림 탓에 득보다는 차라리 독이다. 제작진은 이러한 미성숙한 두 영혼이 합을 이뤄 세상의 부조리에 맞서 싸운다는 것을 <너목들>의 주된 내용이자 기획 의도로 내세우고 있다. 억울하고 가난한 사람들에게 행복을 찾아주는 21세기형 영웅 이야기, 21세기 동화 말이다. 상처투성이인 두 인물이 서로의 상처를 끌어안고, 나아가

타인의 상처까지 돌보는 영웅으로 성장해간다는 스토리텔링은 과거 드라마 주인공들의 특성과는 사뭇 다르다. 지금까지 한국 드라마 속 남녀 관계는 더 나은 지위의 남성 캐릭터가 그렇지 않은 여성에게 베풀고 구제해주는 '신데렐라 스토리'가 주된 골자를 이루었다. 반면 <너목들>의 수하는 혜성보다 어느 것 하나 나을 것 없이 공평하게 50 대 50의 고통을 나누어 가진 인물이며 때로는 혜성의 보호 아래 기대기도 한다. 기존에 존재하던 남녀 주인공의 관습을 '연상연하'라는 현대 트렌드에 부합해 재현하고 있는 것이다. 더구나 이미 완성된 개체로서의 영웅으로 존재하는 것이 아니라 서로 도움을 줄 때 진정한 영웅적 면모를 보이는 점도 기존과 다르다. 이는 오래전부터 존재하던 영웅 신화의 관습이 현대사회 대중의 요구에 따라 변화함을 반영한다. 대중은 더 이상 불가침한 절대적인 능력의 영웅에 열광하지 않는다. 현실성이 없기 때문이다. 때로 실수하고, 그 때문에 비난받기도 하며, 끊임없이 대중과 함께 숨 쉬며 결국에는 '함께' 성장할 수 있는 영웅을 필요로 한다. 그들에게 자신을 투영시키고, 동떨어져 있지만은 않은 그들의 삶을 통해 자신의 삶에도 위안을 찾길 원한다. <너목들>의 두 주인공처럼 말이다.

불완전함의 굴레는 다른 등장인물들에게도 예외 없이 적용된다. 혜성의 든든한 조력자이자 동료 변호사인 차관우(윤상현 분)는 인본주의 이데올로기의 현신이지만 이를 역이용한 피고인에 의해 그릇된 판결에 일조하는 실수를 저지른다. 능력 있고 잘나가는 검사인 서도연(이다희 분) 역시 스스로의 잘못 앞에서 시인을 회피하는 옹졸한 태도로 일관한다. 법조계의 저명인사로 그려지는 인물들 역시 자신이 지닌 결함 앞에 나약하고 무력한 모습을 보인다. 시청자들은 이러한 인물의 불완전함에 자신을 투영시키고, 그들이 긍정적인 방향으로 나아가는 모습을 자신 스스로의 치유인 양 정서적 교감을 나누게 된다. <너목들>이 '법정 로맨스 판타지'라는 거창한 타이틀에 앞서 시청자와 함께 숨 쉬는 '성장 드라마'일 수밖에 없는 이유가 여기에 있다. 시청자와 소통하기 위한 준비운동, 시청자와 거울상을 한 불완전한 등장인물들이 바로 그것이다.

사람이냐 짐승이냐의 갈림길

등장인물들의 성장의 동력원이자 사회 부조리를 복합적으로 응축하고 있는 인물은 악역 민준국(정웅인 분)이다. 그는 수하의 아버지와 혜성의 어머니는 물론 걸림돌이 되는 인물은 아무렇지 않게 살해하는 잔혹한 살인마이다. 하지만 극이 진행되면서 사건의 전모가 밝혀지고 드러난 실체는 단순한 살인마로 규정짓기에는 사연이 많은 인물이었다. 그야말로 세상으로부터 철저히 외면당한 약자의 대표 주자가 아니던가. 아내의 심장수술을 위한 심장을 부당하게 도둑맞았음에도 귀 기울여주는 이 하나 없었고, 복수심에 저지른 살인으로 감옥에서 복무하는 동안 노모와 어린 자식은 가난에 아사하고 말았다. 당신처럼 짐승으로 살지 않겠다는 수하의 말에 준국은 말한다. 내가 처음부터 짐승이었다고 생각하느냐고, 나 역시도 처음에는 사람이었다고.

사실상 수하 역시 미숙하고 불안정한 인물로 끊임없이 사람과 짐승의 경계에서 외줄타기를 한다. 복수심에 눈이 멀어서 흉기를 지니고 준국을 찌르려고 했던 행위가 보여주듯이, 그도 사람과 짐승의 갈림길에서 사람으로 남는 선택에 망설임이 없겠느냐는 질문에 자유롭지 못하다. 다만 그에게는 신뢰와 애정을 통해 그를 사람으로 살도록 하는 인물, 혜성이 존재한다. 그들은 서로 힘이 되어주었기에 분노에 잠식당하지 않고 사람으로 남을 수 있었다. 그러나 혜성과 같은 존재가 없었던 준국이 세상의 불통에 지쳐 불통으로 맞서기까지의 과정은 어쩌면 당연한 수순이 아닐까. 우리 사회에서 한 인물이 분노에 지배당해 스스로의 인생을 망가뜨리고 마는 당연한 서사를 보여주는 것이다. 누구 하나라도 들어주는 이가 있었더라면, 준국은 죄를 지은 인간일지언정 짐승까지는 되지 않았을지도 모른다. <너목들>은 민준국이라는 캐릭터를 통해 우리 사회의 어두운 이면을 또렷이 조명한다. 소외 계층이 사회적인 위협으로 변모할 가능성과 그 책임으로부터 그 누구도 자유롭지 못하리라는 것에 대해. 세상이 입힌 상처를 치유하지 못하고 스스로를 망치는 방식으로 분노를 표출할 수밖에 없었던 소녀와 준국이 전혀 다른 인간상이라 단언할 수는 없다. 다만 다른 것이 있다면 소녀에게는 짐승이 되기 전에 손을 잡아 준 판사가 존재했고, 준국은 그렇지 않았다는 점이다.

그렇다면 스스로 복수를 행하지 않고 법의 심판을 기다렸다면 그의 분노는 구원받을 수 있었을까. 답은 반반이다. 그는 짐승이 되지는 않았겠지만, 분노를 구원받을 수는 없었을 것이다. <너목들>이 보여주는 '법'이라는 가치가 그리 통쾌하지도, 달콤하지도 않기 때문이다.

법은 냉정하나 엄정하지 않다

발터 베냐민(Walter Benjamin)은 '법의 근원에 폭력이 있다'는 테제를 통해 법이란 폭력의 다른 이름이라고 이야기했다. 폭력은 법이라는 이름으로 은폐되며, 법은 '폭력을 속이는 폭력'이다. 따라서 법 정립적 폭력은 '신화적 폭력'이다. 법과 불법을 구분하여 희생을 요구하고 이를 당연시하는 신화가 내재되어 있기 때문이다. 사회질서라는 거대한 체제하에서 법은 아주 효과적으로 압력을 행사하는 억압적인 국가기관이며 이데올로기의 수호자다.

<너목들>은 법에 의해 구제받는 사람들보다 법에 의해 다치는 사람들을 조명한다. 혜성의 어머니를 살해한 준국이 법을 교묘하게 이용해 무죄판결을 받는 에피소드나, 15~16회에 걸쳐 짓지도 않은 죄로 법의 심판을 받아 26년이란 인생을 감옥에 바쳐야 했던 황달중의 '왼손 살인 사건'을 통해 법이라는 양날의 검이 어떻게 무고한 희생을 수반하는지 여실히 보여준다. 사실상 정의 실현과 사회질서 구축이라는 공공선하에 법이 지니는 폭력성은 손쉽게 정당화된다. 목적의 정당성에 눈이 멀어 수단(이를테면 폭력)의 옳고 그름은 담론의 영역에조차 들어오지 못한다.

그러나 <너목들>을 법의 허점과 무용성을 고발하는 현실 비판적 드라마라고 판단한다면, 다시 생각해보는 게 좋다. <너목들>은 법의 기저에 깔려 있는 폭력성과 그 때문에 수반되는 불가피한 희생이야말로 법의 성격이자 본질임을 있는 그대로 '고백'하기 때문이다. 따라서 청중의 자세를 취하지 않으면 이 드라마를 제대로 즐길 수 없다. 법정 드라마의 꽃이라 할 수 있는 변호사와 검사의 토론, 법정 공방이 드라마의 많은 부분을 차지하며 핵심 내용을 전달하는 만큼(<너목들>의 '혼종 장르'적 특성도 어쩌면 여기에서 기인한다. 법정 드라마의 접근성을 오락적 기능으로 보완하기 위해 판타지와 멜로, 로맨스와 코미디 등 혼종 장르의 형태로 시청자들을 사로잡았다. 이는 <너목들>의 인기 요인인 동시에 <너목들>이 취할 수밖에 없었던 생존 전략인 셈이다) 그 어떤 감각기관보다도 청각에 대한 소구가 크다. 어느 한 논리에 치우쳐 다른 한쪽으로부터 저격당하는 딜레마에서 벗어나기 위해 <너목들>은 딜레마 자체를 다룬다. 배치되는 검사 측과 변호인 측의 공론이야말로 있는 그대로의 상반된 입장을 균형 있게 전달하기에

얼마나 타당한 포맷인가. 따라서 <너목들>은 매시간 있는 그대로의 불완전함과 혼돈을 펼쳐놓고 시청자들을 설득하기 위한 '말 걸기'의 연속이요, '고백'의 연속이다. 이는 비난을 유도하기 위해서가 아니라 비난을 감수하면서까지 법치의 이념을 역설하기 위함이다. 사회질서 유지를 통해 실현되는 공공선을 위해, 나아가 '인간다운' 존엄성을 긍정하는 정언명령과도 맞닿아 있다.

민준국에게 살해당하기 직전 혜성의 엄마 춘심(김해숙 분)은 혜성과의 마지막 통화에서 이렇게 말한다. "눈에는 눈, 이에는 이, 그 법대로 살다가는 이 세상 사람들 다 장님이 될끼다 …… 사람 미워하는 데 니 인생 쓰지 말아라 이 말이다." 스스로 단죄를 자행하는 자경단이 판치는 세상을 대안이라 말할 수는 없다. 결국 <너목들>의 메시지는 단 하나로 귀결된다.

디케의 저울에는 눈이 없다

극 중 주요한 배경이 되는 연주 지방법원 로비에는 논리와 공정의 여신 디케가 서 있다. 한 손에는 칼을, 한 손에는 저울을 들고 있는 디케의 눈은 천으로 가려져 있다. 인간의 시선 속에는 편견이 깃들기 마련이다. 편견 없는 백지의 상태에서 모두의 이야기를 경청하고 판결을 내리겠다는 의미가 담긴 디케 여신상이야말로 18부작으로 이뤄진 기나긴 웅변이 전달하는, 단 하나의 메시지다. 소통의 반대말은 불통이고, 불통은 곧 경청의 부재에서 기인한다. 법이 초래할 수 있는 부작용을 최소화할 수 있는 유일한 보완책은 '온전히 들어주는 것'뿐이다. 그것이야말로 냉정한 법에 깃들 수 있는 심장이다. 희생을 당연시하는 신화적 폭력에 대한 순응과 긍정에 앞서, 눈을 감고 단 한 번이라도 제대로 들어주는 '위로'가 선행되어야 한다는 인도주의적 가치를 디케의 눈가리개가 보여주는 것은 아닐까.

모든 사건이 종결되고 변호인과의 최후 면담에서 민준국은 말한다. 결과가 뻔한 재판의 결과를 바꿔달라는 것이 아니라고. 그저 끝까지 자신의 이야기를 들어달라고 말이다. 지난 4월 SBS 예능 프로그램 <땡큐>에 출연한 전 경찰대 교수 표창원은 '범죄자가 원래 악마나 괴물이 아니다', '끌어안고 사랑해달라는 게 아니다. 버리지만 않아도 좋다'며 아주 작은 실천도 범죄자 탄생을 예방할 수 있음을 강조했다. 바로 눈을 감고 귀를 여는 것, 편견을 배제하고 타인의 이야기를 오롯이 들어주는 것 말이다.

단 한 사람이라도 경청자가 있다면 더 이상의 민준국은 존재하지 않을 거라는 조심스러운 낙관을 통해서, <너목들>은 드라마가 담당할 수 있는 치유와 희망의 역할을 기꺼이 수행했다. 최선을 다해 끊임없이 우리가 '나아가야 할' 방향으로 가는 것이 방송이라는 매체가 지닌 힘을 올바로 쓰는 길이 아닌가에 대한 성실한 답변이었다.

정직하게, 정석대로, 직접적이고 명백한 단 하나의 메시지를 위해 꾀부리지 않은 명품 드라마 하나가 여기에 있다. 불통으로 응수할지, 소통으로 화답할지는 우리에게 달렸다. 제목조차 우리에게 요청하고 있지 않은가. '나의 목소리를 들어줘'에 '너의 목소리가 들려'로 답해달라고.

'한국인과 아시아인' 그 간극을 넘어

2013 좋은 방송을 위한 시민의 비평상 수상집

엮은이 | 방송문화진흥회
펴낸이 | 김종수
펴낸곳 | 도서출판 한울

편집책임 | 이수동
편집 | 김진경

초판 1쇄 인쇄 | 2014년 4월 25일
초판 1쇄 발행 | 2014년 4월 30일

주소 | 413-756 경기도 파주시 광인사길 153 한울시소빌딩 3층
전화 | 031-955-0655
팩스 | 031-955-0656
홈페이지 | www.hanulbooks.co.kr
등록번호 | 제406-2003-000051호

Printed in Korea.
ISBN 978-89-460-4859-1 03070

* 책값은 겉표지에 표시되어 있습니다.